Peter Rieker | Franz Zahradnik (Hrsg.)
Qualitative Längsschnittforschung: Erfahrungen, Herausforderungen und Reflexionen

Grundlagentexte Methoden

Peter Rieker | Franz Zahradnik (Hrsg.)

Qualitative Längsschnittforschung: Erfahrungen, Herausforderungen und Reflexionen

BELTZ JUVENTA

FSC www.fsc.org
MIX
Papier | Fördert gute Waldnutzung
FSC® C089473

Dieses Buch ist erhältlich als:
ISBN 978-3-7799-8261-6 Print
ISBN 978-3-7799-8262-3 E-Book (PDF)
ISBN 978-3-7799-8263-0 E-Book (ePub)

1. Auflage 2025

Verlagsgruppe Beltz
Werderstraße 10, 69469 Weinheim
service@beltz.de

Satz: Datagrafix, Berlin
Druck und Bindung: Beltz Grafische Betriebe, Bad Langensalza
Beltz Grafische Betriebe ist ein Unternehmen mit finanziellem Klimabeitrag (ID 15985-2104-1001)
Printed in Germany

Weitere Informationen zu unseren Autor:innen und Titeln finden Sie unter: www.beltz.de

Inhalt

Qualitative Längsschnittforschung

Stand der Diskussion und offene Fragen

Peter Rieker und Franz Zahradnik

Mit dem Begriff „Qualitative Längsschnittforschung“ (QLF) werden Untersuchungen bezeichnet, die mittels qualitativer Forschungsmethoden einen Untersuchungsgegenstand über einen längeren Zeitraum mehrfach in den Blick nehmen. In diesem Spektrum der QLF lassen sich abgesehen von den jeweils verwendeten Methoden erhebliche Differenzen ausmachen – in Hinblick auf die Untersuchungszeiträume, die Häufigkeit und Frequenz der jeweiligen Datenerhebungen, aber auch in Hinblick auf die Fragen, ob es sich um einen von Beginn an geplanten oder einen nachträglich realisierten Längsschnitt handelt. Relevant ist zudem die Frage, ob es um eine Panelstudie geht, d. h. die mehrmalige Erhebung innerhalb einer Untersuchungsgruppe. Durch die QLF erhält Zeitlichkeit im Kontext des zu erforschenden Themas besondere Aufmerksamkeit, da der Fokus hier auf die Analyse von Prozessen des Wandels und der Veränderung bzw. der Beständigkeit gelegt wird. Vor allem der Fokus auf Veränderungsprozesse wird vor dem Hintergrund von aktuellen Gesellschaftsdiagnosen als angemessen beurteilt, die einen beschleunigten gesellschaftlichen Wandel feststellen, der z. B. auch mit zunehmend inkonsistenten und unabsehbaren biographischen Verläufen einhergehe (Thiersch 2020; Thiersch/Silkenbeumer i. d. B.).

Die QLF gehört zu den Strategien bzw. Ansätzen der empirischen Sozialforschung, für die tendenziell ein Schattendasein konstatiert werden kann. Entsprechende Untersuchungen werden schon seit längerem realisiert, aber in Darstellungen und Diskussionen zu methodologischen sowie methodischen Fragen und Verfahren werden sie eher selten thematisiert. Obwohl die QLF seit einigen Jahren zunehmend zum Gegenstand methodologisch-methodischer Publikationen geworden ist (Asbrand/Pfaff/Bohnsack 2013; Neale 2019, 2021; Thiersch 2020; Witzel 2020), kann nach wie vor lediglich von einer punktuellen Auseinandersetzung mit dieser Forschungsrichtung gesprochen werden. Speziell im deutschsprachigen Kontext ist die Reflexion methodologischer Fragen der QLF vergleichsweise ausgeprägt. So wird z. B. kontrovers diskutiert, ob und inwiefern mit rekonstruktiven Forschungsansätzen Kontinuitätsannahmen verbunden sind, wie dies mit der der QLF impliziten Fokussierung auf Wandel und Veränderung vereinbar sei und ob Längsschnittstudien die einzigen Möglichkeiten darstellen, Prozesse, Entwicklungen und Veränderungen zu erfassen (Kramer 2020; von Felden 2021). Demgegenüber stehen methodische und forschungspraktische Aspekte der QLF seltener im Fokus von Publikationen und beziehen sich auf jeweils spezifische

Fragen (Grimm/Schütt 2020; Rieker/Humm/Zahradnik 2024). Und während sich Fragen der QLF in Hinblick auf Untersuchungen mit der Dokumentarischen Methode inzwischen einer gewissen Aufmerksamkeit erfreuen (Asbrand/Pfaff/Bohnsack 2013; Lüdemann 2020; Košinár/Laros 2021), ist dies im Kontext anderer Forschungsansätze so nicht festzustellen. Hinzu kommt, dass QLF vor allem in Hinblick auf Untersuchungen thematisiert wird, die Interviews einsetzen (Dreier/Leuthold-Wergin/Lüdemann 2018; Neale 2019; Rieker/Humm/Zahradnik 2024), während dies in Bezug auf Erhebungen mittels Gruppendiskussionen (Zschach/Pfaff 2013) und ethnographische Studien (Meier 2020; Mörgen/Schnitzer i. d. B.) nur selten festzustellen ist.

Die bisher nicht sehr ausgeprägte und auf einzelne Aspekte beschränkte Publikationstätigkeit zur QLF ist ein Indikator für das Schattendasein dieser Untersuchungsperspektive in der Sozialforschung. Um Forschung in diesem Bereich zu animieren und damit auch zu einer breiteren Grundlage entsprechender Erfahrungen sowie einer erhöhten Publikationstätigkeit zu gelangen, ist es aus unserer Sicht vordringlich, forschungsmethodische und -praktische Fragen zu adressieren und ins Bewusstsein zu rücken. Dabei muss man sich klarmachen, dass die QLF mit besonderen Herausforderungen konfrontiert ist, die ihre Umsetzung in Frage stellen oder doch zumindest erschweren.

Die Forschungsförderung ist in der Regel auf die zeitlich eng befristete Finanzierung von Forschungsprojekten ausgerichtet. Selbst bei einer drei- bis vierjährigen Projektlaufzeit kann ein begrenzter Längsschnitt nur bei sehr straffer Planung und dann umgesetzt werden, wenn keine unerwarteten Verzögerungen eintreten. Auch die Flexibilität hinsichtlich der Abstände zwischen den Erhebungszeitpunkten ist deutlich eingeschränkt und man wird dem Forschungsinteresse so nicht immer umfassend gerecht. Ergebnisdarstellungen können unter solchen Umständen häufig nur mit „heißer Nadel" gestrickt werden. Längsschnittstudien über längere Zeiträume und solche, die auch gründlichere Analysen vornehmen, erfordern es dann, einen Folgeantrag zu stellen, dessen Erfolg nicht gewährleistet ist und der häufig nicht gefördert wird. Mitunter kann ein Längsschnittprojekt so nur unter prekären Bedingungen fortgeführt werden – z. B. finanziert mit (begrenzten) Eigenmitteln oder verzögert nach einer Unterbrechung – oder es muss vorzeitig beendet werden.

Längsschnittstudien sind aufgrund ihrer ungewissen Perspektive und im Zusammenhang mit den durch das Wissenschaftssystem verbundenen Begrenzungen immer wieder mit personeller Diskontinuität konfrontiert, d. h. Forschende verlassen das Projekt und neue Forschende kommen hinzu. Dies macht es erforderlich, Projektarbeiten und -entscheidungen gut zu dokumentieren, um sie transparent kommunizieren zu können und den neuen Kolleg:innen auf diese Weise eine möglichst reibungslose Weiterarbeit zu ermöglichen. Da jeder Personalwechsel mit Wissens- und Kompetenzverlusten verbunden ist, tun

Längsschnittprojekte gut daran, zusätzliche Ressourcen für ein Übergangsmanagement bereitzuhalten.

Längsschnittprojekte, die als Panelstudien angelegt sind, müssen generell einen gewissen Aufwand berücksichtigen, um die Untersuchungsgruppe über einen längeren Zeitraum möglichst stabil zu halten. Solch eine Panelpflege beinhaltet Entscheidungen dazu, wie der Kontakt zu den Untersuchungsteilnehmenden und ihre Motivation aufrechterhalten werden können und welche Informationen bzw. bisherigen Ergebnisse ihnen zugänglich gemacht werden (sollen). Speziell qualitative Längsschnittstudien sind mit Fragen der Beziehungspflege konfrontiert, d. h. mit Herausforderungen enger werdender Forschungsbeziehungen. So muss man entscheiden, ob kontinuierliche und vertrauensvolle Forschungsbeziehungen gepflegt bzw. angestrebt werden sollen, da man annimmt, dass zunehmende Vertrautheit der Qualität der Forschungsdaten und -befunde zugutekommt; oder ob diesbezüglich eher auf Distanzierungsstrategien gesetzt werden soll, da Forschungsbeziehungen sonst einen zunehmend privaten Charakter bekommen können, der dem Forschungsinteresse entgegensteht (Witzel 2020; Grimm/Kaufhold i. d. B.). Auch muss man einen Umgang mit den veränderten Lebensbedingungen von Untersuchungsteilnehmenden finden, die sich auf ihre Teilnahmemotivation auswirken können (Zahradnik i. d. B.), und die Frage aufwerfen, wie mit Mobilität von Untersuchungsteilnehmenden umgegangen wird – z. B. durch den Wechsel zu Online-Erhebungen (Krüger 2019) oder indem Forschungsreisen ins Ausland in Kauf genommen werden (Rieker/Humm/Zahradnik 2024). Relevant werden können auch Strategien, die vorsehen, den Ausfall einzelner Untersuchungsteilnehmer:innen durch andere Personen zu kompensieren, die in frühen Erhebungsphasen bereits in geeigneter Weise – etwa in Form von Gruppendiskussionen – einbezogen werden sollten (Köhler i. d. B.).

Auch bei der Datenerhebung sind qualitative Längsschnittstudien mit besonderen Herausforderungen verbunden. Bei mehrmaligen Kontakten mit einem Untersuchungsfeld oder mit Angehörigen einer Untersuchungsgruppe stellt sich die Frage, wie mit dem Wissen aus vorangegangen Erhebungen umgegangen werden soll. Einerseits wird empfohlen, Folgeinterviews mit einer Erinnerung an das, was bei früheren Interviews gesagt wurde, zu beginnen, um die Bezüge zwischen den Erhebungswellen zu sichern (Calman/Brunton/Molassiotis 2013; Miller 2015) – das Wissen aus vorangegangenen Erhebungen wird dann als Bereicherung verstanden, das es ermöglicht, den Untersuchungsgegenstand im Rahmen von Folgeerhebungen genauer zu fokussieren; andererseits wird in der Bezugnahme auf frühere Aussagen die Gefahr eines verengten Blickwinkels gesehen, der es verhindert, bestimmten Fragen oder Phänomenen unvoreingenommen entgegenzutreten und einer Folgeerhebung den gleichen Stellenwert für das Verständnis des Forschungsgegenstandes zuzugestehen, den die Ersterhebung habe (Lüdemann i. d. B.). Konkret kann dann z. B. die Frage gestellt werden, wie

Forschende sich am besten auf eine zweite, dritte oder vierte Befragung vorbereiten – durch gezielte Sichtung des bereits erhobenen Materials oder durch das Bemühen, den Forschungsbeteiligten unvoreingenommen entgegenzutreten und es ihnen ggf. zu ermöglichen, jedes Mal eine neue Geschichte zu erzählen? Und wie gehen Forschende am besten mit befragten Personen um, die sich über verschiedene Erhebungswellen hinweg um eine möglichst konsistente Präsentation bemühen und die Interviewenden fragen, wann genau die letzte Befragung war und was sie beim letzten Mal gesagt haben?

Der Datenanalyse werden im Rahmen der QLF besondere Erkenntnismöglichkeiten zugerechnet, da sie prozessuale Entwicklungen erfassen könne und nicht bloß Schnappschüsse zu einzelnen Zeitpunkten liefern würde. Allerdings gelten diese Analysen als besonders komplex und seien bisher kaum dokumentiert (Neale 2019). Bei der Datenanalyse stehen Forschende, die ein QLF-Projekt realisieren, vor der Aufgabe, die Prozesshaftigkeit von Ergebnissen zu berücksichtigen und sich zu überlegen, wie sie mit sich im Längsschnitt zumindest scheinbar widersprechenden Ergebnissen umgehen. Dies ist vor allem dann relevant, wenn theoretische oder methodologische Konzepte solche Veränderungen, die als widersprüchlich gelesen werden können, nicht vorsehen. Zudem stehen rekonstruktiv angelegte Forschungen, die davon ausgehen, dass Präsentationen Ko-Konstruktionen zwischen den an der Forschung Beteiligten darstellen, vor der Aufgabe, zu reflektieren, inwieweit eigene Anteile zu Ergebnissen beigetragen haben, die Veränderungen oder Stabilität zeigen. Schließlich ist forschungspraktisch zu entscheiden, ob die in einem Zeitraum erhobenen Daten zunächst für sich und anschießend dann über alle Erhebungszeiträume hinweg ausgewertet werden sollen. Diesbezüglich wird festgestellt, dass später erhobenes Datenmaterial immer auch einen neuen Blick auf die bereits vorliegenden Daten erlaube, sodass es notwendig sei, eine Prozessperspektive einzunehmen (Miller 2015, S. 300; Dreier/Leuthold-Wergin/Lüdemann 2018, S. 162).

Und schließlich stehen Forschende auch vor besonderen Herausforderungen, wenn sie Ergebnisse einer qualitativen Längsschnittstudie präsentieren, speziell dann, wenn solch eine Ergebnispräsentation nicht erst nach Abschluss aller Erhebungsarbeiten vorgesehen ist. Einerseits stellt sich die Frage, ob und wie Ergebnisse aus frühen Erhebungsphasen präsentiert werden, d. h. ob diese beispielsweise als vorläufig charakterisiert werden. Andererseits kann, vor allem dann, wenn diese (Zwischen-)Ergebnisse publiziert werden, nicht ausgeschlossen werden, dass Forschungsteilnehmer:innen diese zur Kenntnis nehmen und mit ihren Darstellungen, Erzählungen oder ihrem Verhalten darauf reagieren. Solche Anpassungen wären im Rahmen von Projekten der QLF dann zu registrieren und bei der Datenanalyse zu reflektieren.

Dieser Band soll durch die Diskussion und Reflexion methodologischer und methodischer Fragen dazu beitragen, QLF stärker ins Bewusstsein von Forschenden und der Fachöffentlichkeit zu rücken, um auf diese Weise entsprechende

Forschungen anzuregen und die Erfahrungen mit QLF auf diese Weise zu erweitern. Dazu werden in den Beiträgen des Buches verschiedene Aspekte der QLF fokussiert und auf der Grundlage von Forschungserfahrungen reflektiert.

Sven Thiersch und *Mirja Silkenbeumer* widmen sich in ihrem Beitrag der Frage, inwiefern die QLF den Erkenntnisgewinn in Hinblick auf den Umgang mit zukunftsbezogener Ungewissheit in biographieanalytischen Untersuchungen unterstützen kann. Ausgehend von Forschungserfahrungen mit jugendlichen Bildungsverläufen in der beschleunigten Spätmoderne beschäftigen sie sich mit methodischen Aspekten der Erhebung und Auswertung von Längsschnittdaten. So stellen sie Überlegungen zu der zeitlichen Anordnung von Erhebungen an und werfen Fragen nach der Kombination von Erhebungsformen, der Konzeption von Interviews sowie den Interaktionsbeziehungen zwischen Forschenden und Beforschten auf. In Bezug auf die Auswertung von Längsschnittdaten diskutieren sie zudem die Möglichkeiten, der durch mehrere Erhebungszeitpunkte gesteigerten Komplexität durch die Kombination unterschiedlicher interpretativer Verfahren zu begegnen. In längsschnittlich ausgerichteten Biographieanalysen erkennen sie schließlich das Potenzial, das dynamische Ineinandergreifen unterschiedlicher Zeitperspektiven systematischer aufschlüsseln zu können.

Sina-Mareen Köhler setzt sich in ihrem Beitrag mit den Herausforderungen einer zeitsensiblen Längsschnittforschung auseinander, die eine systematische Behandlung des Voranschreitens von Zeit in den Mittelpunkt stellt. Hierfür schlägt sie eine Weiterentwicklung der Dokumentarischen Methode vor, um ihre Anwendungsmöglichkeiten in diesem Zusammenhang zu stärken. Herausgehoben wird die Wichtigkeit einer sogenannten dreifachen Temporalstimulanz für eine zeitsensible Längsschnittperspektive, also die Bezugnahmen auf vergangene, gegenwärtige und zukünftige Zeiträume in der Interviewerhebung. Bei der Auswertung wird hierauf durch Ergänzungen bei der reflektierenden Interpretation reagiert, insbesondere durch die genauere Analyse von Temporaladverbien sowie Ausführungen mit Bezug zu unterschiedlichen Lebensphasen. Anhand einer Einzelfallrekonstruktion wird das Vorgehen anschaulich gemacht und abschließend wird noch auf forschungspraktische Herausforderungen von QLF eingegangen.

Julia Košinár und *Anna Laros* setzen sich in ihrem Beitrag mit den method(olog)ischen und theoretischen Herausforderungen auseinander, die sich bei der Untersuchung von Professionalisierungsprozessen von (angehenden) Lehrpersonen mit der Dokumentarischen Methode im Längsschnitt ergeben. Wichtige Fragen beschäftigen sich mit der Persistenz bzw. dem Wandlungspotenzial von Habitusformationen sowie dem konkreten Vorgehen bei der Entwicklung von Typologien. Anhand zweier selbst durchgeführter Studien werden tiefe Einblicke in die forschungspraktische Umsetzung und die Notwendigkeit pragmatischer Entscheidungen gewährt. Sie arbeiten schließlich heraus, dass der Entschluss für einen Längsschnitt vom Erkenntnisinteresse sowie feldspezifischen Einflussfaktoren abhängen sollte. So sind gerade Übergangskonstellationen, die von den untersuchten Personen Anpassungsleistungen erfordern, von besonderem Interesse, wobei der Einstieg in die Untersuchung dem Übergangsereignis vorgelagert erfolgen sollte.

Heide von Felden stellt die Frage nach dem erkenntnistheoretischen Zugewinn der Untersuchung von Entwicklungsverläufen im Längsschnitt gegenüber Einmalerhebungen. Ausgangspunkt ihrer methodologischen Überlegungen ist die Feststellung, dass auch Einzelinterviews die Möglichkeit bieten, mittels des narrationsstrukturellen Verfahrens Prozesse zu analysieren. Damit widerspricht sie der These, dass rekonstruktive Methodologien grundsätzlich von einer konstitutiven Kontinuität ausgingen. Sie zeigt mit Bezug zu eigenen Forschungserfahrungen, inwiefern es einen Mehrwert bringt, Entwicklungsverläufe sowohl in einer Einzel- als auch in einer Längsschnittstudie zu analysieren. Sie kommt zu dem Schluss, dass durch Mehrfacherhebungen von narrativen Interviews im Sinne des Wiedererzählens der Lebensgeschichte ebenso Veränderungen wie auch Kontinuitäten in Hinblick auf Selbst- und Weltdeutungen herausgearbeitet werden können. Forschungspraktisch sei für die Erhebung eines zweiten narrativen Interviews vor allem auch ein langer Abstand zwischen den Erhebungen sowie ein Wechsel der Interviewenden hilfreich gewesen.

Jasmin Lüdemann bearbeitet auf der Grundlage von Erfahrungen mit narrativ-biographischen Interviews die Frage, ob Folgeinterviews als Fortsetzung der früheren Interviews, d. h. als „Weitererzählen“ oder als neue Erzählungen, d. h. als „Wiedererzählen“ konzipiert werden sollten. Kritisch werden dabei auf „Weitererzählen“ fokussierte Interviews reflektiert, da damit zwar wertvolle Einblicke in die Stabilität und Kontinuität von Biographien gegeben, aber möglicherweise auch implizite Forderungen nach Konsistenz transportiert würden, die zur Verdeckung von Transformationen und Widersprüchen beitrügen. Im Zusammenhang mit Versuchen, „Wiedererzählungen“ zu generieren, wird die Chance gesehen, dass die Prozesshaftigkeit von Identität stärker in den Fokus gerückt und der Analyse zugänglich gemacht werden kann. Diese unterschiedlichen methodischen Vorgehensweisen werden vor dem Hintergrund methodologischer Grundverständnisse reflektiert und im Kontext gesellschaftlicher Entwicklungen eingeordnet.

Rebecca Mörgen und *Anna Schnitzer* beschäftigen sich mit Ethnographie als längsschnittliche Forschungsstrategie, wobei für sie das Interesse an Entwicklungs- und Wandlungsprozessen im Vordergrund steht. In diesem Zusammenhang wird zunächst auf die Entwicklungen von Forschungsbeziehungen eingegangen, die im Verlauf ethnographischer Forschung deutlich werden. Für das Verständnis dieser Entwicklungen müssten gemäß der Autorinnen auch die Perspektiven der Forschungsteilnehmer:innen im Blick behalten werden. Zudem wird eine prozessuale Datenerhebung, die sich flexibel an den Möglichkeiten eines Feldes orientiert, als Ausdruck und Notwendigkeit einer längsschnittlichen Perspektive ethnographischer Forschung vorgestellt und reflektiert. Als Möglichkeit, eine dem Gedanken von Längsschnittlichkeit angemessene Datenanalyse umzusetzen, präsentieren die Autorinnen datenbasierte Portraits, bei denen sich auf einzelne Figuren im Feld fokussiert wird und für die verschiedene Datensorten und Zugänge miteinander kombiniert werden.

Natalie Grimm und *Ina Kaufhold* nehmen in ihrem Beitrag die Forschungsbeziehungen im Kontext qualitativer Längsschnittstudien mittels Interviews genauer in den Blick. Zunächst wird herausgearbeitet, wie sich im Verlauf einer Längsschnittuntersuchung zunehmend ein Vertrauensverhältnis entwickelt, das sich z. B. in einer vertrauensvollen Gesprächsatmosphäre zeigt. Dies kann sowohl eine längerfristige Teilnahmebereitschaft begünstigen als auch zu unproduktiven Verstrickungen beitragen, die die Interviewqualität beeinträchtigen. Diskutiert werden von den Autorinnen vor diesem Hintergrund der Wechsel von Interviewenden sowie der Einsatz von Interviewenden-Duos, um Distanz und Professionalität sicherzustellen. Zudem geht es um Möglichkeiten der Panelpflege, z. B. mittels kurzer Informationen aus dem Projekt, sowie um die Frage, inwieweit Recherchen nach zunächst nicht mehr erreichbaren Interviewpartner:innen angebracht sind. Schließlich wird reflektiert, inwieweit sich der Einbezug anderer Haushaltsmitglieder sowie der Wechsel zwischen Präsenz- und Online-Interviews auf die Forschungsbeziehungen auswirken können.

Franz Zahradnik richtet den Blick auf die Untersuchungsteilnehmenden, die im Verlauf einer QLF nicht mehr erreicht werden können und ausscheiden. Am Beispiel einer Studie, die mit Interviews Informationen zur Reintegration strafrechtlich Verurteilter erhoben hat, wird deutlich, dass es hilfreich ist, den Ausfall von Untersuchungsteilnehmenden nicht nur methodisch, sondern auch vor dem Hintergrund des jeweiligen Forschungsfeldes zu reflektieren. Dabei zeigt sich, dass die sich wandelnde Lebenssituation der Befragten und die damit verbundenen Fragen des Reintegrationserfolges bzw. -misserfolges wichtig für das Verständnis fortgesetzter oder schwindender Teilnahmebereitschaft sein kann. Einerseits zeigt sich bei den Beteiligten die Verschiebung subjektiver Relevanzsetzungen, die auch die Interviews betreffen, andererseits können schambedingt Rückzugstendenzen festgestellt werden, wenn sich Reintegrationshoffnungen nicht erfüllen. Der Beitrag plädiert für Sensibilität gegenüber den frühen Anzeichen solcher Wandlungsprozesse, die zu Anpassungen der Untersuchungsanlage beitragen könnten.

Die Herausgabe eines Sammelbandes ist zuweilen ein fordernder und anstrengender Prozess, der auf die möglichst produktive und reibungsarme Zusammenarbeit aller Beteiligten angewiesen ist. Im Fall des vorliegenden Bandes hat dies sehr gut funktioniert – wir danken vor allem den Autor:innen für ihre verlässlich gelieferten und gelungenen Texte. Zudem bedanken wir uns herzlich bei Daniel Werner für die gründliche Durchsicht der Beiträge und die Zusammenstellung des Manuskripts.

Literatur

Asbrand, Barbara/Pfaff, Nicolle/Bohnsack, Ralf (Hrsg.) (2013): Schwerpunkt „Rekonstruktive Längsschnittstudien in der Bildungsforschung". In: Zeitschrift für Qualitative Forschung (ZQF) 14, H. 1.

Calman, Lynn/Brunton, Lisa/Molassiotis, Alex (2013): Developing longitudinal qualitative designs: Lessons learned and recommendations for health services research. In: BMC Medical Research Methodology 13, Art. 14, S. 1–10. doi.org/10.1186/1471-2288-13-14

Dreier, Lena/Leuthold-Wergin, Anca/Lüdemann, Jasmin (2018): Qualitativer Längsschnitt in der Bildungsforschung. Fallinterne und fallübergreifende Synthetisierung als Forschungsperspektive. In: Maier, Maja S./Keßler, Catharina I./Deppe, Ulrike/Leuthold-Wergin, Anca/Sandring, Sabine (Hrsg.): Qualitative Bildungsforschung. Studien zur Schul- und Bildungsforschung. Wiesbaden: Springer VS, S. 153–168.

Grimm, Natalie/Schütt, Petra (2020): Forschungsethische und -praktische Fragen qualitativer Längsschnittforschung – Perspektiven und Herausforderungen. In: Thiersch, Sven (Hrsg.): Qualitative Längsschnittforschung. Bestimmungen, Forschungspraxis und Reflexionen. Opladen: Barbara Budrich, S. 407–425.

Košinár, Julia/Laros, Anna (2021): Dokumentarische Längsschnitt-Typologien in der Lehrer*innenbildungsforschung – Umsetzungsvarianten und methodologische Herausforderungen. In: Geimer, Alexander/Klinge, Denise/Rundel, Stefan/Thomsen, Sarah (Hrsg.): Jahrbuch Dokumentarische Methode, 4. Berlin: centrum für qualitative evaluations- und sozialforschung e. V. (ces), S. 221–248. doi.org/10.21241/ssoar.78314

Kramer, Rolf-Torsten (2020): Konformität oder Transformation? Methodologische Herausforderungen einer rekonstruktiven Längsschnittforschung. In: Thiersch, Sven (Hrsg.): Qualitative Längsschnittforschung. Bestimmungen, Forschungspraxis und Reflexionen. Opladen: Barbara Budrich, S. 109–126.

Krüger, Heinz-Hermann (2019): Exklusive Bildungskarrieren von Jugendlichen bzw. jungen Erwachsenen und ihren Peers am Übergang in Hochschule und Beruf. Eine Einleitung. In: Krüger, Heinz-Hermann/Hüfner, Kilian/Keßler, Catharina/Kreuz, Stephanie/Leinhos, Patrick/Winter, Daniela (Hrsg.): Exklusive Bildungskarrieren von Jugendlichen und ihre Peers am Übergang in Hochschule und Beruf. Wiesbaden: Springer VS, S. 1–27.

Lüdemann, Jasmin (2020): Typenbildung im Längsschnitt mit der Dokumentarischen Methode. Zum Problem der Multidimensionalität, Prozessualität und Finalität. In: Thiersch, Sven (Hrsg.): Qualitative Längsschnittforschung. Bestimmungen, Forschungspraxis und Reflexionen. Opladen: Barbara Budrich, S. 391–405.

Meier, Michael (2020): Ethnographie und Längsschnittdesign. In: Thiersch, Sven (Hrsg.): Qualitative Längsschnittforschung. Bestimmungen, Forschungspraxis und Reflexionen. Opladen: Barbara Budrich, S. 163–180.

Miller, Tina (2015): Going back: „Stalking", talking and researcher responsibilities in qualitative longitudinal research. In: International Journal of Social Research Methodology 18, H. 3, S. 293–305. doi.org/10.1080/13645579.2015.1017902

Neale, Bren (2019): What is Qualitative Longitudinal Research? London: Bloomsbury Academic.

Neale, Bren (2021): The Craft of Qualitative Longitudinal Research. Los Angeles: Sage.

Rieker, Peter/Humm, Jakob/Zahradnik, Franz (2024): Qualitative Interview-Längsschnittforschung – forschungspraktische Chancen und Herausforderungen [44 Absätze]. In: Forum Qualitative Sozialforschung (FQS) 25. H. 2, Art. 11.

Qualitative Längsschnittstudien als Zugang zur biographischen Zukunftsoffenheit und Ungewissheit?

Methodologische Begründungen und methodische Implikationen

Sven Thiersch und Mirja Silkenbeumer

1. Einleitung

Längsschnittstudien werden seit den Anfängen der qualitativen Sozialforschung durchgeführt. Ein methodologischer und methodischer Diskurs setzt aber erst in den letzten 20 Jahren ein (vgl. Thiersch 2020). Das zunehmende Interesse an Längsschnittstudien, gerade in der Biographieforschung, ist auch vor dem Hintergrund gesellschaftlicher Entwicklungs- und Transformationsprozesse einer beschleunigten Moderne zu verstehen. Längsschnittstudien bieten einen Zugang an, um die im Zuge von Modernisierungsprozessen entstehenden Komplexitäten, Kontingenzen und Zukunftsungewissheiten in ihrer Relevanz für das soziale Handeln und das biographische Gewordensein und Werden der Akteur:innen zu erforschen. Der folgende Beitrag bringt sich in dieser Auseinandersetzung mit der Frage ein, welches Erkenntnispotenzial qualitative Längsschnittstudien aufweisen, um die Zukunftsoffenheit und Ungewissheit in spätmodernen Biographien in den Blick zu nehmen. Wie ist dabei methodologisch und methodisch zu begründen, dass individuelle und kollektive Sozialisations-, Bildungs- und Lernprozesse zu mehreren Zeitpunkten und nicht einmalig und retrospektiv erhoben und ausgewertet werden? Zunächst gehen wir dafür auf methodologische Implikationen des qualitativen Längsschnitts ein und schließen an zeitdiagnostische und gesellschaftstheoretische Überlegungen an. Diese Überlegungen werden anschließend mit Diskursen in der Biographieforschung zu neuen Perspektiven auf Temporalität und einem neuen begrifflichen Verhältnis von Lebenslauf und Biographie in Längsschnitten verbunden (z. B. Kade/Hof 2008; Kade 2020). Des Weiteren werden ausgehend von diesen Bestimmungen forschungsmethodische Ansätze und Herausforderungen in der Umsetzung am Beispiel von Längsschnittstudien zu Bildungsverläufen im Jugendalter diskutiert.

2. Methodologische Begründungen

2.1 Zeitdiagnostische und gesellschaftstheoretische Überlegungen

Betrachtet man vorliegende qualitative Längsschnittuntersuchungen sowohl der Vergangenheit als auch der Gegenwart, dann liegt ein gemeinsamer Gegenstandsnenner darin, sozialen Wandel und biographische Transformationsprozesse in den Blick zu nehmen. Bereits einige der Chicagoer-Ursprungsstudien der qualitativen Sozialforschung wurden im Längsschnitt durchgeführt, um die krisenhaften Marginalisierungs- und Ausgrenzungserfahrungen und die Entstehungsdynamiken abweichenden Verhaltens im Kontext gesellschaftlicher Umbrüche der modernen amerikanischen Urbanisierung und Industrialisierung zu erforschen (z.B. Shaw 1966). Fast zeitgleich interessierten sich Teile der qualitativen Sozialforschung in Europa für Tagebucheinträge und andere para-literarische Dokumente wie Briefe von Jugendlichen, um Adoleszenzkrisen und deren Bearbeitung längsschnittlich zu untersuchen. Fokussiert werden die Selbstreflexivitäten in Entwicklungs- und Selbstfindungsverläufen und Veränderungsprozesse in der Neuordnung der sozialen Beziehungen (vgl. auch Bühler 1922; Bernfeld 1931).

Unterscheiden lässt sich im Blick auf das Spektrum an Untersuchungsperspektiven in der Längsschnittforschung im Besonderen und in der Biographieforschung im Allgemeinen

> die eher an historisch-sozialen Strukturbildungen interessierte Perspektive und die eher nach Erfahrungsstrukturen und Bildungsprozessen auf der Einzelfallebene fragende Perspektive. […] Sie unterstellen, wenn auch nicht immer systematisch expliziert, einen signifikanten Zusammenhang zwischen gesellschaftlichen und individuellen Strukturbildungsprozessen, zwischen der Formation sozialer Lebenswelten und der Erfahrungsbildung von Individuen (Völter et al. 2005, S. 7).

In der Sichtung der Untersuchungen der letzten 20 Jahre fällt auf, dass auch gegenwärtig gesellschaftlicher Wandel in der Spätmoderne (z.B. Globalisierung, Digitalisierung) und damit verbundene Entwicklungen der Pluralisierung, Entstrukturierung und Entgrenzung sowie institutionelle Transformationen in ihren Implikationen für bildungsbiographische Prozesse und Verläufe das Interesse für qualitative Längsschnitte begründen. In relevanten erziehungswissenschaftlichen Längsschnittforschungsfeldern, wie z.B. in Übergängen im Bildungssystem, im Kontext des lebenslangen Lernens sowie der Entwicklung in der Kindheit und Jugendphase, spielt die Herausarbeitung potenziell krisenhafter Ereignisse in der Biographie vor dem Hintergrund sozialen Wandels und die Frage, wie diese bearbeitet werden, aber auch, wie diese Bildungsmomente initiieren können, eine bedeutende Rolle. Zentral wird in qualitativen Längsschnittstudien nachgezeichnet, wie sich das organisationale, kollektive und individuelle Gewordensein und

Werden zu unterschiedlichen Zeitpunkten als mehrdimensionaler Sinn- und (ver-)zeitlich(t)er Ordnungszusammenhang herausbildet und gedeutet wird. Es kann so nicht nur untersucht werden, wie sich das „Neue" in der Gegenwart vor dem Hintergrund des „Alten" zeigt und aus diesen gleichsam hervorgeht, oder wie etwa die antizipierte Zukunft in der Gegenwart mit der erfahrenen Zukunft zu relationieren ist. Ein Längsschnitt zielt ebenso darauf, diese Ordnungs- und Sinnzusammenhänge, in denen Gegenwärtiges, Vergangenes und Künftiges über die Zeit hinweg verknüpft wird, über mehrere Zeitpunkte auf das Verhältnis von Kontingenz und Determination bzw. Reproduktion und Transformation hin zu befragen.

Für die Legitimation eines Längsschnitts in der qualitativen (Biographie-)Forschung werden die neuen subjektiven und objektiven Zeitstrukturen und -regime und somit auch die Verdichtung von Zeitorganisation (vgl. Rosa 2005) für Individuen, Kollektive und Organisationen fokussiert. Gerade in der Spätmoderne sind Lebens- und Bildungsverläufe hinsichtlich Mobilität, Flexibilität und Beschleunigung unter Transformationsdruck geraten. In spezifischer, am Fall zu rekonstruierender Weise kommen diese modernen Herausforderungen in Biographien zum Ausdruck. Längsschnitte ermöglichen einen Zugang zu diesen (beschleunigten) Zeitstrukturen und -regimen, die dazu führen, dass vergangene Erfahrungen durch neue Situationen und gesellschaftliche sowie institutionelle Entwicklungen neu interpretiert werden. Methodologische Begründungen qualitativer, biographisch orientierter Längsschnittuntersuchungen müssen daher der Zukunftsoffenheit und Ungewissheit sowie der Ungleichzeitigkeit auch widersprüchlicher gesellschaftlicher Modernisierungsprozesse Rechnung tragen. Darin wird Tradiertes nicht einfach durch Neues oder die Verhinderung von Neuem abgelöst, genauso wie die Umgestaltung von Selbst- und Weltentwürfen nicht gleichzusetzen ist mit einer Nicht-Veränderung und Nicht-Entwicklung auf der Ebene biographischer Lern- und Bildungsprozesse. Ungewisse Zukünfte und damit auch die Zukunftsoffenheit der Gegenwart werden aber zugleich auch damit bearbeitet, sich an bewährten Mustern und dem, was Stabilität und Kontinuität verspricht, zu orientieren. Ein zentrales Strukturprinzip der spätmodernen Gesellschaft ist in diesem Zusammenspiel von Kontingenzöffnung und -schließung als „offene Ordnung" (Ziemann 2013) zu sehen, die sich auch in Biographien dokumentiert. Mit Dieter Nittel, Heide von Felden und Meron Mendel (2023, S. 19) ist herauszustreichen, dass sich „Bezüge zu Ansätzen neuerer Modernitätstheorie", wie sie von Andreas Reckwitz (2018), von Hartmut Rosa (2005, 2013) sowie von Vera King und Benigna Gerisch (2009) entwickelt wurden, als instruktiv für die Biographieforschung erweisen: Denn „Rosa hat mit seinen Ausführungen über die grundlegenden Dimensionen der Beschleunigung (technische sowie soziale Beschleunigung und die Beschleunigung des Lebenstempos) die Blaupause für ein mögliches biographieanalytisches Forschungsprogramm geliefert" (Nittel/von Felden/Mendel 2023, S. 20). In einem spannungsreichen Prozess einer Gleichzeitigkeit von (potenziell) transformativem Neuen und persistentem

Alten unter Bedingungen (gesteigerter) Kontingenzen und damit verbundener struktureller Herausforderungen in der Lebensplanung unter Bedingungen von Krisen und (zunehmender) Ungewissheit stellt sich hier Entwicklung und Wandel dar. Die gesellschaftlichen Dynamisierungs- und Steigerungszwänge haben sich in die biographischen Verläufe und deren subjektives Erleben und Deuten eingeschrieben. Sie erzeugen ein Spannungsverhältnis zwischen biographischer Kohärenzarbeit und Um- bzw. Neuschreibungen der Lebensgeschichte. In Längsschnitten kann in methodisch kontrollierter Weise analysiert werden, wie dieses Wechselspiel sich prozesshaft ausgestaltet und wodurch es (mit-)konstituiert wird. Biographische Längsschnittstudien zielen so auf Fragestellungen und Konzepte zu Transformationen, Veränderungen und Entwicklungen; es werden aber konstant – wenn auch in den Studien nicht immer explizit gemacht – Kategorien wie Stabilität, Kontinuität bzw. Persistenz in den Blick genommen.

2.2 Temporale Längsschnittperspektiven in der Biographieforschung

Grundlagentheoretisch und methodologisch gehen Längsschnitte von einer prinzipiellen Zukunftsoffenheit von Lebenspraxis und Subjektivität aus, die – etwa in Formen des Retellings – im Rahmen biographischen Erzählens zu zwei Zeitpunkten in der Analyse zu berücksichtigen sind (Selbert 2024). Während etablierte retrospektive Verfahren der Sozialforschung (z. B. narrationsstrukturelle Analyse) diese Prozesse als nachträgliche Rekonstruktionsleistungen erheben und herausarbeiten, zielen Längsschnittstudien auf die Relationierung von Handeln, Diskursen und Deutungen in (Wieder-)Erzählungen ungewisser, zukunftsoffener und ungeschriebener sowie bereits erfahrener Lebens- und Entwicklungsphasen. Historisch-gesellschaftliche und institutionalisierte Zeitstrukturen und -ordnungen, subjektiv-individuell erfahrene und erzählend gestaltete lebensbiographische Zeit(räume) oder auch kollektiv erfahrene und erzählte Zeit(räume) spielen im Spektrum biographisch orientierter Längsschnittforschung als komplex miteinander verwobene Dimensionen mithin eine bedeutende Rolle. Diese sind methodologisch und methodisch jeweils angemessen zu reflektieren und in Beziehung zueinander zu setzen.

Für das Subjekt stellt sich angesichts von raum-zeitlichen Entstrukturierungen und Hybridisierungen die Aufgabe, die „lebenszeitlichen Möglichkeiten und kontingenten Erfahrungen zu koordinieren, überhaupt eine Zeitform für das eigene Leben zu entwickeln“ (Fischer 2018, S. 464). „Biographien liefern damit auch soziale wie individuelle Zeitstrukturen und sorgen für künftige Orientierung“, weil sie „Unvereinbares und Vereinbares zu einem temporalen Patchwork“ zusammensetzen (Fischer 2018, S. 468). Daraus folgt: „Inkonsistenzen brauchen nicht gelöscht oder geleugnet zu werden, sie werden verzeitlicht“ (Fischer 2018, S. 468). Biographische Orientierungs- und Handlungsmuster sind durch diese

Mehrdeutigkeiten, Paradoxien und Inkonsistenzen gekennzeichnet (vgl. Witzel 2010, S. 291). Folglich wird kritisch angemerkt, dass die erziehungswissenschaftliche Biographieforschung ihre starke „Gegenwartsabhängigkeit" (Kade/Nolda 2014, S. 590), mit der lebensgeschichtliche Sinn- und Erfahrungszusammenhänge der Vergangenheit in eine Ordnung gebracht werden, aufgeben und das Zusammenspiel zeitlicher Dimensionen in den Blick nehmen muss. In der abgeschlossenen biographischen Erzählung bildet sich aufgrund der Einmalerhebung keine Zeitlichkeit selbst ab (Kade/Hof 2008, S. 161). Gegenüber Einfach- bzw. Querschnitterhebungen ermöglichen die qualitativen Längsschnitte so eine kontrastierende Rekonstruktion der Handlungsorientierungen und situativen Deutungen von Ereignissen und Erfahrungen durch den Einbezug weiterer subjektiver Zeitperspektiven mit früheren Narrationen und Entwürfen. Rekonstruktionsmethodologisch ist dabei bedeutsam, dass zwar auch mit den im Rahmen von Längsschnitten erhobenen biographischen Erzählungen keine Protokolle von Transformations- und Reproduktionsprozessen selbst vorliegen (Wernet 2020), dadurch aber ein Zugang eröffnet wird, um (Um-)Deutungen, neue Entwürfe und Handlungsmuster von Akteur:innen und Gruppen im Verhältnis von Transformation und Reproduktion zu verstehen.

Umgekehrt kann ein bloßes Vergleichen von Aussagen als Momentaufnahmen zweier Gegenwarten wiederum keine Prozessstrukturen nachzeichnen und widerspricht qualitativ-rekonstruktiven Methodologien (vgl. von Felden 2021, S. 203). Eine derartige Anlehnung an die schon länger existierende längsschnittliche quantitative Lebenslaufforschung würde das Erkenntnispotenzial einschränken. Es sind daher in der Biographieforschung Konzepte entwickelt worden, den Ansatz der retrospektiven Erzählung und seiner qualitativ-rekonstruktiven Erschließung mit einem Längsschnitt zu kombinieren und zu erweitern (vgl. Kramer et al. 2013; von Felden 2021; Selbert 2024). Temporale Dimensionen können damit auf verschiedenen Analyseebenen in den Blick genommen werden: auf der Ebene der erzählten Zeit (Erfahrungsqualitäten und biographische Prozessstrukturen) und auf der Ebene der Erzählzeit (narrative Identität). Dabei ist die sozio-historisch und situativ kontextualisierte Zeit des Erzählens in der Gegenwartssituation des Interviews (erzählende Praxis) methodisch ebenfalls zu berücksichtigen, sodass darüber auch im Längsschnitt eine Kontrastierung mehrerer biographischer Sinn(re)konstruktionen im Lebensverlauf bzw. über einen bestimmten Zeitraum herausgearbeitet werden kann. Zum einen ist damit das lebensgeschichtliche Erzählen als situierte Praxis angesprochen und zum anderen die Prozesse und Kontexte, in denen sich biographische Strukturbildungen formieren.[1]

1 Methodisch ist dabei *erstens* zu berücksichtigen, dass biographisches Erzählen immer an einen je gegebenen sozio-historischen Kontext gebunden ist, in dem Erfahrungen thematisiert werden. Diese Erfahrungen sind selbst wiederum auf ihren sozio-historischen Entstehungskontext hin zu betrachten (vgl. Rosenthal 2005, S. 48–49). *Zweitens* ist die intersubjektive Dimension von Biographien zu berücksichtigen, die auf Interaktionserfahrungen in

Auch wenn mit Längsschnitten Wandel und Sichtweisen auf diese Veränderungen nur aus den Perspektiven der Gegenwart und der antizipierten Zukunft erfasst werden können, ermöglichen sie eine Unterscheidung von der Biographie als rückblickende und nachträglich Ordnung herstellende und „in sich geschlossene Lebensgestalt" und dem Lebenslauf als kontingente, „noch nicht geschriebene Seite" und „ungewisse, Entscheidungen ermöglichende Zukunft" (Kade/Hof 2008, S. 163). Biographisierungsprozesse im Sinne temporalisierter und temporalisierender Konstruktionen sind demnach keine „zeitstabilen Formationen, sondern gegenwartsabhängige Momentaufnahmen" (Maier-Gutheil 2015, S. 18). Damit kann das, was Kontinuität auch angesichts von Diskontinuität in Bildungsverläufen und -prozessen zu stiften vermag, im zeitlichen Verlauf und auf der Ebene der Erzählzeit gewissermaßen in situ herausgearbeitet werden (vgl. Thiersch 2020; Silkenbeumer/Thiersch 2021). Andreas Witzel (2010, S. 296) hebt darauf bezogen hervor, dass Längsschnittanalysen berücksichtigen müssen, „dass in jeder neuen Erhebungssituation neue Erfahrungsaufschichtungen zum Tragen kommen können, auf deren Hintergrund frühere Handlungsbegründungen häufig überhaupt erst formuliert, präzisiert oder ganz neu bewertet werden". Wie damit forschungspragmatisch in Längsschnittstudien zu Bildungsverläufen umgegangen werden kann, wird im nächsten Schritt ausschnitthaft erläutert.

3. Methodische Implikationen qualitativer Längsschnittstudien in der Biographieforschung zu Bildungsverläufen in der Adoleszenz

In der sozialwissenschaftlich ausgerichteten Biographieforschung haben sich qualitative Längsschnittstudien inzwischen etabliert (vgl. Thiersch 2023). Um die Deutungen und die Bearbeitungen von Zukunftsoffenheit in spätmodernen Biographien herauszuarbeiten, wird in den Anlagen der Untersuchungen von Anfang an eine vorausschauende Perspektive mitgedacht. Biographisches Datenmaterial

---

der Herausbildung biographischen Wissens verweisen. Dies lässt sich weiter im Rückgriff auf das Konzept des *doing biography* präzisieren, dieses „hebt den Aspekt des interaktiven *Tuns* heraus: sowohl den konkreten Vollzug biographischer Kommunikationspraxis als auch die konstruktivistische Basisannahme, dass man eine Biographie' […] nicht einfach ‚hat', sondern sie immer erst interaktiv ‚herstellt'" (Dausien/Kelle 2005, S. 207, Hervorhebung im Original). Was jedoch unter welchen Bedingungen und warum (wieder) erinnerbar und (wieder)erzählbar wird, wie das Erlebte und Erzählte vom jeweiligen Erzählzeitpunkt aus gedeutet und vielleicht angesichts von Veränderungen und Transformationen erklärungsbedürftig wird, was unter Umständen in einem Folgeinterview mitunter erstmalig (wieder)erinnert werden kann und zuvor (noch) vergessen wurde, dies verweist auf die notwendige analytische Differenzierung zwischen Lebenserzählung und Lebenserfahrungen sowie zu unterscheidenden Dimensionen der erzählten Lebensgeschichte (vgl. Selbert 2024, S. 60–61).

im Längsschnitt zu erheben und auszuwerten, wirft dabei eine Reihe methodischer Fragen auf, wie die Untersuchungsanlage mit welchen Erhebungszeitpunkten, Erhebungsformen und Interviewfragen zu konzipieren ist und welche Erhebungs- und Auswertungsverfahren anzuwenden und zu kombinieren sind. Die kodifizierten Arbeitsschritte für Erhebungen und Auswertungen, wie sie in den Methodologien und Methoden der qualitativen Sozialforschung vorliegen, erfahren keine grundlegenden Veränderungen in Längsschnittuntersuchungen zu Bildungsverläufen. Wenig reflektiert und diskutiert wird bislang, was es heißt, zu unterschiedlichen Zeitpunkten durchgeführte Erhebungen und herausgearbeitete Ergebnisse in ein Verhältnis zu setzen (vgl. z. B. Kramer 2020).

Im Folgenden werden anhand von Untersuchungen zu Bildungsverläufen im Jugendalter das Potenzial von Längsschnittstudien aufgezeigt und methodische Fragen und Anforderungen der Erhebung und Auswertung, wie sie sich in derartigen Untersuchungen immer wieder stellen, diskutiert. Die aktuellen gesellschaftlich kommunizierten Polykrisen, die Unsicherheiten in Bildungsverläufen und -übergängen und die Fragen nach der Zukunft im adoleszenten Individuationsprozess machen deutlich, dass die Erfahrungen und der Umgang mit biographischer Ungewissheit in den Blick zu nehmen sind.

3.1 (Gegenstands-)Konzeption und Erhebungsformen

Um unsere Überlegungen näher zu konkretisieren, beziehen wir uns auf Erfahrungen aus Studien zu Bildungsverläufen und biographischen Selbstentwürfen Jugendlicher. Zunächst ist zentral, dass der Bildungserfolg von der sozialen Herkunft zwar abhängt, aber Kinder und Jugendliche das deutsche Bildungssystem durchaus individualisiert durchschreiten und die konkreten Verläufe kaum prognostizierbar sind. Insbesondere erzeugen die sozialisatorisch zu bearbeitenden Krisen in der Adoleszenz und die Transitionsprozesse im Bildungsverlauf (bildungs-)biographische Ungewissheit. Je nach gegebenen Möglichkeitsräumen und subjektiven Bearbeitungsformen von Ungewissheit und Krisen kann Neues durch Transmission und Transformation lebensgeschichtlicher Erfahrungen und damit verbundener Selbst- und Weltverhältnisse entstehen (etwa in der Adoleszenz; vgl. dazu King 2024). Die Genese und die Deutung dieser Prozesse können in prospektiven Längsschnittstudien – im Vergleich zu den retrospektiven Ansätzen – durch die Analyse mitverfolgt werden, wenngleich es sich auch hier um Prozesse des *Wieder*-Erinnerns und *Wieder*-Erzählens handelt und uns kein Protokoll der Transformation selbst vorliegt.

Für die konkrete Umsetzung sind dabei bereits in der Konzeption derartiger Studien zentrale Fragen der *Erhebungszeitpunkte* gegenstandsbezogen und methodologisch zu begründen. Anders als die umfassenden Retellings zum lebenslangen Lernen in der Biographieforschung, die bislang eher „zufällig“ nach sehr vielen Jahren ein zweites autobiographisch-narratives Interview erheben (vgl. Kade 2020; von Felden 2021; Selbert 2024), haben die bislang durchgeführten Längsschnittstudien zu Bildungsverläufen in der Regel einen geplanten Anfangs- und Endpunkt. Bereits die Auswahl dieser Zeitspanne bringt einen spezifischen Gegenstand hervor und nimmt Einfluss auf die Ergebnisse, die deshalb vor dem Hintergrund theoretischer und methodologischer Vorentscheidungen zu reflektieren sind. So kann die Zukunftsoffenheit der subjektiven Wahrnehmung und Bewältigung von Übergängen einerseits ein Längsschnittdesign legitimieren. In sehr vielen Studien zu Bildungsverläufen werden so Erhebungen vor einem und unmittelbar nach einem Übergang durchgeführt. Andererseits können unvorhersehbare Geschehnisse, Anlässe und Entscheidungen in der Bildungsbiographie wie ein Auf- bzw. Abstieg oder ein Dropout in der Ausbildung flexible Erhebungen in einem Längsschnitt notwendig machen (vgl. z. B. Reißig 2010; Kramer et al. 2013), womit – zweifelsohne ein Potenzial dieses Zugangs – aktuelle Wahrnehmungen und Deutungen relevanter Phasen in den Fokus geraten. Es stellt sich also schon in der Konzeption der Anlage einer qualitativen Längsschnittuntersuchung grundlegend die Frage, ob man die Erhebungen standardisiert an institutionellen bzw. normierten Übergangs- und Statuspassagen ausrichtet oder inwieweit gegenstandsbegründet eine Offenheit für fallimmanente und -bezogene Erfahrungen und Erlebnisse (z. B. Ausstiege) Erkenntnispotenziale des Längsschnitts steigern. Neben der Frage der Erhebungszeiträume muss entschieden werden, so zeigen es vorliegende qualitative Längsschnittstudien zu Bildungsverläufen, ob der Fokus auf die Einzelnen mit den kollektiven Aushandlungsprozessen, Adressierungen und Formierungen verbunden und um diese Dimensionen erweitert wird (z. B. durch Familiengespräche), womit die Selbstentwürfe, -deutungen und -positionierungen in Lebens- und Bildungsverläufen dadurch weitergehend zu kontextualisieren, zu relationieren und einzubetten sind (vgl. u. a. Krüger/Köhler/Zschach 2010; Zschach/Pfaff 2013; Silkenbeumer/Thiersch 2021).

In den vorliegenden Längsschnittstudien zu Bildungsverläufen in der Biographieforschung kommen bislang als *Erhebungsform* vor allem Interviews und speziell narrative Interviews zur Anwendung (vgl. Thiersch 2023). Themenzentrierte Interviews können dabei in Kombination mit narrativen Interviews eingesetzt werden, um beispielsweise die Erfahrungen zu einem bestimmten Ereignis oder zu aktuellen Deutungen von plötzlich hereinbrechenden krisen- oder chancenhaften Ereignissen im Bildungsverlauf einzufangen. In dieser kombinierten Variante wird mit dem narrativ-biographischen Interview, das zumeist am Anfang oder am Ende durchgeführt wird, auf die gesamte Lebens- und Bildungsgeschichte abgezielt, während das themenzentrierte Interview auf Phasen, Krisen oder Wendepunkte im Bildungsverlauf abhebt.

In den *Interviewkonzeptionen* werden Fragen, die sich auf temporale Dimensionen des Längsschnitts beziehen, recht unterschiedlich gestellt. Neben der in biographisch-narrativen Interviews obligatorischen globalen Zukunftsfrage am

Ende, können in den fest eingeplanten, aber auch in den flexiblen Erhebungsphasen im biographischen Längsschnitt bereits Fragen zur Antizipation bestimmter Ereignisse in der Zukunft und auch rückblickend zur Einordnung der gemachten Erfahrungen gestellt werden. Wie wird beispielsweise ein bevorstehender Wechsel in eine andere Schulform antizipiert, mit welchen Hoffnungen, Befürchtungen und Erwartungen an die eigene Zukunft ist dieser aufgrund der bisherigen Schüler:innenbiographie und im Kontext gesamtbiographischer Erfahrungszusammenhänge verbunden? Dabei können Zukunftsfragen bereits leitend für einzelne Themenbereiche (z. B. antizipierte Pläne etc.) sein. Es besteht retrospektiv aber auch die Möglichkeit, zum einen noch einmal auf eine Erzählung der bereits geschilderten Ereignisse abzuzielen („Du hast das letzte Mal bereits von deinem bevorstehenden Übergang ins Gymnasium berichtet, erzähle doch bitte noch einmal wie du das Ankommen dort und die Erfahrungen bis heute erlebt hast?"), auch wenn dabei Suggestionen und Ko-Konstruktionen, eine bestimmte Geschichte nahelegen können. Weiterhin kann eine Erzählaufforderung hinsichtlich einer nachträglichen Deutung der gemachten Erfahrungen erfolgen (z. B. „Sie haben beim letzten Mal erzählt, dass der Übergang nicht wie erwartet verlief, wie sehen Sie das heute?"). Auch hier zeigt sich, wie bestimmte auf Zeitlichkeit und Zeit bezogene Fragen vom Erkenntnisinteresse abhängig sind und den Gegenstand mitkonstituieren.

In den Erhebungen selbst ist, unabhängig davon wie diese methodisch durchgeführt und welche Fragen etwa in Interviews gestellt werden, die *Interaktionsbeziehung* zwischen Forschenden und Beforschten, die sich zudem in einer sensiblen Lebens- und Entwicklungsphase befinden, in Längsschnittstudien gegenüber Einfacherhebungen von besonderer Relevanz. Nach den ersten Erhebungen teilen sie – auf je unterschiedliche Weise – einen Raum der Erinnerung an den erzählten Bildungsverlauf. Stärker als bislang ist dabei in der Längsschnittforschung zu reflektieren, dass in der forschungsbezogenen Interaktionssituation das Erinnern an Ausschnitte aus der vorherigen Erzählung auf Seiten der Interviewenden präsent ist. Diese haben sich in der Erschließung des Textes (Transkription, thematische Strukturierung, Interpretation) intensiv mit der Erzählung befasst. Davon ausgehend können bestimmte Nachfragen gestellt werden, die wiederum bestimmte Erinnerungen und ihre nachträgliche Deutung suggestiv ansteuern, ohne dass dies der Relevanzsetzung der zu interviewenden Personen und der „subjektiven Repräsentation vom Gegenwartsstandpunkt aus" (Selbert 2024, S. 60) entspricht. Hier ist für die Analyse bedeutsam, die Fragestellungen und Relevanzsetzungen der Interviewenden zu berücksichtigen und herauszuarbeiten, ob und wie diese aufgegriffen werden und sich dadurch möglicherweise auch Darstellungs- und Begründungsnotwendigkeiten der zu interviewenden Personen hinsichtlich bestimmter Ereignisse ergeben.

Durch die Interaktionsbeziehung im Längsschnitt zwischen Forschenden und Beforschten ist für Wiederholungsbefragungen gerade mit Kindern und

Jugendlichen kritisch zu fragen, wie hier über die Zeit biographische Konstruktionen und Ordnungen sowie gewünschte Transformationsgeschichten in Längsschnittstudien durch implizite Allianzen (mit-)hervorgebracht werden und wie diese methodisch kontrolliert werden können. Beispielsweise konnte rekonstruiert werden, wie bereits durch eindringliche und suggestive Fragen der Interviewenden Entwicklungen und Veränderungen unterstellt und ko-konstruiert werden (vgl. Dietrich/Lambrecht 2020). Wie durch das jeweilige Forschungsdesign unterschiedliche Zeitbezüge schon in der Konstruktion des Gegenstands und in der Erhebungssituation als (nicht-)relevant gesetzt und somit Strukturgeber für Erzähltes und Erinnerndes werden, ist daher ebenso zum Gegenstand methodischer Überlegungen zu machen wie die Frage nach dem Umgang mit biographischem Erinnern und Vergessen (vgl. Hinrichsen/Epp 2024). Die Frage, wie biographischer und damit immer auch sozialer Sinn in und durch die Forschungsinteraktion im Längsschnitt (mit-)hervorgebracht wird, der überdies auf normative Normalitätsannahmen über den Umgang mit (vermeintlich gewonnenen oder auch verlorenen und wiedergefundenen) Zeit(räum)en hin zu durchleuchten wäre, scheint daher vielversprechend. In unserer Längsschnittstudie „Mühen des Aufstiegs" (vgl. u. a. Labede et al. 2020) zeigte sich, wie ein emphatisches Eingehen auf den unwahrscheinlichen Schulformwechsel und den sozialen Aufstieg in der Gesprächsführung vereinzelt dazu führte, dass dies normativ als Erfolgsgeschichte einer Normalschullaufbahn gerahmt und hier ein Modell eines „Aufholens" implizit transportiert wurde. In einer Längsschnittstudie zu Übergängen zwischen Familie, Kinder- und Jugendpsychiatrie und (Klinik-)Schule (vgl. Silkenbeumer/Becher/Schulmeister 2020; Becher 2023; Schulmeister 2023) wurde deutlich, wie bedeutsam die Reflexion von Fortschrittserwartungen bzw. auch von entsprechenden Hoffnungen der Forschenden und damit verbundenen positiv aufgeladenen Transformationserwartungen an eine spezifisch gelagerte Genesungsgeschichte durch die therapeutisch gestützte Bearbeitung leidvoller Erfahrungen bereits vor der Durchführung von Nachfolgeinterviews und in der Interpretation der Erzählung ist. Gerade in jenen Fällen, in denen es darum geht, mit kontextspezifisch sich zeigenden Beeinträchtigungen leben bzw. diese gestalten zu müssen, bergen solche Interventionen Zumutungscharakter, wenn sie psychische Gesundheit individualisierend als Überwindung leidvoller Erfahrungsgehalte begreifen, die sich leiblich-seelisch-sozial manifestieren können.

Unsere Erfahrungen mit Längsschnittstudien im Jugendalter zeigen darüber hinaus, dass ambivalente Erfahrungen durch einen Bildungsaufstieg (vgl. Silkenbeumer/Thiersch/Labede 2017) oder das Durchlaufen eingriffsintensiver Kontexte Reflexionen hinsichtlich der Gestaltung des Forschungsprozesses und der Interaktionsbeziehung erforderlich machen. Es stellen sich somit für die Forschenden mit jeder neuen Erhebung forschungsethische Fragen. Diese können sich darauf richten, wie mit dem Wissen und dem möglichen Bedarf an Unterstützung und Intervention durch Dritte im Nachgang eines narrativen Interviews, das als belastend erlebt wurde, oder mit Gefährdungen, die durch wachsende Vertrauensverhältnisse über die Zeit hinweg sichtbar geworden sind, gegenüber den Befragten als auch Dritten umgegangen wird, oder in welcher Weise eine Art Parteilichkeit geboten sein kann. Insbesondere wenn „Illegalität, das Wohlbefinden von Schutzbefohlenen oder die Gesundheit der Befragten" (Grimm/Schütt 2020, S. 418) sowie Suchterfahrungen und Gewalt thematisch werden, geraten Forschende durch die Mehrfacherhebungen in ein Spannungsverhältnis zwischen Wahrung der Vertraulichkeit und einer unter Umständen notwendig werdenden Intervention. Dies steht im Zusammenhang mit der Kontinuität der Beziehung. Mitunter ist die Zustimmung zur Durchführung eines Interviews an eine Entscheidung von Vertretenden bestimmter Institutionen gebunden, die teils mit der Aufforderung verbunden ist, im Falle der Kenntnisnahme von drohenden Gefährdungen (z. B. Suizidgedanken) nicht Stillschweigen zu wahren, sondern diese mitzuteilen. Es kann dabei keine standardisierten Lösungen für entsprechende Konfliktsituationen geben. In unserer Forschung haben wir uns dafür entschieden, die von Vertretenden bestimmter Einrichtungen, wie der Klinik für Psychiatrie und Psychotherapie, an uns herangetragenen Erwartungen im Falle der Kenntnisnahme von selbst- oder fremdgefährdeten Verhaltensweisen an die Interviewees weiterzugeben. Damit geht die Entscheidung einher, diese „äußeren Zwänge" gegenüber den Interviewees vor dem Interview transparent zu machen und ihre Zustimmung dafür einzuholen.

3.2 Auswertung

Wie bei den Erhebungsmethoden lässt sich konstatieren, dass auch in der Auswertung der jugendlichen Bildungsverläufe im Längsschnitt die etablierten und kodifizierten Verfahren qualitativer Sozialforschung zur Anwendung kommen. Überwiegend stützen sich die vorliegenden Längsschnittuntersuchungen dabei auf *eine* Auswertungsmethode und verbinden sehr selten unterschiedliche Verfahren.

Die Auswertung in qualitativen Längsschnittstudien zu Bildungsverläufen zielt dabei nicht auf eine Analyse der Momentaufnahme zu den jeweiligen Zeitpunkten (vgl. Neale 2019, S. 111). Es geht auch nicht um eine tatsachenwissenschaftliche Analyse von stufenförmigen Entwicklungen zwischen den unterschiedlichen Erhebungswellen (z. B. Lernzuwächse) als kumulative Prozesse (vgl. Thiersch 2020). Orientiert an den Prinzipien erfahrungswissenschaftlich fundierter qualitativer Forschung wird auch in der Auswertung von Längsschnittstudien von der Unmöglichkeit einer gesetzesmäßigen und linear-kausalen Erklärung bildungsbiographischer Prozesse im zeitlichen Verlauf und damit von ihrer Kontingenz und Zukunftsoffenheit ausgegangen. Damit werden retrospektive und prospektive Perspektiven auf die eigene Biographie und den erfahrenen Bildungsverlauf erkenntnistheoretisch fokussiert und insbesondere die Wechselbeziehungen des Wandels und der Stabilität in bildungsbiographischen Verläufen hypothesenbildend in den Blick genommen (vgl. Abschnitt 2.1).

Mit diesem methodologisch, methodisch und forschungspraktisch komplexen Unterfangen wird bislang sehr unterschiedlich in der Auswertung von Längsschnittstudien umgegangen. Um dem gestiegenen Auswertungsbedarf nachzukommen, wird in einer ersten Gruppe von Zugängen – aber sehr selten zu Bildungsbiographien – inhaltsanalytisch gearbeitet (vgl. z. B. Muslic/Gisske/Hartung-Beck 2020). In der Regel werden hier – induktiv, aber auch deduktiv – durch inhaltliche Strukturierungen in Kodierungsprozessen und mehrere Iterationsschleifen Kategorien bzw. ein Kategoriensystem gebildet. Neben der sinngenetischen Komparation im Längsschnitt wird ein Vergleich der Kategorien vorgenommen und festgehalten, ob und wie sich diese im Zeitverlauf verändert haben.

In der Regel werden die im Längsschnitt erhobenen Bildungsverläufe von Jugendlichen mit Verfahren der interpretativen Sozialforschung ausgewertet. Im rekonstruktiven Paradigma ist dabei das Wechselverhältnis zwischen stabilen Hervorbringungsprinzipien einer Bildungsorientierung und deren permanenten Wandlungsprozessen auf der Ebene der Ausdrucksgestalten konstitutiv. Den Methodologien ist also das Erkenntnisinteresse, wie das Neue aus einem Alten im Zusammenspiel von Transformation und Reproduktion hervorgegangen ist, bereits inhärent (vgl. Kramer 2020, S. 110; Thiersch 2020, S. 17). Im Längsschnitt steigert sich die Komplexität in der Auswertung insofern, als dass eine doppelte Verhältnisbestimmung von Persistenz und Veränderung vorliegt: zum einen auf der Ebene der Sequenzanalyse der subjektiven Erfahrungsqualitäten des Bildungsverlaufs der Akteur:innen, zum anderen auf der Ebene des Längsschnitts und der Hervorbringung des objektiven zeitlichen Bildungsverlaufs durch die Untersuchungsanlage selbst. Rekonstruktive Längsschnittuntersuchungen ermöglichen damit einen anderen Zugang, die dynamischen Prozesse im Zusammenspiel von Transformation und Reproduktion in Rekonstruktionsmethodologien wie z. B. der Objektiven Hermeneutik oder der Dokumentarischen Methode zu perspektivieren.

Während derartig qualitative Längsschnittprojekte auf bestimmte Lebens-, Entwicklungs- und Bildungsphasen und damit verbundene Übergänge in der Biographie zielen, werden mit Studien, die biographische Wiedererzählungen nach sehr vielen Jahren mit dem narrationsstrukturellen Verfahren auswerten, globalere historische, kulturelle und gesellschaftliche Transformationsprozesse in ihren Implikationen für Identitäts- und Biographisierungsprozesse in den Blick genommen (vgl. Kade 2020; Selbert 2024). Unseres Erachtens wäre es ein lohnenswertes Unterfangen, das auf biographische Prozessstrukturen abzielende narrationsstrukturelle Verfahren mit einem anderen rekonstruktiven Verfahren wie der Objektiven Hermeneutik, die Sinnstrukturen fokussiert (vgl. z. B. Silkenbeumer/Wernet 2010), im Längsschnitt zu verknüpfen. So könnten etwa Sinnstrukturen, die zu verschiedenen Erhebungszeitpunkten rekonstruiert wurden, in die biographischen Prozessstrukturen, die auf Grundlage eines abschließenden autobiographischen Interviews herausgearbeitet werden, eingebettet werden.

In Bezug auf die forschungspraktische Umsetzung bildungsbiographisch orientierter Längsschnittstudien schlägt auch Rolf-Torsten Kramer (2020, S. 119f.) vor, die Interpretationen und Ergebnisse der eigenständig durchzuführenden Sequenzanalysen von Material, welches zu unterschiedlichen Zeitpunkten erhoben wurde, zunächst triangulierend für einen Fall zu verknüpfen. Sina-Mareen Köhler (2023, S. 131) plädiert dafür, zeitliche Bezüge und Verortungen bereits in den Fragen der Forschenden zu integrieren und im Arbeitsschritt der reflektierenden Interpretation mit der Dokumentarischen Methode die Bedeutung von „Temporaladverbien" sowie „expliziten Zeit- und Lebensphasenbezügen" dann ins Verhältnis zu den erschlossenen Orientierungsrahmen zu setzen. In der längsschnittlichen Auswertung sind folglich zeitliche (Dis-)Kontinuitäten der rekonstruierten Orientierungsrahmen zu unterschiedlichen Zeitpunkten, aber auch der jeweilige Sinn bezüglich der manifesten Zeitbezüge in den Interviews zu relationieren.

4. Fazit und Ausblick

Gerade biographisch orientierte Längsschnittuntersuchungen eignen sich für erfahrungswissenschaftlich begründete Analysen, in denen Kontinuitäten und Diskontinuitäten, Emergenz und Determination von Lebensverlauf und Lebensgeschichte als dialektische Verhältnisse ins Sichtfeld geraten sollen, wie es im Beitrag am Beispiel von jugendlichen Bildungsverläufen angedeutet worden ist. Dafür sind die jeweiligen Schritte in der Erhebung und Auswertung gegenstandsbezogen zu begründen. Im Rahmen dieses Beitrags soll abschließend auf die Potenziale des Längsschnitts für die Erforschung ungewisser Zukünfte in Bildungsbiographien hingewiesen werden.

Das immer noch kaum ausgeschöpfte Potenzial einer sozialwissenschaftlich fundierten Biographieforschung liegt auch jenseits einer Längsschnittuntersuchung gerade darin, Biographie „im Kontext der Familien- und Gesellschaftsgeschichte" zu analysieren, wie Gabriele Rosenthal (2005) dies vor zwanzig Jahren bereits herausgestellt hat. In methodischer Hinsicht ist zu fragen, ob und wie „die Einbeziehung der Gesellschaftsgeschichte bzw. die Rekonstruktion des Zusammenhangs zwischen individuellen lebensgeschichtlichen und kollektivgeschichtlichen Prozessen" (Rosenthal 2005, S. 46) erfolgt. Ein methodologisch, methodisch und gegenstandsbezogen reflektiertes Längsschnittdesign scheint uns einen Zugang bereitzustellen, gesellschaftliche Bedingungen von und Einschreibungen in Biographien und deren subjektiven Deutungen und Verarbeitungen in Bildungsverläufen empirisch und analytisch präzise in den Blick zu bekommen. Derartige Biographieanalysen eröffnen Zugangsmöglichkeiten, die dynamischen

Prozesse historischer, subjektiver und objektiver Zeitperspektiven systematischer als Querschnittuntersuchungen zu berücksichtigen und aufeinander zu beziehen. Der Zusammenhang der Konzepte „Biographie", „Bildung" und „Lebenslauf" kann erkenntnisreicher als bislang im Sinne einer relationalen erziehungswissenschaftlichen Biographieforschung fokussiert werden.

In diesem Beitrag haben wir Potenziale des Längsschnitts vor allem hinsichtlich neuer Zeitregime und Zeitlichkeitserfahrungen in modernen beschleunigten Gesellschaften skizziert und vor diesem Hintergrund das Vorgehen methodologisch und methodisch näher eingeordnet. Dennoch stellen sich weitergehende Fragen: Wie können spätmoderne Biographisierungsprozesse und biographische Verläufe und damit individuelle, institutionelle sowie gesellschaftliche Geschichte als immer schon miteinander verwobene Dimensionen zum Gegenstand der Analyse in Längsschnittstudien werden? Einige biographietheoretisch fundierte Studien zeigen exemplarisch methodische Vorgehensweisen und Begründungen für eine Bezugnahme auf die historischen und kulturellen Hervorbringungen von Biographie und Gesellschaft auf (vgl. Kade 2020). Dabei wird deutlich, dass biographietheoretisch über die je konkrete Gegenstandskonstitution und Forschungsfrage hinaus der Zusammenhang von Struktur, Handlung und Erzählung für Längsschnittstudien methodologisch zu begründen ist. Grundlegend stellt sich die Frage, inwieweit durch die Anlage der Untersuchung und die gewählten Erhebungszeitpunkte in der Forschung bereits Zeitbezüge relevant gesetzt werden. Für qualitative, biographisch ausgerichtete Längsschnittuntersuchungen stellt sich zudem die methodologische Frage danach, wie Wandel und Kontinuität, Emergenz und Determination sowie das Verhältnis von Erinnern und Vergessen zu konzeptualisieren sind (vgl. Hinrichsen/Epp 2024). Wie können überhaupt Bewegungen der konstituierten inneren Logik von Biographisierung und Biographizität im Sinne einer „einzigartige[n] soziale[n] Grammatik des Individuums" (Alheit 2020, S. 91) in der längsschnittlich angelegten Analyse biographischer Erzählungen zugänglich und theoretisch bestimmt werden und mithilfe welcher Vorannahmen lässt sich diese Bewegung begreifen? Wie kann biographische Längsschnittforschung konkret zur Differenzierung modernisierungstheoretisch fundierter Annahmen etwa zur Individualisierung von Jugendbiographien beitragen? Und welche Antworten haben sie auf die Frage, wie Biographisierung durch dynamische Strukturbildungsprozesse angesichts von Beschleunigung und neuen Möglichkeitsräumen nachzuzeichnen ist? Wie ist hier die innere Struktur der Biographie mit den „neuen externen Impulsen" vermittelt und welche „Verschiebungen" werden damit initiiert (Alheit 2020, S. 91)? Diese in Längsschnittstudien zu beantwortenden methodologischen und eröffneten methodischen Herausforderungen bieten unseres Erachtens erkenntnisreiches Potenzial für die Biographieforschung im Besonderen und die qualitative Sozialforschung im Allgemeinen.

Literatur

Alheit, Peter (2020): Biografizität. In: Schinkel, Sebastian/Hösel, Fanny/Köhler, Sina-Mareen/König, Alexandra/Schilling, Elisabeth/Schreiber, Julia/Soremski, Regina/Zschach, Maren (Hrsg.): Zeit im Lebensverlauf. Bielefeld: transcript, S. 87–92.

Becher, Julia (2023): Psychiatrische Kartierungen des Selbst. Rekonstruktionen adoleszenter Bildungsprozesse zwischen Familie und Psychiatrie. Wiesbaden: Springer VS.

Bernfeld, Siegfried (1931): Trieb und Tradition im Jugendalter. Kulturpsychologische Studien an Tagebüchern. In: Zeitschrift für angewandte Psychologie, Beiheft 54.

Bühler, Charlotte (1922): Das Seelenleben des Jugendlichen. Versuch einer Analyse und Theorie der psychischen Pubertät. Jena: G. Fischer.

Dausien, Bettina/Kelle, Helga (2005): Biographie und kulturelle Praxis. Methodologische Überlegungen zur Verknüpfung von Ethnographie und Biographie. In: Völter, Bettina/Dausien, Bettina/Lutz, Helma/Rosenthal, Gabriele (Hrsg.): Biographieforschung im Diskurs. Wiesbaden: Springer VS, S. 189–212.

Dietrich, Fabian/Lambrecht, Maike (2020): Diesseits und jenseits quasi-experimenteller Intervention: Der (qualitative) Längsschnitt in der Schulentwicklungsforschung. In: Thiersch, Sven (Hrsg.): Qualitative Längsschnittforschung. Bestimmungen, Forschungspraxis und Reflexionen. Opladen/Berlin/Toronto: Barbara Budrich, S. 323–342.

Fischer, Wolfram (2018): Zeit und Biographie. In: Lutz, Helma/Schiebel, Martina/Tuider, Elisabeth (Hrsg.): Handbuch Biographieforschung. Wiesbaden: Springer VS, S. 461–472.

Grimm, Natalie/Schütt, Petra (2020): Forschungsethische und -praktische Fragen qualitativer Längsschnittforschung – Perspektiven und Herausforderungen. In: Thiersch, Sven (Hrsg.): Qualitative Längsschnittforschung. Bestimmungen, Forschungspraxis und Reflexionen. Opladen/Berlin/Toronto: Barbara Budrich, S. 407–426.

Hinrichsen, Merle/Epp, André (Hrsg.) (2024): Schwerpunktheft: Biographie und Vergessen: Vernachlässigte Perspektiven sozialwissenschaftlicher Theoriebildung. In: BIOS – Zeitschrift für Biographieforschung, Oral History und Lebensverlaufsanalysen 35, H. 1.

Kade, Jochen (2020): Bildungsbiographien – Bildungsgestalten – Biographisierung. Spuren von 1968 in (bildungs-)biographischen Erzählungen von 1984 und 2009. In: Thiersch, Sven (Hrsg.): Qualitative Längsschnittforschung. Bestimmungen, Forschungspraxis und Reflexionen. Opladen/Berlin/Toronto: Barbara Budrich, S. 31–62.

Kade, Jochen/Hof, Christiane (2008): Biographie und Lebenslauf. Über ein biographietheoretisches Projekt zum lebenslangen Lernen auf der Grundlage wiederholter Erhebungen. In: von Felden, Heide (Hrsg.): Perspektiven erziehungswissenschaftlicher Biographieforschung. Wiesbaden: Springer VS, S. 159–176.

Kade, Jochen/Nolda, Sigrid (2014): 1984–2009: Bildungsbiografische Gegenwarten im Wandel von Kontextkonstellationen. In: Zeitschrift für Pädagogik 60, H. 4, S. 588–606.

King, Vera (2024): Jugend ist mehr als ein Wort. Theoretische Bestimmung und empirische Wandlungen von Jugend im Singular und Plural. In: Zeitschrift für Pädagogik 70, Beiheft, S. 92–108.

King, Vera/Gerisch, Benigna (2009): Zeitgewinn und Selbstverlust. In: King, Vera/Gerisch, Benigna (Hrsg.): Zeitgewinn und Selbstverlust. Folgen und Grenzen der Beschleunigung in der späten Moderne. Frankfurt am Main: Campus, S. 7–18.

Köhler, Sina-Mareen (2023): Empirische Rekonstruktionen im zeitsensiblen Längsschnitt. In: Ecarius, Jutta/Oliveras, Ronnie (Hrsg.): Qualitatives Forschen in der Erziehungswissenschaft. Prozesse und Vieldeutiges. Opladen/Farmington Hills: Barbara Budrich, S. 119–141.

Kramer, Rolf-Torsten (2020): Kontinuität oder Transformation? Methodologische Herausforderungen einer rekonstruktiven Längsschnittforschung. In: Thiersch, Sven (Hrsg.): Qualitative Längsschnittforschung. Bestimmungen, Forschungspraxis und Reflexionen. Opladen/Berlin/Toronto: Barbara Budrich, S. 109–126.

Kramer, Rolf-Torsten/Helsper, Werner/Thiersch, Sven/Ziems, Carolin (2013): Das 7. Schuljahr. Wandlungen des Bildungshabitus in der Schulkarriere? Wiesbaden: Springer VS.

Krüger, Heinz-Hermann/Köhler, Sina-Mareen/Zschach, Maren (2010): Teenies und ihre Peers. Freundschaftsgruppen, Bildungsverläufe und soziale Ungleichheit. Opladen/Farmington Hills: Barbara Budrich.

Labede, Julia/Silkenbeumer, Mirja/Thiersch, Sven/Wernet, Andreas (2020): Selbstpositionierungen im Bildungsaufstieg – Bildungsselbst, Familiale Dynamiken und adoleszente Transformationsprozesse. In: Thiersch, Sven/Silkenbeumer, Mirja/Labede, Julia (Hrsg.): Individualisierte Übergänge. Wiesbaden: Springer VS, S. 185–205.

Maier-Gutheil, Cornelia (2015): Lern- und Bildungsprozesse im Lebenslauf. Befunde empirischer Forschung und Perspektiven der Theorieentwicklung. In: Zeitschrift für Weiterbildungsforschung 38, H. 1, S. 7–22.

Muslic, Barbara/Gisske, Anne/Hartung-Beck, Viola (2020): Qualitative Content Analysis within Empirical Educational Research. Possible Applications in a Secondary Longitudinal Study for the Identification of Reorganization Patterns of School Organizations. In: Forum Qualitative Sozialforschung (FQS) 21, H. 1.

Neale, Bren (2019): What Is Qualitative Longitudinal Research? London: Bloomsbury Academic.

Nittel, Dieter/von Felden, Heide/Mendel, Meron (2023): Einleitung. In: Nittel, Dieter/von Felden, Heide/Mendel, Meron (Hrsg.): Handbuch erziehungswissenschaftliche Biographieforschung und Biographiearbeit. Weinheim/Basel: Beltz Juventa, S. 13–23.

Reckwitz, Andreas (2018): Die Gesellschaft der Singularitäten. Zum Strukturwandel der Moderne. 5. Auflage. Berlin: Suhrkamp.

Reißig, Birgit (2010): Biografien jenseits von Erwerbsarbeit. Prozesse sozialer Exklusion und ihre Bewältigung. Wiesbaden: Springer VS.

Rosa, Hartmut (2005): Beschleunigung. Die Veränderung der Zeitstrukturen in der Moderne. Berlin: Suhrkamp.

Rosa, Hartmut (2013): Beschleunigung und Entfremdung: Entwurf einer kritischen Theorie spätmoderner Zeitlichkeit. Berlin: Suhrkamp.

Rosenthal, Gabriele (2005): Die Biographie im Kontext der Familien- und Gesellschaftsgeschichte. In: Völter, Bettina/Dausien, Bettina/Lutz, Helma/Rosenthal, Gabriele (Hrsg.): Biographieforschung im Diskurs. Wiesbaden: Springer VS, S. 46–64.

Schulmeister, Janina (2023): Jugend und Psychiatrie. Adoleszente Sozialisationsverläufe im Spannungsfeld der jugendpsychiatrischen Triade. Wiesbaden: Springer VS.

Selbert, Shevek K. (2024): Autobiographisches Wiedererzählen. Eine interdisziplinäre Studie im qualitativen Längsschnitt. Bielefeld: transcript.

Shaw, Clifford R. (1966): The Jack-Roller. A Delinquent Boy's Own Story. Chicago/London: The University of Chicago Press.

Silkenbeumer, Mirja/Becher, Julia/Schulmeister, Janina (2020): Patient werden und Schüler bleiben. Fallstudie zur bildungsbiografischen Bearbeitung von Übergängen im Schnittfeld von Familie, Jugendpsychiatrie und (Klinik-)Schule. In: Thiersch, Sven/Silkenbeumer, Mirja/Labede, Julia (Hrsg.): Individualisierte Übergänge. Aufstiege, Abstiege und Umstiege im Bildungssystem. Wiesbaden: Springer VS, S. 151–184.

Silkenbeumer, Mirja/Thiersch, Sven (2021): Familie und Schule in der Adoleszenz: Ergebnisse qualitativer Längsschnittuntersuchungen zu Bewährungsanforderungen von der Grundschule bis zum Übergang in die Ausbildung bzw. das Studium. In: Zeitschrift für Bildungsforschung 11, H. 1, S. 385–402.

Silkenbeumer, Mirja/Thiersch, Sven/Labede, Julia (2017): Zur Aneignung des Schulaufstiegs im Kontext adoleszenter Individuation und familialer Interaktion. In: Diskurs Kindheits- und Jugendforschung 12, H. 3, S. 343–360.

Silkenbeumer, Mirja/Wernet, Andreas (2010): Biographische Identität und Objektive Hermeneutik: methodologische Überlegungen zum narrativen Interview. In: Griese, Birgit (Hrsg.): Subjekt – Identität – Person? Wiesbaden: Springer VS, S. 171–196.

Thiersch, Sven (2023): Biographieforschung und Längsschnittstudien. In: Nittel, Dieter/von Felden, Heide/Mendel, Meron (Hrsg.): Handbuch Erziehungswissenschaftliche Biographieforschung und Biographiearbeit. Weinheim/Basel: Beltz Juventa, S. 842–856.

Thiersch, Sven (Hrsg.) (2020): Qualitative Längsschnittforschung – Bestimmungen, Forschungspraxis und Reflexionen. Opladen/Berlin/Toronto: Babara Budrich.

Völter, Bettina/Dausien, Bettina/Lutz, Helma/Rosenthal, Gabriele (2005): Einleitung. In: Völter, Bettina/Dausien, Bettina/Lutz, Helma/Rosenthal, Gabriele (Hrsg.): Biographieforschung im Diskurs. Wiesbaden: Springer VS, S. 7–20.

von Felden, Heide (2021): Zeitdimensionen des Biographischen. Narrative Identität – Lern- und Bildungsprozesse – Dritte Lebensphase im Längsschnitt-Design. Wiesbaden: Springer VS.
Wernet, Andreas (2020): Identitätskrise, Transformation und Ausdrucksgestalt: Zum rekonstruktionsmethodologischen Problem des „Gewordenseins". In: Thiersch, Sven (Hrsg.): Qualitative Längsschnittforschung. Opladen/Berlin/Toronto: Barbara Budrich, S. 127–145.
Witzel, Andreas (2010): Längsschnittdesign. In: Mey, Günther/Mruck, Katja (Hrsg.): Handbuch Qualitative Forschung in der Psychologie. Wiesbaden: Springer VS, S. 290–303.
Ziemann, Andreas (Hrsg.) (2013): Offene Ordnung? Philosophie und Soziologie der Situation. Wiesbaden: Springer VS.
Zschach, Maren/Pfaff, Nicolle (2013): Methodische Strategien der rekonstruktiven Untersuchung von Gruppen in personenbezogenen Längsschnitten. In: Zeitschrift für Qualitative Forschung (FQS) 14, H. 1, S. 87–103.

Zeitsensible Längsschnittforschung

Einblicke und Anwendung

Sina-Mareen Köhler

Christian Lüders (2000, S. 635f.) bezeichnet den qualitativen Längsschnitt als ein „unverzichtbares Instrument“ und Bren Neale (2021, S. XV) verbindet damit einen umfassenden Perspektivwechsel in der sozialwissenschaftlichen Forschung: „[T]his mode of research is part of a broad temporal turn in social enquiry that has gradually emerged since the latter decades of the 20th century“. Ob und wie sich ein qualitatives Längsschnittdesign im Repertoire einer qualitativen Forschungsweise etabliert, ist nach wie vor in Diskussion. Zweifelsohne lässt sich für viele Forschungsfelder und -gegenstände ein überfälliger Beitrag durch längsschnittliche qualitative Erhebungs- und Auswertungsdesigns erwarten. Zudem birgt es eine unheimliche Faszination, den weiteren Werdegang der Befragten zu verfolgen und dabei dem Bestand und Wandel von Erfahrungen, Sichtweisen, etablierten Routinen sowie neuen Welt- und Selbstverhältnissen nachzuspüren. Ist es nicht auch ein Weg, die eigenen aufwändig erstellten querschnittlichen Rekonstruktionen und Fallaussagen auf den Prüfstand zu stellen? Was kann im Längsschnitt eigentlich genau eruiert werden, was diesen Aufwand und das Risiko lohnt? Denn im Forschungsprozess ist die längsschnittliche Samplebildung von der erneuten Zusage der bereits befragten Personen abhängig und erfordert eine besondere Feldpflege sowie spezielle Strategien der Ergebnissicherung, sollten einzelne Fälle dennoch wegbrechen. Zudem erfordert das qualitative Forschen im Längsschnitt eine genaue Auseinandersetzung mit den möglichen Wegen des Fallvergleiches und mehreren Triangulationsebenen sowie ggf. Typenbildungen. Dem vorausgesetzt sind die gegenstands- und grundlagentheoretischen Vergewisserungen einer angemessenen Konzeption sowie passende längsschnittliche Ziel- und Fragestellungen. Gerade zu Letzterem hat sich in den vergangenen zehn Jahren auch ein deutschsprachiger Methodendiskurs entwickelt (Asbrand/Pfaff/Bohnsack 2013; Köhler 2018; Thiersch 2020; Zschach/Köhler 2020). Grundlagentheoretische Reflexionen und methodische Weiterentwicklungen sind sinnvoll und präzise, wenn sie sich auf die Gegenstandskonstruktionen und Vorgehensweisen von umfassend ausgearbeiteten Forschungsstrategien fokussieren. Für die Objektive Hermeneutik finden sich bei Rolf-Torsten Kramer (2020) und Andreas Wernet (2020) aktuelle Diskussionen. Auf die Dokumentarische Methode beziehen sich Sina-Mareen

Köhler (2018, 2023a[1]), Jasmin Lüdemann (2020) sowie Daniela Winter et al. (2019), auf die Grounded Theory Tobias Franzheld (2020), auf die Ethnographie Michael Meier (2020) und Barbara Muslic, Anne Gisske und Viola Hartung-Beck (2020) auf die qualitative Inhaltsanalyse.

Anknüpfend an die Prämissen der Dokumentarischen Methode ist es ein Anliegen des vorliegenden Beitrages mit der Skizzierung einer zeitsensiblen Längsschnittforschung und ihrer Anwendung aufzuzeigen, wie der Mehrwert des längsschnittlichen Forschens aus einer systematischen Berücksichtigung des Vergehens von Zeit resultiert. Dementsprechend wird der erste Abschnitt die Umsetzung einer zeitsensiblen Längsschnittforschung mit der Dokumentarischen Methode in den wesentlichsten Zügen skizzieren (Köhler 2018, 2023a). Daran anknüpfend wird im zweiten Abschnitt deren Anwendung im Rahmen einer Einzelfallrekonstruktion verdeutlicht und damit einhergehende grundlagentheoretische und methodische Überlegungen angeschlossen. Im abschließenden Abschnitt werden ausblickhaft bestehende Weiterentwicklungsbedarfe und forschungspraktische Herausforderungen benannt.

1. Erweiterungen der Dokumentarischen Methode für eine rekonstruktive Forschung im zeitsensiblen Längsschnitt

Wird im Folgenden näher auf eine rekonstruktive Forschungsweise eingegangen, erfolgt dies nicht, um dem Anspruch gerecht zu werden, alle methodischen Verfahren gleichermaßen zu berücksichtigen, die sich auf die Rekonstruktion von Sinnbildungsprozessen und Wirklichkeitskonstruktionen in qualitativen Daten beziehen. Relevant sind die hier erfolgten Erläuterungen insbesondere für jene Auswertungsmethoden, die u. a. mittels sequenzanalytischer Schritte oder anderen Varianten der Segmentierung den performativen Sinnbildungsprozess Stück für Stück nachvollziehen und dabei über ihren grundlagentheoretischen Rahmen einen Bezug zur Praxis und Erfahrung der Befragten herstellen und dementsprechend eine Genese von Sinn erfassen.[2]

Für die qualitative erziehungswissenschaftliche Forschung stellen also der Sinnbildungsprozess und dessen Nachvollzug einen grundlagentheoretischen

---

1 Im Rahmen des Beitrages aus dem Jahre 2023 wird ausführlich auf die Vielzahl an qualitativen Längsschnittstudien im internationalen und deutschen Sprachraum eingegangen. Ebenfalls ausführlich entworfen wird der auf Annahmen von Ricœur (1988/2007) basierende grundlagentheoretische methodologische Ansatz einer rekonstruktiven zeitsensiblen Längsschnittforschung. Im Vordergrund des hier vorliegenden Beitrages steht in Ergänzung dazu deren forschungspraktische Anwendung.

2 Weiterführende Auseinandersetzungen zur rekonstruktiven Forschungsweise finden sich bei Bohnsack (2021a) und Kramer (2020).

Ausgangspunkt dar. Neben diesem im Längsschnitt mehrfach erhobenen Sinnbildungsprozess sind weitere Prozesse, die aufgrund der jeweiligen Grundlagen- und Gegenstandstheorien im Zentrum stehen, ins Verhältnis zu setzen, um dann davon ausgehend ein längsschnittliches Erkenntnisinteresse und entsprechende Fragestellungen zu formulieren. Wie sich die benannten beiden Theorieformen knapp präzisieren lassen, zeigt Arnd-Michael Nohl (2016, S. 106): „Während hier Gegenstandstheorien (in Form von Kategorien oder Typiken) vornehmlich das *Ergebnis* qualitativer Forschung darstellen, sind Grundlagentheorien dazu geeignet, die Interpretation qualitativer Daten (vorab) zu strukturieren". Studien, in denen rekonstruktive Verfahren (vgl. Bohnsack 2021b, S. 88) angewendet werden, um nicht nur die Wirklichkeitskonstruktionen, sondern auch deren Genese freizulegen, stehen also vor der Herausforderung, sich zunächst der jeweiligen Vorstellung von Wirklichkeitskonstruktion und Sinngenese im Zeitverlauf zu vergewissern.

Die im zweiten Abschnitt auszugsweise vorgestellte Rekonstruktion des Falls Melina soll näher verdeutlichen, wie für eine zeitsensible Längsschnittforschung spezifizierte Erhebungs- und Auswertungsverfahren mit der Dokumentarischen Methode umgesetzt werden können. Dazu sei vorweggeschickt, dass das zentrale Anliegen, den Orientierungsrahmen als Dokument eines konjunktiven Erfahrungsraumes aus Perspektive einer Praxeologischen Wissenssoziologie zu rekonstruieren, grundsätzliches Ziel ist und bleibt (Bohnsack 2021a). In welchem Projektzusammenhang wurde nun der Fall Melina bearbeitet? Wie genau ist der Längsschnitt im Forschungsdesign angelegt und welche Fragestellungen sollen via mehrfacher Erhebungs- und Auswertungsphasen bearbeitet werden?

Die Studie „Peerbeziehungen und Partizipation im Wandel anlässlich der Covid-19-Pandemie (PeerPartiCo)" wird seit 2022 von der Deutschen Forschungsgemeinschaft (DFG) gefördert (vgl. Köhler/Zschach 2022; Mengilli/Köhler 2022; Köhler 2023b; Köhler/Winkler/Autenrieth 2023; Köhler/Mengilli 2024). Die Förderung erfolgt im Rahmen der Fokus-Förderung Covid-19, die insgesamt nur zwölf Monate Finanzierung vorsieht. Im für diese Förderung eingereichten Antrag auf Sachbeihilfe wurde das Längsschnittdesign mit insgesamt drei geplanten Erhebungs- und Auswertungsphasen im jeweiligen Abstand von zwei Jahren entworfen. Bei Antragstellung lag bereits eine erste Erhebungswelle vor, sodass mit Förderbeginn direkt mit der Auswertung gestartet werden konnte. Ferner wurde im Rahmen der Projektlaufzeit die zweite Erhebungswelle realisiert und einzelne Fälle, wie Melina, wurden bereits längsschnittlich rekonstruiert. Um letztendlich eine dritte Erhebungs- und Auswertungsphase umsetzen zu können, wurde bei der DFG ein Fortsetzungsantrag gestellt.[3]

3 Für die Planung von längeren Längsschnittstudien birgt es ein gewisses Risiko, wenn die Erhebungs- und Auswertungsphasen späterer Wellen von einer erneuten Antragstellung abhängen. Zudem ist es unter Umständen nicht möglich, dass die wissenschaftlichen Mitarbeitenden weiterhin im Projekt beschäftigt werden können, sollten zeitliche Lücken entstehen. Vor dieser Herausforderung stand beispielsweise auch der Hallenser Forschungsverbund

Mit dem Titel des Projektes wird streng genommen bereits die Vorannahme gesetzt, dass sich die Peerbeziehungen, Partizipationsmöglichkeiten und -praxen tatsächlich im zeitlichen Verlauf umgestalten. So wurden Forschungsdesiderate im Hinblick auf die pandemiebedingt erlebten Veränderungen von Tagesrhythmen und Räumlichkeiten ausgemacht (Rinderspacher 2022). Zum damaligen Antragzeitpunkt haben sich insbesondere Verschiebungen im Homeschooling als fremdbestimmte zeitliche Ent- und Begrenzungen angedeutet, aber wurden noch nicht eingehender untersucht (Asbrand/Silkenbeumer/Hummrich 2023; Kanz/Hummrich/Asbrand 2023). Lediglich im Hinblick auf zeitsoziologische Studien gab es bereits 2020 zum Themenfeld „Zeiterleben, Übergänge und Zukunftsvorstellungen" einen internationalen Diskurs, der auch die Mechanismen sozialer Ungleichheit und die Auswirkungen der Covid-19-Pandemie berücksichtigte (Leccardi 2021). Im Projekt PeerPartiCo wird angenommen, dass die befragten 12- bis 15-Jährigen pandemiebedingt vor allem spezifische Erfahrungen mit öffentlichen Debatten und den Entscheidungen politischer Akteur:innen machten und sich sowohl Partizipationsräume als auch der Kontakt zu Gleichaltrigen und Freizeitaktivitäten zumindest zeitweise veränderten. Die das Projekt leitende Fragestellung dazu lautet: Welche Bedeutung haben die Peerbeziehungen für den Umgang mit den Auswirkungen der Covid-19-Pandemie und für die damit einhergehende (Nicht-)Partizipation an schulischer Bildung und politischer Kommunikation?[4]

Das facettenreiche Kernsample der PeerPartiCo-Studie besteht aus 20 sogenannten Ankerfällen,[5] mit denen narrativ biographische Interviews geführt und Gruppendiskussionen in deren Peergroups erhoben wurden. Ein breiter Kontrast resultiert erstens aus der Einbindung der Jugendlichen in verschiedene Peerbeziehungen und zweitens aus den unterschiedlichen Interessen an

„Mikroprozesse schulischer Selektion", dessen drei Projekte ebenfalls mehrere Erhebungs- und Auswertungsphasen von je zwei Jahren vorsahen und einzeln beantragt wurden. Nur im Falle des Projektes „Peergroups und schulische Selektion", in dem die Autorin als wissenschaftliche Mitarbeiterin beschäftigt war, wurden alle drei durch Prof. Heinz-Hermann Krüger bei der DFG eingereichte Projektanträge bewilligt (paedagogik.uni-halle.de/arbeitsbereich/emeriti/krueger/forschung/peers).

4 Das Projekt lehnt sich an einen engen und weiten Politikbegriff an. Die Bestimmung von politischer Kommunikation erfolgt nach Nassehi (2003) im Anschluss an Nohl (2022). Hier sei ergänzt, dass darüber hinaus an ein sozialwissenschaftliches Partizipationsverständnis angeschlossen wird, welches Partizipation nicht nur als institutionelle Teilhabe fasst, sondern vor allem als Involviertsein und -werden in Praxisvollzüge.

5 Nach Krüger et al. (2010, S. 21) sind damit jene Fälle gemeint, deren Orientierungsrahmen und Erfahrungsräume im Fokus der Untersuchung stehen und zu denen der so wichtige Feldkontakt gepflegt wurde. Ausgewählt wurden diese Ankerfälle aus einer standardisierten Fragebogenerhebung. Damit verbunden war, dass sie gleichzeitig zentral für die weiteren längsschnittlichen Erhebungen von Gruppendiskussionen, Ethnographie, Videographie und Fotostrecken in ihren Lebenswelten sind.

politischen Themen. Jugendliche mit keinem oder nur einem kleinen Peernetzwerk werden also ebenso berücksichtigt wie politisch Interessierte und Desinteressierte. In den Gleichaltrigennetzwerken der Interviewten wurden Gruppendiskussionen geführt, zu denen sie selbst ihre Peers aussuchten und einluden. Aus diesen 20 Gruppendiskussionen wurden weitere Jugendliche für zusätzliche Einzelinterviews ausgewählt, um auf diese zurückgreifen zu können, sofern das Folgeinterview durch den Ankerfall abgelehnt werden würde.[6] Ein Vorteil der Befragung eines weiteren Jugendlichen besteht somit darin, dass die Gruppendiskussion der vorhergehenden Welle mitsamt der zugehörigen Auswertung nicht aussortiert werden muss. Rekonstruiert werden die transkribierten Interviews und Gruppendiskussionen mit der Dokumentarischen Methode, die sich als sequenzanalytisches Verfahren zur Analyse von impliziten Wissensbeständen fest etabliert hat (Nohl 2006). Im Längsschnitt sind damit verbunden Lern- und Bildungsprozesse als Ausdifferenzierung und/oder Transformation von Orientierungsrahmen rekonstruierbar (Köhler 2018). Zentrales Element der Methode ist der stetige Fallvergleich, der über die komparative Analyse in eine sinn- und soziogenetische Typenbildung mündet. Im Zuge der parallel laufenden komparativen Analysen und intensiven Rekonstruktionen mit der Dokumentarischen Methode zeigte sich, dass es insbesondere mit Blick auf die narrativ-biographischen Interviews als zielführend erschien, diese zunächst miteinander zu vergleichen und eine Musterbildung zu erstellen, die sich nicht nur auf die impliziten Wissensbestände, sondern auch auf die expliziten Wissensbestände der Befragten bezieht. Dadurch konnten politische Vorstellungen und biographische Selbstbilder mit den habituellen Orientierungen in ein Verhältnis gesetzt werden.[7] In die Musterbildung einbezogen wurden Interviews zu neun Fällen, die bezüglich ihrer Auseinandersetzung mit politischen Themen

6 Sofern dies der Fall ist, sollte darauf geachtet werden, dass zu jenem Fall, der als neuer Ankerfall fungiert, nicht nur die Feldpflege intensiviert werden sollte, sondern ggf. auch bereits vorhandene Rekonstruktionen in die komparative Analyse und Typenbildungen nachträglich einbezogen werden müssten. Dies erfordert Zeit und wäre dementsprechend im Forschungsprozess einzuplanen.

7 In der neueren Entwicklung einer Schulforschung aus Perspektive der Praxeologischen Wissenssoziologie mittels Verfahren der Dokumentarischen Methode (Hinzke et al. 2023) werden ebenfalls explizite und implizite Wissensbestände in ihrer Bezogenheit aufeinander empirisch untersucht. Diskussionen zur Bedeutung für die Typenbildungen mit der Dokumentarischen Methode stehen noch am Anfang. Die in PeerPartiCo realisierte Musterbildung lässt sich vom Abstraktionsgrad zwischen der komparativen Analyse und sinngenetischen Typenbildung verorten. Denn es werden spezifische Verwobenheiten der biographischen Bedeutung von (Nicht-)Partizipation und des Politischen im engen und weiten Sinne über mehrere Fälle hinweg abstrahiert. Im Kontrast dazu kann man die sinngenetische Typenbildung weiter generalisieren, indem fokussiert auf habituelle Orientierungen ein alle Typen übergreifender Orientierungsrahmen abstrahiert wird, wodurch der Fokus auf den kollektiven Erfahrungsraum gewährleistet ist.

sowie ihrer Peereinbindung stark kontrastieren und deren Interviews kommunikativ selbstläufig und dicht sind. Darüber hinaus wurde als Herzstück der Studie entsprechend der Dokumentarischen Methode und des Antrages eine sinngenetische Typenbildung anhand der Interviews und Gruppendiskussion zu fünf Fällen realisiert. Für die spätere Typenbildung im Längsschnitt handelt es sich um die notwendige Querschnittstypik zu den kontrastierten Interviews der ersten Erhebungswelle (t1). Für drei dieser fünf Fälle wurden zudem Längsschnittporträts erstellt. Ferner ist es für eine empirisch qualitative Forschung ertragreich die komplexen Forschungsgegenstände „(Nicht-)Partizipation" und „politische Sozialisation" in jeweiligen Spektren von engen und weiten Gegenstandskonzeptionen zu erfassen, was sich angemessen und nachvollziehbar durch die Realisierung von zwei Strategien der Ergebnisgenerierung umsetzen ließ: 1) Musterbildung mit stärkerem Fokus auf die biographischen Bedeutungen von (Nicht-)Partizipation und dem Politischen anhand der Interviews und 2) Typenbildung mit Fokus auf Orientierungen, Praktiken zum Politischen und die Bedeutung der Peerbeziehungen anhand von Interviews und Gruppendiskussionen.

In diesem Beitrag wird der Entwurf einer zeitsensiblen qualitativen Längsschnittforschung anhand einer Einzelfallrekonstruktion aus der PeerPartiCo-Studie nachgezeichnet. Dies geschieht in dem Bewusstsein, dass mit der Dokumentarischen Methode die Orientierungsrahmen eigentlich erst über die komparative Analyse mit weiteren Fällen sowie über die sinn- und soziogenetische Typenbildung erschlossen werden können, um so auf einen konjunktiven Erfahrungsraum zu rekurrieren. Für Studien im Längsschnittdesign sind diese Schritte genauso relevant, aber werden hier nicht ausführlich beschrieben (Lüdemann 2020). Ausführungen zum Einzelfall als „forschungspraktisches Vehikel" (Nohl 2012, S. 346) und zur Bedeutung der Relation von Handlungsorientierungen im Längsschnitt finden sich bezogen auf die Dokumentarische Methode bei Nohl (2012).

Wie wurde nun die zeitsensible Forschungsweise im Längsschnittdesign genau durchgeführt? Basierend auf den Prämissen einer Praxeologischen Wissenssoziologie (Bohnsack 2021b) wurden zunächst grundlagentheoretische Erweiterungen mit zeittheoretischen Ansätzen von Paul Ricœur (1988/2007) vorgenommen sowie Schritte in der Erhebung und Auswertung ergänzt.

Mit Ricœurs (1988/2007) Konzepten der Semantik, Symbolik und Zeitlichkeit wird gearbeitet, da seine theoretischen Ausarbeitungen zur dreifachen Mimesis ein Verständnis von Zeitlichkeit enthalten, das anschlussfähig an die Annahmen einer rekonstruktiven Forschungslogik zur Sinntradierung und gleichzeitigen Sinnemergenz im performativen Kommunikationsvollzug ist. Nach Uwe Flick (1999, S. 44) kann über das Mimesis-Konzept die Krise der Repräsentation gelöst werden, welche nicht nur die Sprach- und Literaturwissenschaft beschäftigt, sondern für empirische Erfahrungswissenschaften zentral ist (vgl. Köhler 2023a, S. 124ff.).

Um performativen Sinnkonstruktionen, angestoßen durch die Relevanzsetzungen der Beforschten, im Kommunikationsvollzug des Erhebungssettings ein größtmögliches Ausdrucksmaß zu geben, ist die Erhebung narrativer selbstläufiger Daten notwendig, die durch entsprechend offene erzählgenerierende Fragen in der Erhebungssituation stimuliert werden (vgl. Schäffer 2018, S. 104). Für die Umsetzung des zeitsensiblen Längsschnitts werden dabei Fragen auf das vergangene, gegenwärtige und zukünftige Leben gestellt, um dem Ausdruck einer dreifachen Temporalstimulanz nach Winfried Marotzki (1990, S. 136) umfassender zu entsprechen. Mit Blick auf eine qualitativ rekonstruktive Längsschnittforschung sind das Überwiegen von retrospektiven Erzählimpulsen und die Bearbeitung von Fragestellungen zum vergangenen Leben festzustellen. Der Hinweis auf die Notwendigkeit von prospektiven Fragestellungen und Gegenstandsentwürfen findet sich u. a. bei Alexandra König und Aytüre Türkyilmaz (2020, S. 79).[8] Gerade für eine erziehungswissenschaftliche Forschung im Längsschnitt können (Dis-)Kontinuitäten der dreifachen zeitlichen Vergewisserung aufschlussreich sein. Wie im Rahmen einer Anwendung der Dokumentarischen Methode auf Interviews stark verbreitet, wird an die Strategie der Erhebung von narrativen Interviews nach Schütze angeschlossen (Nohl 2006). Im Projekt PeerPartiCo wurde dementsprechend der folgende Eingangsstimulus gestellt:

> Ich möchte heute gern von dir wissen, wie dein Leben bisher so verlaufen ist. Erinnere dich doch bitte einmal zurück an die Zeit, als du noch ganz klein warst, und erzähle mir von da an dein Leben bis zum heutigen Tag. Fang einfach an, ich sage erst einmal nichts und höre dir zu.

Hieran anschließend werden immanente und exmanente Nachfragen gestellt (vgl. Schütze 1983, S. 285) und per Aufforderung zur Bilanzierung endet der auf die Vergangenheit ausgerichtete Interviewteil. Ergänzend zum üblichen Erhebungssetting werden nun auf die Gegenwart gerichtete Interviewfragen gestellt, z. B.: „Bitte erzähl doch mal, was du diese Woche so gemacht hast". Streng genommen sind die hieran angeschlossenen Ausführungen der Befragten ebenfalls auf Vergangenes gerichtet – allerdings auf einen vergleichsweise erst kurz zurückliegenden Zeitraum und somit auf eine deutlich nähere Vergangenheit. Vorweggeschickt sei an dieser Stelle, dass Unterscheidungen zwischen ferneren und näheren Vergangenheiten sowie auch Zukünften ein Potenzial für den Mehrwert des Längsschnittes darstellen, da sich genau diese Zeitrelationen im realzeitlichen Verlauf ändern und sich darin Bedeutungsverschiebungen dokumentieren

8 Fischer und Kade (2012, S. 617) verweisen auf den Unterschied zwischen biographisch retrospektiven und mehrfach gegenwartsfokussierten Interviews. Die Bezeichnung „prospektiver Längsschnitt", welche u. a. bei Ruspini (2000) zu finden ist, bezeichnet dem gegenüber die im Voraus geplanten Längsschnittstudien und nicht jene, die als Follow-up nachträglich in den Längsschnitt überführt wurden. Prospektiver Längsschnitt bedeutet also nicht automatisch den Einsatz von prospektiven Stimuli.

können (vgl. Stauber/Walther 2007, S. 55; Köhler 2020, S. 369). Zurückkommend auf das erweiterte Erhebungssetting sind für die eher gegenwartsbezogenen Stimuli gleichfalls wieder immanente und exmanente Nachfragen anzuschließen. Zusätzlich wird eine gegenwärtige emotionale Selbstverortung angestoßen: „Wie fühlst du dich gerade so?" Mit einem prospektiven Stimulus wird der dritte Interviewteil eröffnet: „Was meinst du, wie wird es für dich in der Zukunft so weitergehen?" Wie in den vorherigen beiden Teilen, werden hier immanente und exmanente Nachfragen angeschlossen. Mit diesem Grundgerüst an Interviewfragen wird der für den zeitsensiblen Längsschnitt so wichtigen dreifachen Temporalstimulanz entsprochen. Im Projekt PeerPartiCo wurden in den jeweiligen einzelnen Interviewteilen noch ergänzende offene erzählgenerierende Fragen zu den Peerbeziehungen, Partizipationserfahrungen und -praxen gestellt. Ob und wie die drei Interviewabschnitte mit weiteren inhaltlich spezifizierten Fragen gefüllt werden, hängt also von den Ziel- und Fragestellungen des Forschungsprojektes selbst ab. Forschungsökonomisch ist sicherlich zu beachten, dass die Interviews noch in einem für die Befragten zeitlich angemessenen Rahmen durchgeführt werden, um letztendlich die notwendige Zusage für die weiteren angedachten Erhebungswellen nicht zu gefährden. So kann im Forschungsteam unter Umständen die Überlegung aufkommen, ob es wirklich zweckmäßig sei, noch einmal erneut einen umfassenden biographischen Stimulus und die weiteren offenen Fragen zu stellen. Allerdings kann nur durch die erneute identische Stellung der für die Ersterhebung gewählten Fragen empirisch deutlich werden, dass, wenn diese anders beantwortet werden, sich eben mögliche Stabilitäten und Veränderungen systematisch in den Blick nehmen lassen. Allerdings kann es in der Interviewsituation zu Irritationen führen, wenn erneut die identischen offenen Fragen gestellt werden. Für die Erhebungen im Längsschnitt sind gezielte Schulungen der Interviewer:innen ratsam, z. B. zur passenden Entgegnung, wenn Interviewte darauf hinweisen, dass sie dazu doch bereits beim letzten Mal alles erzählt hätten und die Interviewstimmung zu kippen droht. In diesem Falle kann kurz aus dem Interviewsetting ausgestiegen und das Erkenntnisinteresse eines Längsschnitts erläutert werden. Dieses Metagespräch kann ruhig sehr alltagssprachlich gehalten werden, z. B. mit dem Hinweis, dass sich die Art und Weise, zu erzählen, verändern kann und/oder sich einzelne Details der Ausführungen verändern.

Für den *Auswertungsprozess* werden im Sinne der Dokumentarischen Methode die Schritte der formulierenden und reflektierenden Interpretation durchgeführt (Bohnsack 2021b). Für den zeitsensiblen Längsschnitt werden hierbei Ergänzungen des Vorgehens bei der reflektierenden Interpretation realisiert, um die Dimension des Zeitlichen im Forschungsgegenstand angemessen zu berücksichtigen. Neben den Rekonstruktionen der Orientierungsrahmen als ausgedrückte Sinnstruktur eines habituell impliziten Wissens werden im Verfahrensschritt der formalen Textanalyse (vgl. Schütze 1983, S. 286) zusätzlich noch die sogenannten Temporaladverbien und Thematisierungen von Lebenszeit und -phasen analysiert. Nach Friederike Schmöe (2016, S. 703) werden zeitrelative Temporaladverbien sprachlich eingesetzt, um den jeweiligen Sachverhalt zu kontextualisieren, z. B. vorgestern, übermorgen. Mittels Analyse der Temporaladverbien kann beispielsweise systematisch erschlossen werden, wie vage oder eindeutig zeitliche Verortungen sind, ob retrospektive, gegenwärtige oder prospektive Bezüge überwiegen und inwiefern diese mit den rekonstruierten Orientierungsrahmen zusammenhängen. Daran anknüpfend erfolgt der Blick auf die Thematisierungsweisen von Zeit- und Lebensphasenbezügen. Wird sich selbst als Person in einer bestimmten Lebensphase und/oder im Übergang zugehörig entworfen? Wie wird auf Zeit und Leben im Verlauf rekurriert und gibt es (Dis-)Kontinuitäten im konjunktiven Erfahrungsraum, die damit verbunden werden? Dadurch kommen (Dis-)Kontinuitäten von reflexiven Zeitverortungen in den Blick, wie es beispielsweise im Falle Melina gut deutlich wird.

2. Zeit und Zeitlichkeit in der längsschnittlichen Rekonstruktion des Falls Melina

Zum Zeitpunkt des ersten Interviews im Juni 2021 ist Melina 14 Jahre alt und dabei, die achte Klasse einer Realschule abzuschließen. Aufgrund von Glaukomen (Grüner Star) hat sie auf einem Auge kein Sehvermögen und kann auf dem anderen Auge nur eingeschränkt sehen. Um am Unterricht teilnehmen zu können, benötigt sie ein Notebook für die vergrößerte Anzeige von Arbeitsblättern und Büchern, Großkopien und eine Lampe am Pult. Ihre bisherige Schullaufbahn ist davon geprägt, dass ihr diese notwendige Ausstattung für die Unterrichtsteilnahme und Hausaufgaben regelmäßig fehlte, wodurch sie Phasen einer erzwungenen Auszeit erlebte. Somit besteht eine im Verlaufe des Interviews wiederholt dokumentierte implizite Relevanz von Zeitlichkeit als Erfahrung einer Differenz in Bezug auf schulbezogene Teilnahmemöglichkeit und dies mit der Konsequenz, den Leistungsanforderungen nicht in gleichem Maße nachkommen zu können, wie ihre Mitschüler:innen. Da Melina die schulische Leistungserbringung wichtig ist, gehen mit den erlebten Auszeiten Belastungen einher. Mehrfach und ausführlich schildert sie diesbezüglich ihren Start an der Realschule als konfliktreich. So berücksichtigten einige Lehrkräfte ihre Sehschwierigkeiten nicht: „[S]ie mochte mich offensichtlich auch nich, weil sie wollte einfach nicht für mich groß kopieren“.[9] Immer wieder muss Melina gestützt durch ihre Familie für eine Teilnahme und somit die Möglichkeit zur schulischen Leistungserbringung kämpfen. Neben

9 Der Smiley (☺) zeigt an, dass etwas lachend gesagt wurde. Die unterstrichenen Wörter werden betont gesprochen und die fett gedruckten Wörter werden laut gesprochen. Wörter oder Sätze, die mit dem Symbol °...° gerahmt sind, wurden leise gesprochen. Nicht oder nur schwer verständliche Wörter wurden in einfachen Klammern geschrieben und das Symbol

vielen Konflikten mit Lehrkräften erzählt Melina im Interviewverlauf auch von einigen Konflikten mit Gleichaltrigen, die sie um ihre guten Noten beneideten. Diesen ebenfalls mit der schulischen Leistungserbringung verbundenen Erfahrungen im Peerkontext stellt sie Erlebnisse gegenüber, bei denen ihr enge Freundinnen beistanden. Ein Höhepunkt des Peerzusammenhaltes stellt das gemeinschaftliche Drehen eines Protestvideos dar, welches sich in der Phase des Homeschoolings an Lehrkräfte richtet und ausgehend von der ganzen Klasse die Überbelastung und zeitliche Entgrenzung von Schule beklagt. So berichtet Melina:

> [W]as sie im Lockdown davor komplett *verpeilt* haben alles *hart nachgeholt* oder viel zu schlimm gemacht wir mu- also wirklich wir hatten acht Konferenzen am Tag danach hatten wir noch Hausaufgaben und dass wir- wirklich ich saß da bis nach null Uhr manchmal noch [...] haben wir n Video aufgenommen und gesagt ☺ was uns so stört und so weiter ☺ das haben unsere Lehrer dann so [verstellt Stimme] ja aber ihr müsst wissen uns geht es auch nicht gut wir haben auch Probleme dededede wir haben *voll viel zu tun* und manche Lehrer kriegen es nicht mal hin einen Test zu korrigieren der keine Ahnung wo einfach so ein Ankreuztest war.

Wie dieser Ausschnitt zeigt, verfügt Melina über Möglichkeiten, sich gemeinsam mit anderen Gehör zu verschaffen. Der Kampf um (Frei-)Zeit wird hier im Kontrast zu den ansonsten biographisch dominanten zeitbezogenen Differenzerfahrungen zu einer die Schicksalsgemeinschaft der Peers einenden Erfahrung. Ferner ist es Melina möglich, zwar die Perspektivendifferenz zwischen Lehrkräften und Schüler:innen zu erkennen, aber eben auch diese kritisch zu hinterfragen, sodass sich darin neben der primären Leistungsorientierung eine sekundäre Orientierung an Schule als Beziehungsraum dokumentiert. Melina kann somit Teilhabeansprüche äußern und dadurch aktiv ein gemeinschaftliches *time work* (Flaherty 2010, 2012; Leccardi 2021) betreiben. Darüber hinaus werden Partizipation und Zeitlichkeit insofern sprachlich miteinander verbunden, indem Melina durch die Nennung von Klassenstufen ihre Biographie ordnet oder, mit Fritz Schütze (1983) gesprochen, entlang der Prozessstruktur des institutionellen Ablaufmusters aufschichtet (vgl. Schütze 1983, S. 288; Marotzki 1990, S. 109). Insgesamt bildet Schule ein Hauptthema des Interviews mit Melina. Strukturhomolog verdeutlichen sich in den prospektiven Ausführungen von Melina ebenfalls ihre primäre Leistungs- und Schulorientierung:

> [A]lso eigentlich wäre mein Plan natürlich es bis ☺ zur Zehn zu schaffen ☺ nach der Neun es ja ins Zehnte schaffe und dann Gymi zu machen ähm aufs Gymnasium Abi uund danach wollt ich dann ehm eigentlich Jura studieren es sei denn ich krieg

---

[...] markiert Kürzungen im zitierten Teil der Diskussion. Mit (.) wird eine kurze Pause angegeben. Interpunktionen werden in dieser Transkriptionsweise nicht verschriftlicht.

irgendwie jetzt noch nen kompletten Schlag und will was anderes machen aber eigentlich hab ich dann schon so seit fünf sechs Jahren oder auch sieben also ☺ schon recht lange ☺ so den Wunsch Jura irgendwas sowas zu machen (.) und joa das wäre eigentlich mein Plan mein Plan B früher irgendwie ganz ganz früher wollt ich Lehrerin werden mittlerweile hab ich absolut kein Bock mehr da drauf weil ich weiß wie Schüler sind und ich kein nicht die geringste Lust habe äh mich mit denen abzugeben.

Der Wunsch, Jura zu studieren, wird durch die Temporaldeixis (vgl. Schmöe 2016, S. 703) untermauert und dies hinsichtlich der Benennung von Lebensjahren und einer unbestimmten Verortung einer früheren Lebensphase. Dabei ist interessant, dass Melina die berufliche Alternative, Lehrerin zu werden, mit Verweis auf das Sozialverhalten von Schüler:innen verwirft. Bei dieser übergangsbezogenen Auseinandersetzung handelt es sich um die einzige Interviewstelle, an der Melina etwas umfassendere Einblicke in ihre Zukunftsvorstellungen gibt. Denn an anderer Stelle bemerkt Melina gegenwartsbezogen: „[E]igentlich nicht ich weiß gar nicht warum eigentlich sollte man darüber öfters nachdenken ähm aber keine Ahnung mach ich tatsächlich nicht so oft". Somit kann für Melina zum Zeitpunkt des ersten Interviews eine starke Orientierung an der aktuellen schulischen Leistungserbringung festgestellt werden. Insgesamt dominiert das Thema Schule die gesamte biographische Erzählung und ist dabei retrospektiv immer wieder durch Erzählungen zu den erzwungenen Auszeiten und Konflikten mit Lehrkräften und den Peers geprägt. Außerschulische Erlebnisse mit Freund:innen oder im Kreise der Familie werden weniger ausführlich geschildert.

Das zweite narrativ-biographische Interview wurde mit der nun 15 Jahre alten Melina im September 2022 zu Beginn der zehnten Klasse geführt. Mit Blick auf das gesamte Interview zeigt sich, dass wieder anhand von Bildungsinstitutionen zeitliche Ordnungen des Lebensverlaufes erfolgen und durch Temporaladverbien gestützt werden. Im Kontrast zum vorherigen Interview erläutert Melina wesentlich umfassender die Umstände ihrer krankheitsbedingten Fehlzeiten in der Schule und weniger ihre Auszeiten aufgrund fehlender technischer Ausstattung zur Unterrichtsteilnahme. Die Interviewerin erfährt nun, dass Melinas Glaukome erst im Verlaufe der Grundschulzeit während eines mehrmonatigen Krankenhausaufenthaltes diagnostiziert wurden. Ebenfalls neu im Interview sind Reflexionen zum Älter- und Reifer-Werden sowie das Befinden in einer Übergangsphase, was sich im vorherigen Interview lediglich im prospektiven Interviewteil andeutete. Für Melina steht im Anschluss an die zehnte Klasse der Wechsel an ein Gymnasium an und als ehemalige Realschülerin eine Klassenwiederholung. Hierin besteht ein zeitlicher Einschnitt als Zäsur der Schülerinnormalbiographie, was von Melina selbst folgendermaßen problematisiert wird:

> [A]lso eigentlich wollte ich irgendwie so immer Anwalt werden eigentlich aber das Ding ist ähm dass es halt auch so ist dass man in ein paar Jahren wieder ein Lateinum braucht Lateinum Latinum und dass äh das Große kann ich ja gar nicht mehr machen weil ich ja quasi eigentlich ginge das schon aber das ist relativ kompliziert weil ich muss ja das 10. Schuljahr auf dem Gymnasium wiederholen find ich auch blöd die Regeln weil wenn man von der Realschule kommt zum Gymnasium muss man das halt nochmal wiederholen deshalb und weil ich tatsächlich auch mittlerweile lieber Lehrer werden würde einfach weil ich nen relativ großen Hass auf viele meiner Lehrer habe und denke ne ich will was Besseres sein als die also ja (3) und weil ich generell immer früher auch eigentlich mehr was mit Menschen machen wollte da ist dann Lehrer glaub ich so n ganz gutes Zwischending.

Wenngleich sich hier eine Veränderung und Anpassung des Berufswunsches an die gegebenen Möglichkeiten zeigt, so bleibt doch die Orientierung an Beziehungen hinsichtlich des Lehrendenhandelns kontinuierlich. Allerdings sind es hier Bezugnahmen auf Lehrkräfte und somit implizit Melinas schlechte Schulerfahrungen, die sich dokumentieren und in der Beschreibung eines antizipierten Bessermachens münden. Der Entwurf einen eigenen Beitrag zur Verbesserung des Systems Schule leisten zu können, wird so deutlich. Gleichzeitig dokumentiert sich die Kritik an der automatisierten Klassenwiederholung. Im Kontrast zum vorherigen Interview ist es quasi nicht eine Auszeit, die ihr aufgezwungen wird, sondern die Schullaufbahn wird um ein ganzes Jahr verlängert. Wie bereits angedeutet sind im Folgeinterview vermehrt Thematisierungen zur aktuellen Lebensphase als Übergang zu finden und darauf bezogene Reflexionen. Allerdings verneint Melina, wie im vorherigen Interview, dass sie sich viel mit ihrer Zukunft beschäftigt:

> [A]lso man macht sich so glaub ich so gewisse Vorstellungen vor allem wenn man halt in so Wechselzeiten is so wie im zehnten Schuljahr oder so kurz vor einem neuen Lebensabschnitt steht aber an sich nicht so sehr also ich leb mehr so Hier und Jetzt aber ich denke schon drüber nach also ich mach jetzt nicht so alles nur im Hier und Jetzt als ich denk schon nach aber jetzt halt nicht so jeden Tag wie manche andere.

So sind bezogen auf Melinas persönliche Zukunfts- bzw. Berufsvorstellungen zwar Veränderungen festzustellen, aber auch Kontinuitäten, die mit Melinas habitueller Grundorientierung zusammenhängen. Diese Grundorientierung besteht aus einer Orientierung am Kampf um die eigenen Bedürfnisse und die eigene Bildungsteilhabe sowie einer Orientierung an Gerechtigkeit neben einer ausgeprägten Leistungsorientierung.

3. Vom unausgeschöpften Potenzial einer qualitativ rekonstruktiven Längsschnittforschung

Seit einigen Jahren besteht im Bereich der qualitativen Forschung hinsichtlich der Praxen und subjektiven Perspektiven im Kindes- und Jugendalter eine rekonstruktive Linie, die im Längsschnitt Biographien und Gruppendiskussionen im Hinblick auf die Genese habitueller Orientierungen untersucht (Krüger/Köhler/Zschach 2010). Konkret werden dabei schulbezogene Orientierungen in Interdependenz zu den primären Orientierungsrahmen herausgearbeitet. Unter Verwendung der Methodologie der Dokumentarischen Methode wird der Habitus mehrdimensional gefasst, wodurch dessen Emergenz über die Performanz in verschiedenen Sozialisationskontexten sichtbar wird. Im Hinblick auf das Längsschnittdesign ergibt sich darüber hinaus die Möglichkeit, Transformationen und Reproduktionen von Orientierungen genauer zu untersuchen. An diese Forschungslinie schließt das Projekt PeerPartiCo an, aus dessen Forschungszusammenhang die Einzelfallrekonstruktion stammt, anhand derer die Umsetzung einer zeitsensiblen rekonstruktiven Längsschnittforschung mit der Dokumentarischen Methode verdeutlicht wurde. Wie sich gezeigt hat, kann ein Mehrwert des aufwändigen, komplexen und risikoreichen Forschens im Längsschnitt geborgen werden, wenn der Dimension des Zeitlichen im Forschungsgegenstand ein grundlagentheoretischer Platz gegeben wird. Dazu konnten die Auszüge der Rekonstruktionen zum Fall Melina aufzeigen, wie sich die schul- und bildungsbezogene Leistungsorientierung angesichts zeitbezogener Differenzerfahrungen bewähren muss und mit einer Handlungsorientierung an Behauptung verwoben ist. Im Interview der ersten Untersuchungsphase ist es eine Differenzerfahrung, die aus krankheitsbedingten Fehltagen einerseits und aus Phasen der Nicht-Teilnahme am Unterricht aufgrund der dazu notwendigen technischen Unterstützung andererseits besteht. Im Interview der zweiten Untersuchungsphase lässt sich eine Vermeidung von weiteren längeren Zeitverzögerungen der Schullaufbahn feststellen und so wird eine auf die Zukunft gerichtete Umgangsweise mit Zeitdifferenz rekonstruierbar. Darüber hinaus wird im Längsschnitt deutlich, wie sich zwar die von Melina genannten Berufswünsche verändern, aber die habituellen Orientierungen kontinuierlich bleiben. Ebenfalls nur im zeitsensiblen Längsschnitt zu untersuchen, ist die Zunahme an lebensphasenspezifischen Reflexionen, die sich hier als Übergangsreflexionen manifestieren – als eine Vergewisserung im Prozess des Älter-Werdens.

Insbesondere für Studien aus erziehungswissenschaftlicher Perspektive ist es gewinnbringend, im Konglomerat von Sozialisations-, Lern- und Bildungsprozessen geschärfte Gegenstände in den empirischen Fokus zu rücken, wie hier vorgeschlagen, als zeitbezogene Thematisierungen, im Hinblick auf Zeit als metrischen Forschungsgegenstand und insbesondere der temporäre Ausdruck in der Zeitdeixis im Format der relativen Temporaladverbien. Das damit besondere

Potenzial einer rekonstruktiven Längsschnittuntersuchung besteht in der Erfassung der Erlebnis- und Erfahrungsaufschichtung zu mehreren Zeitpunkten und bietet dadurch eine Varianz der Ablagerung des Erfahrungswissens bezüglich der Erlebnisse und eine damit einhergehende mögliche Varianz der darauf bezogenen Reflexionen.

In diesem Beitrag wurde nicht nur die Anwendung des Vorgehens einer zeitsensiblen Längsschnittforschung an einem Fallbeispiel verdeutlicht, sondern gleichzeitig wurden Einsichten in die forschungspraktischen Herausforderungen gegeben. Für Forschungsanlagen im Längsschnittdesign ist vorab gut abzuwägen, wie das Sample über mehrere Erhebungswellen hinweg erhalten werden kann. Dies erfordert eine intensive Feldpflege (Köhler 2018), z. B. das Versenden von Grußkarten, Besuch der Forschenden der formalen Orte des Erstkontaktes wie Schule oder Verein und/oder die Schaffung von besonderen Teilnahmeanreizen, z. B. finanzielle Aufwandsentschädigung, Beteiligung an der Datenerhebung via selbst erstellter oder ausgesuchter Fotos und Rückmeldung der Ergebnisse. Darüber hinaus sind gezielte Interviewer:innenschulungen notwendig, um aufgrund der durch die mehrfachen Erhebungen erzeugten Nähe zu den Befragten wieder das notwendige Maß an professioneller Distanz herstellen zu können (Grimm/Schütt 2020). Gerade im Falle von Minderjährigen ist dies in zugewandter Art und Weise ratsam. Wie bereits erwähnt, ist zudem zu erproben und zu reflektieren, wie mit Hinweisen der Befragten umzugehen ist, dass die Fragen bereits in der ersten Erhebungsphase gestellt und beantwortet wurden. Hier ist im Sinne einer Flucht nach vorne transparent darzulegen, dass sich Perspektiven und Umgangsweisen mit der Zeit verändern können und genau darin das Erkenntnisinteresse der längsschnittlichen Forschung besteht. Mitunter kann es vorkommen, dass die Befragten sich noch an die genauen Fragen erinnern und darauf warten, dass diese gestellt werden, was den Redefluss hemmen kann. Empfehlenswert ist, dies ebenso anzusprechen, z. B. per Hinweis, dass ausreichend Zeit für ganz ausführliche Antworten bestehe und ein womöglich als abschweifend empfundenes Reden und Schwelgen in Erinnerung gerade gewollt sei. Denn genau dadurch können im Längsschnitt anhand von dichten Passagen und Relevanzsetzungen die (Dis-)Kontinuitäten von spezifischen Thematisierungsweisen hinsichtlich des zugrundeliegenden impliziten Wissens freigelegt und der dokumentierte Sinn kann nachvollzogen werden.

Literatur

Asbrand, Barbara/Pfaff, Nicolle/Bohnsack, Ralf (2013): Rekonstruktive Längsschnittforschung in ausgewählten Gegenstandsfeldern der Bildungsforschung. In: Zeitschrift für Qualitative Forschung (ZQF) 14, H. 1, S. 3–12.

Asbrand, Barbara/Silkenbeumer, Mirja/Hummrich, Merle (2023): Editorial. Pädagogische und therapeutische Beziehungen on remote. In: Zeitschrift für Soziologie der Erziehung und Sozialisation 2, S. 117–121.

Bohnsack, Ralf (2021a): Rekonstruktive Sozialforschung. Einführung in qualitative Methoden. 10. Auflage. Opladen/Berlin/Toronto: Barbara Budrich.
Bohnsack, Ralf (2021b): Praxeologische Wissenssoziologie. In: Zeitschrift für Qualitative Forschung (ZQF) 22, H. 1, S. 87–105.
Fischer, Monika/Kade, Jochen (2012): Qualitative Längsschnittstudien in der Erwachsenen- und Weiterbildungsforschung. In: Schäffer, Burkhard/Dörner, Olaf (Hrsg.): Handbuch Qualitative Erwachsenen- und Weiterbildungsforschung. Opladen/Berlin/Toronto: Barbara Budrich, S. 612–625.
Flaherty, Michael G. (2010): The Textures of Time: Agency and Temporal Experience. Philadelphia: Temple University Press.
Flaherty, Michael G. (2012): Age and Agency: Time Work across the Life Course. In: Time & Society 22, H. 2, S. 237–253.
Flick, Uwe (1999): Qualitative Forschung. Theorie, Methoden, Anwendung in Psychologie und Sozialwissenschaften. Reinbek bei Hamburg: Rowohlt.
Franzheld, Tobias (2020): Krise, Trajekt, Aushandlung. In: Thiersch, Sven (Hrsg.): Qualitative Längsschnittforschung. Opladen/Berlin/Toronto: Barbara Budrich, S. 147–163.
Grimm, Natalie/Schütt, Petra (2020): Forschungsethische und -praktische Fragen qualitativer Längsschnittforschung. In: Thiersch, Sven (Hrsg.): Qualitative Längsschnittforschung. Opladen/Berlin/Toronto: Barbara Budrich, S. 407–425.
Hinzke, Jan-Hendrik/Bauer, Tobias/Damm, Alexandra/Kowalski, Marlene/Matthes, Dominique (Hrsg.) (2023): Dokumentarische Schulforschung. Schwerpunkte: Schulentwicklung – Schulkultur – Schule als Organisation: Bad Heilbrunn: Klinkhardt.
Kanz, Katharina/Hummrich, Merle/Asbrand, Barbara (2023): Das schweigende Klassenzimmer. Jugendliche Orientierungen auf Individuation in der entgrenzten Schule. In: Zeitschrift für Soziologie der Erziehung und Sozialisation 2, S. 154–170.
Köhler, Sina-Mareen (2018): Längsschnittanalyse. In: Bohnsack, Ralf/Geimer, Alexander/Meuser, Michael (Hrsg.): Hauptbegriffe Qualitativer Sozialforschung. Opladen/Berlin/Toronto: Barbara Budrich, S. 144–146.
Köhler, Sina-Mareen (2020): Zukunft. In: Schinkel, Sebastian/Hösel, Fanny/Köhler, Sina-Mareen/König, Alexandra/Schilling, Elisabeth/Schreiber, Julia/Soremski, Regina/Zschach, Maren (Hrsg.): Zeit im Lebensverlauf. Ein Glossar. Bielefeld: transcript, S. 365–373.
Köhler, Sina-Mareen (2023a): Empirische Rekonstruktionen im zeitsensiblen Längsschnitt. In: Ecarius, Jutta/Oliveras, Ronnie (Hrsg.): Qualitatives Forschen in der Erziehungswissenschaft. Prozesse und Vielfalt der rekonstruktiven Erkenntnisgewinnung. Opladen/Berlin/Toronto: Barbara Budrich, S. 119–141.
Köhler, Sina-Mareen (2023b): Fernunterricht in pandemischen Zeiten aus Schüler*innensicht. In: Zeitschrift für Soziologie der Erziehung und Sozialisation 2, S. 138–153.
Köhler, Sina-Mareen/Mengilli, Yağmur (2024): „[hat] übrigens nichts mit meiner Schule zu tun, dass ich an Diversität und Ähnliches schon aus Afrika gewohnt war“ – Zur Relevanz transnationaler Mobilität für das Erleben von Schule. In: Tertium Comparationis 30, S. 26–42.
Köhler, Sina-Mareen/Winkler, Anna Lena/Autenrieth, Ulla (2023): Geteilte digitale Erfahrungswelten der Peers in der Krise? In: Leineweber, Christian/de Witt, Claudia (Hrsg.): Digitale Erfahrungswelten im Diskurs – Interdisziplinäre Beiträge zum Verhältnis von Erfahrung und Digitalität. Hagen: Hagen University Press, S. 239–261.
Köhler, Sina-Mareen/Zschach, Maren (2022): Zukunftsperspektiven von Jugendlichen auf ihr weiteres Leben unter Berücksichtigung der Covid-19-Pandemie. In: Diskurs Kindheits- und Jugendforschung 17, H. 3, S. 325–337.
König, Alexandra/Türkyilmaz, Aytüre (2020): Sozialisationsprozesse im Längsschnitt – eine interaktionistische Perspektive. In: Thiersch, Sven (Hrsg.): Qualitative Längsschnittforschung. Opladen/Berlin/Toronto: Barbara Budrich, S. 63–86.
Kramer, Rolf-Torsten (2020): Kontinuität oder Transformation? In: Thiersch, Sven (Hrsg.): Qualitative Längsschnittforschung. Opladen/Berlin/Toronto: Barbara Budrich, S. 109–127.
Krüger, Heinz-Hermann/Grunert, Cathleen/Pfaff, Nicolle/Köhler, Sina-Mareen (2010): Der Stellenwert von Peers für die präadoleszente Bildungsbiographie – Einleitung. In: Krüger, Heinz-Hermann/Köhler, Sina-Mareen/Zschach, Maren (Hrsg.): Teenies und ihre

Peers – Freundschaftsgruppen, Bildungsverläufe und soziale Ungleichheit. Opladen/Farmington Hills: Barbara Budrich, S. 11–30.
Krüger, Heinz-Hermann/Köhler, Sina-Mareen/Zschach, Maren (Hrsg.) (2010): Teenies und ihre Peers – Freundschaftsgruppen, Bildungsverläufe und soziale Ungleichheit. Opladen/Farmington Hills: Barbara Budrich.
Leccardi, Carmen (2021): Redefining the Link between Structure and Agency. In: Nico, Magda/Caetano, Ana (Hrsg.): Structure and Agency in Young People's Lives. London: Routledge, S. 82–97.
Lüdemann, Jasmin (2020): Typenbildung im Längsschnitt mit der Dokumentarischen Methode. In: Thiersch, Sven (Hrsg.): Qualitative Längsschnittforschung. Opladen/Berlin/Toronto: Barbara Budrich, S. 391–407.
Lüders, Christian (2000): Herausforderungen qualitativer Forschung. In: Flick, Uwe/Kardorff, Ernst von/Steinke, Ines (Hrsg.): Qualitative Forschung. Reinbek bei Hamburg: Rowohlts Enzyklopädie, S. 632 642.
Marotzki, Winfried (1990): Entwurf einer strukturalen Bildungstheorie. Weinheim: Deutscher Studien Verlag.
Meier, Michael (2020): Ethnographie und Längsschnittdesign. In: Thiersch, Sven (Hrsg.): Qualitative Längsschnittforschung. Opladen/Berlin/Toronto: Barbara Budrich, S. 163–181.
Mengilli, Yağmur/Köhler, Sina-Mareen (2022): Veränderte (digitale) Zeit-Räume der Peers? In: Gesellschaft – Individuum – Sozialisation. Zeitschrift für Sozialisationsforschung (GISo) 3, H. 2, S. 1–14.
Muslic, Barbara/Gisske, Anne/Hartung-Beck, Viola (2020): Die qualitative Inhaltsanalyse innerhalb der empirischen Bildungsforschung. In: Forum Qualitative Sozialforschung (FQS) 21, H. 1.
Nassehi, Armin (2003): Der Begriff des Politischen und die doppelte Normativität der „soziologischen" Moderne. In: Nassehi, Armin/Schroer, Markus (Hrsg.): Der Begriff des Politischen. Baden-Baden: Nomos, S. 133–170.
Neale, Bren (2021): The Craft of Longitudinal Research. London: Sage.
Nohl, Arnd-Michael (2006): Interview und dokumentarische Methode. Wiesbaden: VS Verlag für Sozialwissenschaften.
Nohl, Arnd-Michael (2012): Innovationen in der dokumentarischen Interpretation narrativer Interviews. In: Sozialer Sinn 17, H. 2, S. 329–354.
Nohl, Arnd-Michael (2016): Grundbegriffe und empirische Analysen als wechselseitige Spiegel: Potentiale eines reflexiven Verhältnisses zwischen Grundlagentheorie und rekonstruktiver Empirie. In: Kreitz, Robert/Miethe, Ingrid/Tervooren, Anja (Hrsg.): Theorien in der qualitativen Bildungsforschung – Qualitative Bildungsforschung als Theoriegenerierung. Opladen: Barbara Budrich, S. 105–122.
Nohl, Arnd-Michael (2022): Politische Sozialisation, Protest und Populismus. Weinheim/Basel: Beltz Juventa.
Ricœur, Paul (1988/2007): Zeit und Erzählung. Band I: Zeit und historische Erzählung. München: Wilhelm Fink.
Rinderspacher, Jürgen (2022): Zeiten der Pandemie. Leverkusen: Barbara Budrich.
Ruspini, Elisabetta (2000): Longitudinal Research in the Social Sciences. In: Social Research Update 20. sru.soc.surrey.ac.uk/SRU28.html (28.10.2024).
Schäffer, Burkhard (2018): Gruppendiskussion. In: Bohnsack, Ralf/Geimer, Alexander/Meuser, Michael (Hrsg.): Hauptbegriffe Qualitativer Sozialforschung. Opladen/Berlin/Toronto: Barbara Budrich, S. 101–107.
Schmöe, Friederike (2016): Temporaladverb. In: Glück, Helmut/Rödel, Michael (Hrsg.): Metzler Lexikon Sprache. Stuttgart: Metzler, S. 703–704.
Schütze, Fritz (1983): Biographieforschung und narratives Interview. In: Neue Praxis 13, H. 3, S. 283–293.
Stauber, Barbara/Walter, Andreas (2007): Subjektorientierte Übergangsforschung. In: Stauber, Barbara/Pohl, Axel/Walther, Andreas (Hrsg.): Subjektorientierte Übergangsforschung. Weinheim/München: Juventa, S. 41–64.
Thiersch, Sven (Hrsg.) (2020): Qualitative Längsschnittforschung. Opladen/Berlin/Toronto: Barbara Budrich.

Wernet, Andreas (2020): Identitätskrise, Transformation und Ausdrucksgestalt. In: Thiersch, Sven (Hrsg.): Qualitative Längsschnittforschung. Opladen/Berlin/Toronto: Barbara Budrich, S. 127–147.
Winter, Daniela/Niemann, Mareke/Kotzyba, Katrin/Hüfner, Kilian (2019): Dokumentarische Längsschnittforschung. In: Zeitschrift für Qualitative Forschung (ZQF) 20, H. 1, S. 91–106.
Zschach, Maren/Köhler, Sina-Mareen (2020): Kinder und ihre Freunde. In: Ecarius, Jutta/Schäffer, Burkhard (Hrsg.): Typenbildung und Theoriegenerierung. Opladen/Berlin/Toronto: Barbara Budrich, S. 365–383.

Dokumentarische Längsschnittforschung im Kontext der Lehrpersonenbildung

Methodologische und methodische Entscheidungen

Julia Košinár und Anna Laros

1. Einleitung

Die längsschnittliche Beforschung von Prozessen lehrberuflicher Entwicklung mit der Dokumentarischen Methode ist erst noch im Entstehen, da das wissenssoziologische Konzept der Orientierungsrahmen (Bohnsack 2017) von einem hohen Maß an Kontinuität und Stabilität (Kramer 2020, S. 110ff.) ausgeht. Somit ist der zeitliche Aspekt der Betrachtung empirischer Fälle in den meisten Gegenstandsbereichen eher unbedeutend. In der Professionalisierungsforschung, deren Gegenstand das professionelle Handeln von (angehenden) Lehrpersonen ist, setzt sich in jüngerer Zeit ein Erhebungsvorgehen über mehrere Wellen dann durch, wenn das Erkenntnisinteresse auf möglichen Veränderungen, z. B. in Bezug auf Aushandlungsprozesse mit den lehrberuflichen Anforderungen, liegt. Inzwischen liegen einige Studien mit der Dokumentarischen Methode vor, die über mindestens zwei Erhebungswellen das Lernen von Studierenden (Liegmann/Racherbäumer 2019; Hinzke et al. 2024) und die sukzessive Hervorbringung eines Studierenden- oder sich anbahnenden Lehrpersonenhabitus (Košinár/Laros 2022; Kahlau 2023; Košinár 2024a) im Studienverlauf rekonstruieren. Auch zum Referendariat oder zum Berufseinstieg von Lehrpersonen finden sich – teilweise schon ältere – dokumentarische Längsschnittuntersuchungen (z. B. Hericks 2006; Košinár 2014; Wittek et al. 2019), die Entwicklungsverläufen nachspüren.

Allen genannten Untersuchungen gemeinsam ist eine methodische Suchbewegung im Zuge der Datenanalyse, z. B. in Bezug auf die Relation zwischen der Betrachtung des Einzelfalls und der für die Dokumentarische Methode als Forschungsergebnis angestrebten Typologie. Auch die Frage, welche Form von Typologie, z. B. eine sinngenetische, soziogenetische (Bohnsack 2017) oder eine relationale Typologie (Nohl 2013), sich für einen Längsschnitt eignet, führte zu einer ganzen Serie unterschiedlicher (Längsschnitt-)Typologien (Košinár/Laros 2021). Damit ist zunächst eine *methodische* Herausforderung beschrieben, die im Forschungsprozess Entscheidungen erfordert.

Zugleich sind mit der Anwendung der Dokumentarischen Methode und ihren Theorie- und Empiriefiguren auch *methodologische* Entscheidungen verbunden, die im Beitrag näher betrachtet werden sollen. Zentral ist die Frage, inwiefern Prozesse oder Veränderungen mit der praxeologischen Wissenssoziologie überhaupt in den Blick genommen werden und wenn ja, auf welcher Ebene diese angesiedelt sind. Indem der Orientierungsrahmen im engeren Sinne (Bohnsack 2017) mit dem Habitus synonym verwendet wird, wird zunächst von dessen Stabilität ausgegangen. Auch wird in der praxeologisch-wissenssoziologischen Professionsforschung (Bohnsack 2020) der Forschungsblick nicht auf das Individuum gerichtet als vielmehr auf den konjunktiven Erfahrungsraum der Akteure und Akteurinnen (z. B. der Lehrperson und der Schüler:innen) und die Herstellung einer konstituierenden Rahmung (Bohnsack 2020) im organisationalen Rahmen Schule (Bohnsack/Bonnet/Hericks 2022).

Weiterhin ist für die Untersuchung von Professionalisierungsverläufen eine *professionstheoretische* Abwägung erforderlich. In neuerer Zeit lässt sich in der rekonstruktiven Professionalisierungsforschung eine Zuwendung zum Lehrpersonenhabituskonzept (Helsper 2018; Kramer/Pallesen 2019) beobachten. Hiermit ist es möglich, auf Lebens- und Berufsphasen bezogen, Anpassungsleistungen, Transformations- oder Reproduktionsbewegungen, die der (Teil-)Habitus im jeweiligen Feld vollzieht, einzuordnen. Das Theoriekonzept ist anschlussfähig an Rekonstruktionen mit der Dokumentarischen Methode. Die Herausforderung liegt jedoch in der Bestimmung dessen, was als Befund rekonstruktiver Analysen vorliegt. Rolf-Torsten Kramer und Hilke Pallesen (2019) betonen, dass der Habitus nicht in seiner Gesamtstruktur erfasst wird, sondern Dimensionen des Habitus bzw. eines feldspezifischen Teilhabitus (z. B. Schüler:innenhabitus, Lehrpersonenhabitus). Werner Helsper (2018) folgend, wird nach dem früh angelegten familiären Herkunftshabitus in der Phase der Adoleszenz ein individueller Habitus herausgebildet, der als Reproduktion oder in Abgrenzung zum familiären Habitus hervorgebracht wird. Auf Schule bezogen und somit für die Professionalisierungsforschung relevant, werden die schulbezogenen Orientierungen im Schüler:innenhabitus angelegt, in dem sich spiegelbildlich der Schattenriss des späteren Lehrpersonenhabitus abbildet. Wie unsere Forschungen mit Lehramtsstudierenden (vgl. Abschnitt 2) zeigen, formen sich über die Schuljahre negative und positive Gegenhorizonte (z. B. in Bezug auf Leistungserwartungen, Autoritäten und soziale Beziehungen) aus, die sich im Praxishandeln (während der Praktika) oder als Entwürfe von Schule wiederfinden (Košinár/Laros 2022; Košinár 2024b). Insgesamt weisen die vorliegenden Längsschnittuntersuchungen – vermutlich genau aufgrund dieser frühen biographischen Anlage – auf eine Stabilität des Orientierungsrahmens hin (z. B. Wittek et al. 2019; Košinár/Laros 2020).

Transformationen oder Wandlungen (von Rosenberg 2011) lassen sich eher in solchen empirischen Studien nachzeichnen, die Übergänge zwischen Ausbildungs- und Berufsphasen in ihr Forschungsdesign einbeziehen (Liegmann/Racherbäumer 2019) oder Bewährungskrisen zum Ausgangspunkt machen (Košinár 2014). Dort finden sich dann Hinweise auf (temporäre) Modifikationen von Handlungsorientierungen (Nohl/von Rosenberg/Thomsen 2015) bzw. veränderte

Orientierungen in einzelnen Dimensionen (Košinár 2014), die aber eher auf Anpassungsleistungen im neuen Feld oder auf temporäre Krisen hinweisen.

In diesem Beitrag werden zwei eigene Längsschnittstudien vorgestellt, anhand derer das jeweilige methodische Vorgehen dargelegt und Entscheidungen im Zuge des Forschungsprozesses begründet werden. Dabei greifen wir auf eine Längsschnittstudie mit Studierenden des Primarschullehramts an einer Schweizer Hochschule sowie auf ein bald abgeschlossenes Projekt mit Praxislehrpersonen (PLP) in der Schweiz zurück. Es wird jeweils konkretisiert, wie die Methodologie der Dokumentarischen Methode zur Anwendung kommt und wie die im Längsschnitt erhobenen Daten in die Typenbildung eingehen. Es werden Herausforderungen bei der Umsetzung, aber auch förderliche Faktoren für die Realisierung der Projekte und für die Erkenntnisgewinnung aufgezeigt. Abschließend diskutieren wir die Erfahrungen aus beiden Studien konkludierend und geben einen Ausblick und Empfehlungen.

2. Professionalisierungsverläufe von Primarschulstudierenden in der Schweiz über den Studienverlauf

In den Jahren 2017 bis 2020 haben die Autorinnen mit einem Forschungsteam an der Pädagogischen Hochschule Nordwestschweiz (PH FHNW) eine vom Schweizer Nationalfonds geförderte Längsschnittstudie durchgeführt, die neben der Befragung einer Studierendengruppe auch die Perspektive der Ausbildenden in den Blick nahm (Leineweber/Košinár 2024). Der Projekttitel weist diese beiden Ebenen aus: „Professionalisierungsverläufe angehender Primarlehrpersonen im Kontext berufspraktischer Studien. Eine rekonstruktive Längsschnitt- und Mehrebenenanalyse".

Das Projekt umfasste zwei Teilstudien, wobei wir hier die Längsschnittstudie vorstellen. Hier wurde eine Gruppe von Studierenden für die Primarschule aus einem Jahrgang zu drei Zeitpunkten ihres Studiums interviewt. Den Prozess ihrer Entwicklungsverläufe wissenschaftlich zu begleiten und ihre handlungsleitenden Orientierungen zu rekonstruieren, war unser Kernanliegen, das sich in den Forschungsfragen abbildet:

1. Welche Konstruktionen lehrberuflicher *Professionalität* und *Professionalisierung* zeigen sich bei den Studierenden? Inwiefern verändern sich diese im Verlauf des Studiums?
2. Welche *Anforderungen* und *Krisen* konstituieren sich in ihren Praxisphasen und wie werden diese bearbeitet?
3. Wie adressieren Studierende ihre *PLP* und ihre:n *Tandempartner:in*?
4. Welche *Veränderungen* und möglichen *Transformationsprozesse* lassen sich in Bezug auf ihre Orientierungen über den Längsschnitt erkennen?

Das Sample der befragten Studierenden (t1, N = 35; t2, N = 33; t3, N = 33) wurde nach deren Anmeldung auf ihr Langzeitpraktikum an einer sogenannten Partnerschule der PH FHNW gebildet. Bei der Anmeldung an die drei zuvor als Forschungsschulen rekrutierten Praktikumsschulen wurde ausgewiesen, dass hiermit die Einwilligung zur Teilnahme an einer Interviewstudie zu drei Zeitpunkten verbunden wäre. Alle Studierenden willigten ein und ihre Teilnahme blieb über die zwei Erhebungsjahre stabil. Das erste Interview (t1) wurde zum Ende des ersten Studienjahres geführt. Der Rhythmus der Erhebungen wurde jeweils am Ende eines Studienjahres fortgeführt (t2, t3).

Wie die vierte Forschungsfrage zeigt, liegt das Erkenntnisinteresse in dieser Studie auf möglichen *Veränderungen von Orientierungen*. Diese richten sich auf die obigen Aspekte: Das Professionalitäts- und Professionalisierungsverständnis der Studierenden, ihren Umgang mit Anforderungen und Krisen und ihre Zusammenarbeit mit zentralen Akteur:innen im Praktikum, die sich möglicherweise über den Studienverlauf verändern.

Es war geplant, eine relationale Typenbildung (Nohl 2013) zu allen drei Zeitpunkten vorzunehmen. Über einen Typologienvergleich sollten phasenspezifische Unterschiede (Košinár 2022; Košinár 2024b), aber auch fallbezogene Veränderungen über t1, t2 und t3 rekonstruiert werden (Košinár/Laros 2022). Dafür war es relevant, jeweils dieselben Vergleichsdimensionen zugrunde zu legen. Dies widerspricht dem für die Dokumentarische Methode konstitutiven offenen Zugang zu den Daten, bei dem das *tertium comparationis* im Zuge des Rekonstruktionsprozesses herausgearbeitet wird. Es zeigte sich aber, dass für einen Typologienvergleich im Längsschnitt ein deduktives Vorgehen notwendig ist (vgl. Leinhos/Keßler/Krüger 2018, S. 173), das allenfalls eine phasenbezogene Modifikation (z. B. hinsichtlich der Praxisphasen oder der zentralen Akteure und Akteurinnen) erlaubt (vgl. Košinár/Laros 2020).

Die Vergleichsdimensionen wurden aus den Fragestellungen sowie aus der komparativen Analyse (Nohl 2017) von vier Kernfällen herausgearbeitet und in den Folgeerhebungen weitgehend deduktiv angelegt.

Im Verlauf der Analysen der Interviews aus t1 wurde deutlich, dass der Fokus bei den Studierenden weniger auf ihren Praktikumserfahrungen lag als vielmehr auf Passungsfragen hinsichtlich des gewählten Studiums und des angestrebten Berufs. Auch zeigte sich ein erkennbarer Rückbezug auf ihre bisherige (Schul- und Berufs-)Biographie. Es wurde somit ein *phasenspezifisches Orientierungsproblem* in der Studieneingangsphase (Košinár 2024b) erkennbar, das im Folgenden die *Basistypik* (Bohnsack 2017) unserer Typologie t1 bildete.

Für die Rekonstruktion des Datenmaterials wurde eine für ein Projektteam realisierbare Form entwickelt. Zunächst wurde die formulierende und reflektierende Interpretation von vier kontrastiven Kernfälle angefertigt und intensiv gemeinsam diskutiert. Für die Entwicklung der Typologie zu t1 (und später auch der folgenden) wurden zunächst schriftliche Fallanalysen von 24 Fällen aus dem

Gesamtsample angefertigt. Die Fallreduktion war aus Ressourcengründen notwendig und wurde nach einer ausreichenden Sättigung der Typen entschieden. Die Auswahl der Fälle erfolgte entlang verschiedener Parameter: Partnerschule, Geschlecht, Alter und Berufserfahrung sowie kontrastiver Merkmale, die aus dem Erhebungsprotokoll entnommen wurden (z. B. wollte immer schon Lehrperson werden vs. ist sich nicht sicher, ob der Studienentscheid richtig ist). Der Aufbau der Fallanalysen erfolgte entlang der über die Kernfälle herausgearbeiteten Vergleichsdimensionen, die als Überschriften mit möglichen Unterthemen in einem Grundlagendokument ausgewiesen wurden. Es wurden z. B. in Bezug auf Dimension 2 „Orientierung bezogen auf die jeweilige Praktikumsphase" Hilfsfragen formuliert wie: Wie wird das Praktikum als Studienelement gerahmt? Welche Bedeutung nimmt die berufspraktische Erfahrung im Vergleich zu den Lehrveranstaltungen ein? Die Fallanalysen waren somit ein Mittel der Sortierung des Materials nach Themen, aber auch der Reduktion und Verdichtung. Jedes Kapitel endete mit einer *Conclusio*, in der die rekonstruierte Orientierung zusammenfassend dargelegt wurde. Diese Conclusiones bildeten für den Einstieg in die Typologie das zentrale Ausgangsmaterial, über das der Fallvergleich von 24 Fällen überhaupt realisierbar war.

Für die Studieneingangsphase (t1) wurde im Zuge der komparativen Analyse das *Eintreten ins Studium als berufsbiographisches Entwicklungsproblem* identifiziert. Es wurde für uns erkennbar, dass der Modus Operandi der Verhandlung dieses Problems den Orientierungsrahmen bildet, innerhalb dessen Anforderungen im Studium und Praktikumserfahrungen verhandelt werden. Den jeweiligen Orientierungs*rahmen* weiter auszudifferenzieren, gelang uns über die Relationierung der rekonstruierten Orientierungen bezogen auf die Dimensionen zwei bis fünf (vgl. Tab. 1).

Tabelle 1: Vergleichsdimensionen im Längsschnitt

	t1 (Studieneintritt)	t2 (Partnerschuljahr)	t3 (Fokusphase)
Vergleichsdimensionen	1. Orientierung bei Studieneintritt/Bedeutung des Studiums	1. Orientierung in der Partnerschulphase	1. Orientierung in der Fokusphase
	2. Bedeutung des Praktikums	2. Bedeutung des Partnerschulpraktikums	2. Bedeutung des Fokuspraktikums
	3. Konstituierung, Deutung, Bearbeitung von Krisen	3. Konstituierung, Deutung, Bearbeitung von Krisen	3. Konstituierung, Deutung, Bearbeitung von Krisen
	4. Adressierung der PLP	4. Adressierung der PLP	4. Adressierung der PLP/ des oder der Praxiscoachs
	5. Rolle Tandem	5. Rolle Tandem	5. Rolle Tandem/ Stellenpartner:in

Mit dem Theoriekonzept des Lehrpersonenhabitus (Helsper 2018) gesprochen, bildet sich im empirischen Material ein Studierendenhabitus (Košinár 2024a) ab, der sich über die Erhebungswellen t1 bis t3 zunächst in einem Einfindungsprozess in den Modus des Studierens und im Perspektiven- und Rollenwechsel von dem oder der Schüler:in zum Praktikanten oder zur Praktikantin befindet. Dieser Prozess zeigte sich interessanterweise auch bei älteren Studierenden, die bereits eine Lehre oder ein Erststudium absolviert und/oder Berufserfahrung hatten. Auch für sie waren die Passungsprüfung und die Berufserkundung zentral. Es wurden drei Typen (Teil-Habitus in der Studieneinstiegsphase) identifiziert, die Variationen aufweisen (vgl. Abb. 1, unterer Block).

Für die Analyse der Daten aus der zweiten Erhebungswelle wurde zunächst die Basistypik herausgearbeitet. Es zeigt sich, dass hier die *Bewältigung der Praktikumsaufgaben im Partnerschuljahr neben dem Studium* zum zentralen *Orientierungsproblem* wurde, das sie mit ihren (Studierenden-)Habitus bearbeiten. Im Zuge der Datenanalysen zu t2 (vgl. Abb. 1, mittlerer Block) wurden fünf Typen identifiziert. Ein Vergleich der Typologien t1 und t2 erwies sich als problematisch, da die Erhebungswellen – obwohl nur ein Jahr dazwischenlag – in Studienphasen erfolgten, zwischen denen sich der Prozess der Einsozialisierung in das Studium und in das Praxisfeld (nach dem Langzeitpraktikum) vollzogen hatte. Zu t3 treten *der bevorstehende Berufseinstieg und dessen antizipierte Bewältigung als zentrales Orientierungsproblem* hervor. Es zeigt sich, dass die Verteilung der Fälle auf die Typen zwischen t2 (Partnerschulphase) und t3 (Fokusphase) weitgehend stabil ist. Das bedeutet, dass sich bezüglich der Rahmung des Praktikums, ihres Umgangs mit Anforderungen und ihrer Zusammenarbeit mit der PLP stabile Muster abzeichnen. Vereinzelte Fallausbrüche (z. B. vom Typus 2.2. *Erweiterung* zum Typus 3.4 *Einmündung*) lassen sich mit der Krise, die bei Einzelfällen aufgrund des bevorstehenden Berufseinstiegs aufkommt und zu einer verstärkten Orientierung an dem oder der Ausbildenden (Modelllernen) führt, erklären.

Aus der Rekonstruktionslogik der Dokumentarischen Methode gesprochen, werden im Zuge der komparativen Analyse die rekonstruierten Typen vom Fall gelöst und auf einer abstrahierten Ebene erfasst. Aus professionstheoretischer Sicht ist es von Interesse, fallbezogene Bewegungen zu untersuchen und so zu erkennen, dass Krisen – z. B. vor dem Berufseinstieg – bei manchen Fällen zu temporären Anpassungsleistungen bzw. zum Verbleib im Studierendenhabitus führen, während andere Fälle (z. B. jene, die 3.1 *Selbstbestimmung* zugeordnet wurden) eine deutliche Abkehr von der Ausbildungsinstitution vollziehen und sich als fertige Lehrpersonen präsentieren.

Abbildung 1: Typenübersicht über drei Erhebungszeitpunkte mit Fallkorridoren

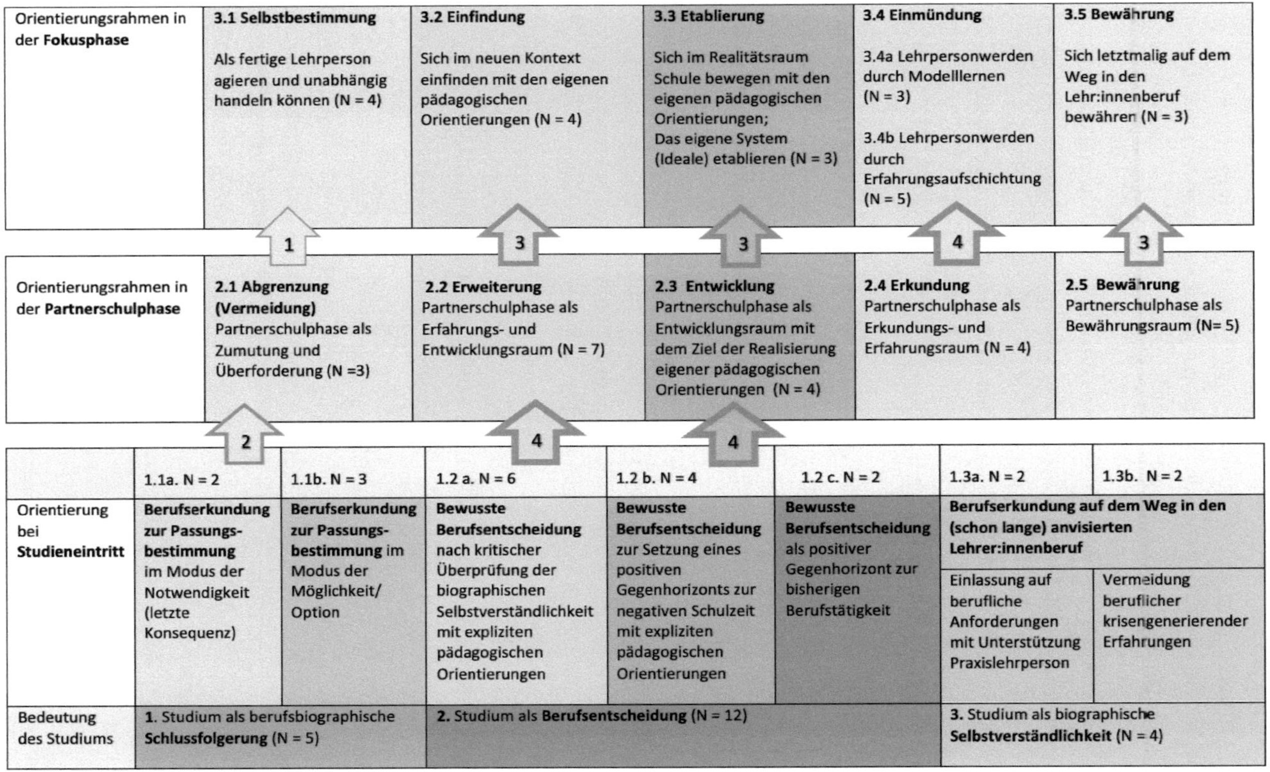

Zusammenfassend war der Versuch eines Typenvergleichs im Längsschnitt über den Studienverlauf diversen Schwierigkeiten ausgesetzt, wurde aber auch von unerwarteten Entwicklungen und Erkenntnismöglichkeiten begleitet.

Als Herausforderungen lassen sich markieren:

- Der Umgang mit der frühen Setzung von Vergleichsdimensionen bei gleichzeitigem Versuch der Offenheit gegenüber dem Datenmaterial.
- Die Differenz zwischen der Studieneingangsphase und den späteren Studienjahren, die einen Typologienvergleich erschwerte oder sogar verunmöglichte.
- Die erforderliche Flexibilität bei der Entwicklung einer Typologie. Hier musste zunächst ein Weg gefunden werden, wie die Typisierung des Umgangs mit dem zentralen Orientierungsproblem (der Orientierungsrahmen im engeren Sinne) und die Orientierungen in den verschiedenen Handlungsdimensionen zusammengedacht werden können (ausführlicher hierzu: Košinár 2024a).

Als unterstützend erwies sich:

- Die Stabilität des Samples durch die Einbettung in einen (in der regulären Schweizer Primarlehrpersonenausbildung) weitgehend curricularen und vorgegebenen Studienverlauf.
- Die Erreichbarkeit der Untersuchungsteilnehmenden durch ihren Verbleib in der Institution.
- Die klare Phasierung der Erhebungswellen durch den Studienverlauf.
- Der seit 2018 eröffnete Theoriediskurs zum Lehrpersonenhabituskonzept, der es uns ermöglichte, die phasenspezifischen Differenzen und fallbezogenen Befunde in einen theoretischen Rahmen einzuordnen.

3. Typisierung des Ausbildendenhabitus anhand von Längsschnittdaten

Das zweite Projekt „Die Praxislehrperson als Lehrerbildner:in: Orientierungen und Handlungspraxis in der Erfüllung des doppelten Berufsauftrags Lehrperson und Ausbildner:in – eine berufsbiographische Längsschnittstudie unter Einbezug der Schulleitungsperspektive" (PraLeB-S, PH Zürich 2020–2026) wird im Folgenden auf die hier interessierenden Aspekte vorgestellt. In der rekonstruktiven Teilstudie des Projekts wurden die schulischen Ausbildenden in den Fokus gerückt und neue sowie erfahrene PLP in einem Längsschnittdesign befragt.[1]

1 Teilstudie 2 des Projektes nimmt die Schulleitungsperspektive in den Blick.

Das zentrale Erkenntnisinteresse lässt sich über folgende Fragen darlegen, die zugleich die theoretische und methodologische Rahmung begründen und in Tabelle 2 dargestellt sind.

Tabelle 2: Übersicht über Forschungsfragen und deren methodische Bearbeitung

Fragestellung	Fokus und Methode
1. Wie prägen eigene Herkunft, Schul- und Ausbildungserfahrungen den Umgang mit institutionellen (Leistungs-)Erwartungen und ihre Rollenausgestaltung als Lehrperson und PLP?	=> Fokus auf biographische Prägungen mittels Einzelfallanalysen
2. Welche Orientierungen dokumentieren sich im Ausbildungshandeln neuer und erfahrener PLP?	• Rekonstruktion des Ausbildendenhabitus (Orientierungsrahmen im engeren Sinn)
2.1 Welche Spannungsverhältnisse zwischen (Institutions-)Normen und ihren Habitus werden sichtbar?	• Rekonstruktion von Aushandlungsprozessen zwischen Habitus und Norm (Orientierungsrahmen im weiteren Sinn) => Typologie
2.2 Wo deuten sich im Längsschnitt Veränderungen an?	• Analyse möglicher Veränderungen durch den Längsschnittvergleich => Einzelfallanalysen (Repräsentant:innen der Typen)
3. Welche Anforderungen und Entwicklungsaufgaben von PLP lassen sich aus dem Gesamtdatenmaterial identifizieren?	=> Rekonstruktiver und inhaltsanalytischer Zugang: Modell der Entwicklungsaufgaben von PLP

Das Vorgehen bei der Erhebung war komplex und kann in diesem Rahmen nur in Auszügen dargestellt werden (hierzu ausführlicher: Košinár/Laros 2023). Wie in Abbildung 2 zu erkennen ist, unterscheidet sich die Erhebung zwischen der Gruppe der neuen PLP und der erfahrenen PLP dahingehend, dass das Interview t1 und t2 als Kombination bei den erfahrenen PLP durchgeführt wurde.

Die Interviews für die Gruppe der neuen PLP waren so angelegt, um die *antizipierte* Rollenausübung und Zusammenarbeit mit Studierenden (Interview t1) mit der *Realität der ersten Praktikumsbegleitung* im Interview t2 abzugleichen. Beiden Gruppen gemeinsam ist der umfassende biographisch-narrative Interviewteil in t1 bzw. t1/2. Die anschließenden Erhebungen – Unterrichtsbesuch und Audiographie von Ausbildungsgesprächen (t3) sowie das Abschlussinterview (t4) – sind für beide Gruppen gleich. Im Abschlussinterview werden u. a. Nachfragen zur Funktion und Rollenausgestaltung als PLP gestellt, für die die neuen PLP zuvor einige Praktikumsbetreuungen durchgeführt haben sollten.

Abbildung 2: Vorgehen bei der Erhebung im Längsschnitt: Interviewformate und Audiographien

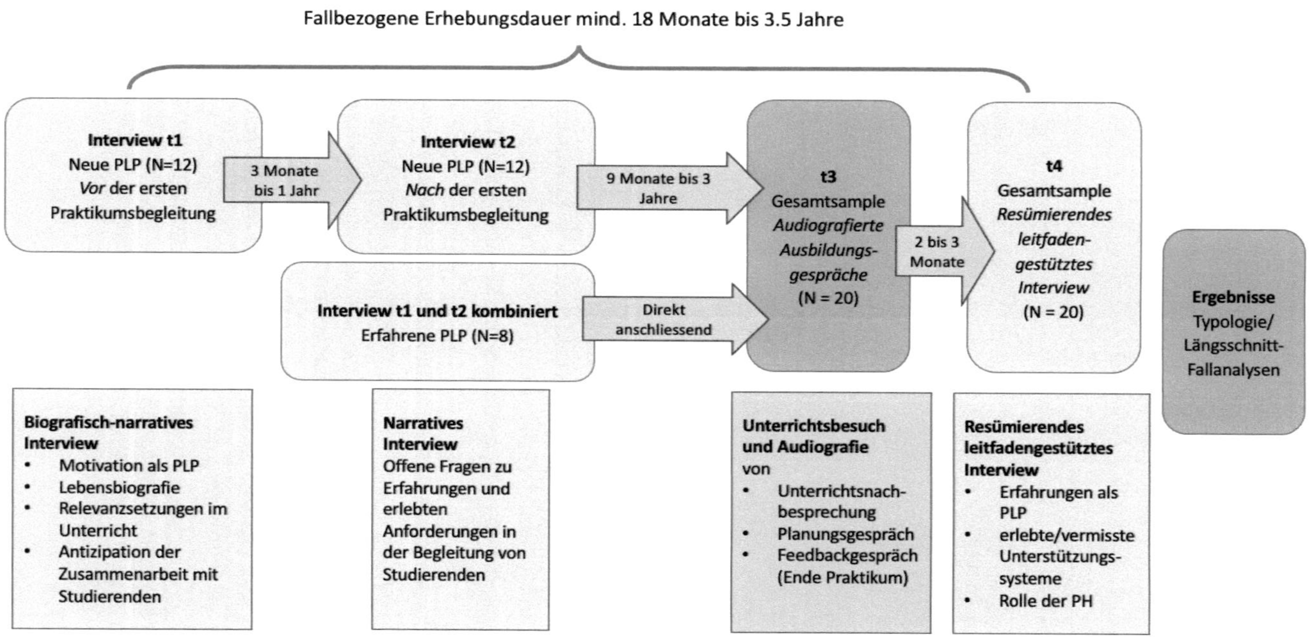

3.1 Samplerekrutierung und -betreuung und Probleme bei der Durchführung des Längsschnitts

Das Sample von neuen PLP haben wir an zwei Forschungshochschulen aus der Gruppe der Anmeldungen für die Ausbildung/Qualifizierung zur PLP rekrutiert, was zunächst zu einer ausreichenden Anzahl von Untersuchungsteilnehmenden führte. Die ursprüngliche Projektanlage, nach der die Gruppe der neuen PLP *parallel* über die Erhebungswellen eins bis vier interviewt und besucht werden sollte, wurde aufgrund einer unerwarteten Panelmortalität unseres Samples mit neuen PLP der Primarstufe grundlegend verändert. Die Kohorte von 13 neuen PLP hatte sich zum geplanten Zeitpunkt der Erhebung von audiographierten Ausbildungsgesprächen (t3) nach zwei Jahren aufgrund beruflicher und familiärer Veränderungen auf drei Personen reduziert. Von letzteren konnte eine PLP nach drei Jahren wieder in das Sample aufgenommen werden. Dieser Einbruch erforderte eine zeitaufwändige Nachrekrutierung, die dazu führte, dass aufgrund der begrenzten Projektlaufzeit die Spannweite des Längsschnitts flexibel entlang der Fälle variiert werden musste (vgl. Abb. 2). Ein weiteres Problem war, dass nicht alle zu t1 interviewten neuen Lehrpersonen (Primarstufe und Sek 1) zeitnah ein Praktikum betreuen konnten. So wurde das Interview t2 teilweise erst nach einem Jahr durchgeführt. Im Wissen darum haben wir die Erhebung t3 teilweise früher als ursprünglich geplant durchgeführt, um sicherzustellen, dass wir In-situ-Gespräche aufzeichnen können. Hierdurch reduzierte sich der vorgesehene Zeitraum zur Erfahrungsgewinnung als neue PLP von den geplanten zwei Jahren teilweise auf nur neun bis zwölf Monate. Anders als in der Vorgängerstudie (Abschnitt 2) erwies sich die Rekrutierung als unerwartet aufwändig und die Zugeständnisse, die wir machen mussten, wurden je Fall abgewogen. Die Verkürzung der Erhebungszwischenräume musste in Kauf genommen werden, hat aber dazu geführt, dass die meisten neuen PLP zum Zeitpunkt von t4 erst zwei, maximal drei Studierendentandems begleitet hatten. Hierüber war es dann nur bedingt möglich, einen bereits etablierten, erfahrungsgesättigten Ausbildendenhabitus zu rekonstruieren.

Diese Erfahrung führte dazu, dass die Erhebungen in der Gruppe der *erfahrenen* PLP in überschaubarer Zeit durchgeführt wurden. Sobald nach dem Interview t1/2 bekannt war, wann die PLP für ihre nächste Praktikumsbegleitung gebucht war, wurde die Erhebung t3 durchgeführt. Der Zeitpunkt für das Abschlussinterview t4 wurde zeitnah angeschlossen. Abbildung 2 veranschaulicht die unterschiedlich langen Abstände zwischen den Erhebungswellen – welche im ursprünglichen Forschungsdesign einheitlich geplant waren.

Da unsere Projekte drittmittelfinanziert sind, gilt es stets eine gute Balance zwischen angekündigter Samplegröße, Voraussetzungen für die geplante Erkenntnisgenerierung und dem begrenzten Projektzeitraum zu finden. Ein Kompromiss war z. B., die Typologie zunächst mit einem kleineren Sample (N = 12) zu erarbeiten, überwiegend mit erfahrenen PLP und den wenigen fertig erhobenen Fälle neuer PLP (N = 4). Die übrigen Fälle neuer PLP wurden nach der Erhebung t4 einer erneuten Fallanalyse unterzogen und anschließend zur Sättigung der Typen in die Typologie eingepflegt.

Anders als im Vorgängerprojekt, wo die Verfügbarkeit der Teilnehmenden gewährleistet war, achteten wir in diesem Projekt noch mehr als sonst darauf, uns den zeitlichen Möglichkeiten und den Erwartungen der Untersuchungsteilnehmenden flexibel anzupassen. Auch haben wir gute Erfahrungen damit gemacht, dass das Interviewer:in-Befragten-Team über die Jahre möglichst stabil blieb.

3.2 Vorüberlegungen zur Typisierung der Ausbildendenhabitus

Kernanliegen war die Rekonstruktion eines Ausbildendenhabitus und des Umgangs mit den Institutionsnormen, die überwiegend von Seiten der Hochschule an die PLP (z. B. in Form von Praktikumskonzepten und -abläufen) herangetragen werden.

Ausgangsüberlegung war zum einen, dass sich ein Ausbildendenhabitus bei neuen PLP erst sukzessiv konstituiert, während wir bei erfahrenen PLP, die seit mindestens fünf Jahren (bis zu 30 Jahren) Studierende in ihrer Klasse aufnehmen und begleiten, nicht erwarteten, dass sich in einem Erhebungszeitraum von zwei Jahren Veränderungen in ihrem Ausbildendenhandeln empirisch abbilden (vgl. Stabilität von Orientierungen). Krisentheoretisch betrachtet würden Veränderungen nur auftreten, sofern es ihre Routinen störende Einflüsse oder Krisen (Combe 2015) gibt, die einen Anpassungs- oder Aushandlungsprozess von ihnen erfordern.

Obwohl wir von soziogenetischen Unterschieden zwischen den neuen und den erfahrenen PLP ausgingen (z. B. mit Blick auf Generationalität, Sozialisation an der PH oder im früheren Lehrerseminar), fassten wir die neuen und erfahrenen PLP für unsere Typenbildung als Gesamtgruppe, um anschließend zu schauen, ob sich zwischen den Typen Gender- oder generationale Unterschiede ausmachen lassen.

Um die Längsschnittdaten für die Typologie zu nutzen, haben wir die verschiedenen Interviews einer Person als einen „Fall“ zusammengefasst. Der Mehrwert der Betrachtung der Daten im Längsschnitt liegt darin, trotz möglicher temporärer Anpassungsleitungen, den dem Handeln zugrundeliegenden Habitus über die Summe ihrer Erfahrungsberichte zu rekonstruieren, indem die (wiederkehrende) Deutung von Situationen und der Modus Operandi in der Bearbeitung zentraler Handlungsprobleme herausgearbeitet wird. Mögliche Transformationen konnten z. B. über ein modifiziertes Wahrnehmen und Sprechen über die Handlungspraxis identifiziert werden.

Für die Typisierung wurde auf Basis einer umfassenden Analyse des Datenmaterials aus den drei Interviewerhebungen von vier Fällen (zwei neue, zwei erfahrene PLP) ein erster Entwurf von Vergleichsdimensionen erarbeitet. Dieses Vorgehen erwies sich jedoch als eher additiv und führte uns zur Frage, wie man das umfangreiche Material so fokussieren und bündeln kann, dass es gelingt, einen Ausbildendenhabitus zu rekonstruieren.

Aufgrund der beiden unterschiedlichen Befragtengruppen wurde festgelegt, dass die Analysen beim Abschlussinterview t4 beginnen. Auch neue PLP, so die Annahme, würden zu dem Zeitpunkt einen Ausbildendenhabitus herausgebildet haben und einen weitgehend routinierten Umgang mit den Institutionsnormen sowie einen Modus für die Anforderung einer Doppelrolle (Klassen-/Fachlehrperson und Ausbildende:r) gefunden haben. Auch wurden für die Typologie die Lebens- und Berufsbiographie ausgeklammert (vgl. Fragestellung 2.2), die in die berufsbiographischen Längsschnittfallanalysen einbezogen wird (Košinár/Laros 2023).

Rekonstruktion des Orientierungsrahmens im engeren und weiteren Sinne

Ralf Bohnsack (2017) hat über die Jahre ein Konzept des Orientierungsrahmens im engeren Sinn und im weiteren Sinn erarbeitet, das wir für dieses Projekt zur Grundlage machten, um herauszuarbeiten, wie PLP die durch die PH gesetzten Institutsnormen mit ihren Habitus verhandeln. Mit der Rekonstruktion des *Ausbildendenhabitus* erfassten wir den *Orientierungsrahmen im engeren Sinne* (O. i. e. S.), der bei Bohnsack (2017) synonym mit dem Habitus gesetzt wird, während wir mit der *Aushandlung von Normen mit dem Habitus* den *Orientierungsrahmen im weiteren Sinne* (O. i. w. S.) erfassten. Anders als bei der früheren Studie (Abschnitt 2) haben wir explizit die Orientierungsschemata der PLP analysiert und uns mit den von ihnen aufgeworfenen Normen (z. B. Rollenselbstbildern und Vorstellungen von einem gelungenen Praktikum) befasst.

Aufgrund der ersten kontrastiven Analysen von Kernfällen wurden zentrale Handlungsprobleme der PLP in der Ausübung ihrer Tätigkeit als Ausbildende sichtbar:

1. Eine *Doppelrolle* als Klassenlehrperson und PLP *einzunehmen.* Hier haben wir rekonstruiert, aus welcher Identität und welchem Rollenselbstbild heraus sie beide Rollen verhandeln.
2. *Studierende ausbilden.* Hier haben wir rekonstruiert, wie die PLP das Praktikum als Ausbildungselement rahmen und welches Ausbildungs- und Professionalisierungsverständnis sich dokumentiert.
3. Als PLP *mit den Normen der Ausbildungsinstitution einen Umgang finden.* Hier hat uns interessiert, wie sie die Institutionsnormen verhandeln, wie sie sich gegenüber der PH entwerfen, aber auch wie sie Ausbildende der PH (in der Schweiz: Mentor:innen) rahmen.

Während das forschungspraktische Analysevorgehen für die Rekonstruktion eines O. i. e. S von den Vertretenden der Methode vielfach und kleinschrittig beschrieben wurde (z. B. Nohl 2017; Przyborski/Wohlrab-Sahr 2021), besteht kein Konsens darüber, welche Normen für die Rekonstruktion eines O. i. w. S. betrachtet werden sollten und wie diese aus den Daten herausgearbeitet werden können. Hier sind Forschende gefordert, ein eigenes Vorgehen zu entwickeln bzw. sich mit anderen Forschenden zu vernetzen. Dementsprechend haben wir in einem ersten Schritt ein eigenes Glossar zu Normen entwickelt, indem wir ausgehend von Ralf Bohnsack, Andreas Bonnet und Uwe Hericks (2022) herausgearbeitet haben, welche Normen sie im Kontext von Forschungen in *people processing organisations* aufrufen und wie sie diese definieren. Es wurden von uns auf den spezifischen Kontext und das Erkenntnisinteresse bezogen Normen ausgewählt und sprachlich ausdifferenziert (z. B. in Bezug auf ein expliziertes Rollen*selbst*bild einerseits und die *Identitätsnorm* als organisationale Fremdzuweisung einer Rolle andererseits; Košinár/Laros 2023). Da die Typologie den Ausbildendenhabitus zentral setzt, haben wir entschieden, hinsichtlich der wahrgenommenen Normen den Fokus auf *Institutionsnormen der PH* zu setzen und hinsichtlich der Aushandlungen mit der Doppelrolle das *explizit aufgerufene Rollenselbstbild* zu analysieren. Damit fokussieren wir den O. i. w. S. auf den habituellen Umgang mit dem Spannungsverhältnis zwischen aufgerufenen PH-Institutionsnormen und dem Teilhabitus als Ausbildende.

Von der Fallanalyse zur Typologie

Wie erwähnt haben wir bei den Analysen mit dem Datenmaterial der letzten Interviews (t4) begonnen. Für jeden Fall wurde entlang vorher festgelegter Vergleichsdimensionen (vgl. Tab. 3) und Hilfsfragen eine Zusammenfassung aus den Erkenntnissen aus der reflektierenden Interpretation verfasst, die anschließend um thematisch zugehörende Rekonstruktionen aus dem Material von t2 und t1 ergänzt wurden. Die Analysen wurden je Erhebungsmaterial (t1–t3) mit unterschiedlichen Schriftfarben gekennzeichnet. Hierüber wurde es einfach, Homologien oder Differenzen über den Längsschnitt zu erkennen. Die Gliederung der Fallrekonstruktionen und die Hilfsfragen sind in Tabelle 3 aufgeführt. Die Fragen nach den Irritationen sowie nach den Gegenhorizonten sind fallerschließende Fragen, mit denen nach aufgeworfenen Handlungsproblemen und einer (normativen) Positionierung zwischen Gegenhorizonten gefragt wird (Laros/Kappeler 2023). Der Aufbau der schriftlichen Fallanalysen war wie folgt:

Tabelle 3: Gliederung der Fallrekonstruktionen zur Erarbeitung einer Typologie

Vergleichsdimension/Thema	Hilfsfragen für die Analyse
1. Irritationen und Krisen	Welche Irritationen werden wahrgenommen und wie werden sie verhandelt?
2. Aufgeworfene Gegenhorizonte	Welche negativen und positiven Gegenhorizonte werden in den durch die PLP verhandelten Themen aufgerufen?
3. Orientierung als Klassenlehrperson	Welche Orientierung dokumentiert sich hinsichtlich Vermittlung, Lernen, Lernbegleitung, Beziehungsgestaltung etc.?
4. Orientierung als PLP	a. Ausbildungsselbstverständnis (implizit), Rollenselbstbild (explizit) b. Professionalisierungsverständnis (explizit und implizit) c. Adressierung der Studierenden (wenn über sie oder über erinnerte Dialoge gesprochen wird)
5. Umgang mit der Doppelrolle	Wie werden Lehrpersonen- und PLP-Rolle zueinander ins Verhältnis gesetzt?
6. Hinweise auf biographische Prägung	=> für die später geplanten längsschnittlichen Einzelfallbeschreibungen
7. Conclusio Teilhabitus (O. i. e. S.)	Welcher Ausbildendenhabitus wird dokumentiert?
8. Institutionsnormen der PH	Welche Institutionsnormen werden aufgerufen und wie werden sie verhandelt?
9. Rolle des Mentors oder der Mentorin	Als wer (in welcher Rolle und Funktion) wird diese:r gerahmt?
10. Conclusio (O. i. w. S.)	Wie verhandeln die PLP die Institutionsnormen mit ihren Habitūs?

Es wurden vier Typen identifiziert, die durch mindestens zwei bis zu fünf Fällen gesättigt werden konnten. Nur Typ fünf wird bisher durch einen empirischen Einzelfall repräsentiert. Neben Fällen, die als eindeutige Typenrepräsentant:innen bezeichnet werden können, gibt es auch Fälle, die zwischen zwei Typen changieren. Die Typologie wird an anderer Stelle detailliert erläutert (Laros et al. i. V.) und kann dort hinsichtlich der Befunde eingesehen werden.

Während für die Typologie der Längsschnitt eher sekundäre Bedeutung hatte, sind die Daten insbesondere für eine (berufs-)biographische Nachzeichnung der

Herausbildung eines Ausbildendenhabitus sehr ertragreich. Hierfür wurden erkennbare biographische Prägungen aus der Schul- und Ausbildungszeit sowie die Verhandlung von Ausbildendenaufgaben mit dem Lehrpersonenhabitus chronologisch nachgezeichnet (Košinár/Laros 2023). Wie unsere ersten Längsschnittanalysen zeigen, ist es nicht nur möglich, die (schul-)biographischen Erfahrungen und Prägungen in einen Zusammenhang zum Lehrpersonenhabitus und den sich herausbildenden Ausbildendenhabitus zu stellen, sondern es werden auch klare Verlaufslinien sichtbar, in denen zentrale Orientierungen reproduziert oder modifiziert werden (Laros et al. 2025).

Zusammenfassend war unser vorgestelltes Projekt mit verschiedenen Herausforderungen konfrontiert, die aber auch spannende Entwicklungsschritte ermöglichen.

Als Herausforderungen lassen sich markieren:

- Die Panelmortalität und die fehlenden Praktikumsbetreuungsmöglichkeiten von PLP unseres Samples, die eine flexible Modifizierung des Erhebungsvorgehens erforderte.
- Die Anlage einer Typologie aus Längsschnittdaten.
- Die Erweiterung des bisherigen Analysefokus auf handlungsleitende Orientierungen und Normen. Hier fanden intensive Überlegungen statt, welche Normen im Kontext unserer Fragestellung relevant sind und wie diese begrifflich zu fassen sind.
- Die Rekonstruktion des Orientierungsrahmens im weiteren Sinne, da es noch kein etabliertes Vorgehen gibt und es von Forschenden unterschiedlich vollzogen wird.

Als unterstützend erwies sich:

- Der vorhandene Kontakt ins Feld und zu Leitungspersonen aus den berufspraktischen Studien der PH, worüber eine zügige Nachrekrutierung möglich wurde.
- Der sich positiv gestaltende Kontakt zu den PLP und deren Bereitschaft zur Teilnahme über einen langen Zeitraum. Es bestand eine starke Abhängigkeit von ihrer Bereitschaft, das Projekt zu unterstützen, nicht zuletzt dadurch, dass unser Design vorsah, dass sie eigenständig Audioaufnahmen anfertigten und uns zuschickten.
- Die Entwicklung des Theoriediskurses zum Lehrpersonenhabituskonzept mit zunehmender Anzahl an dokumentarischen Studien.
- Die Möglichkeit, regelmäßig in Forschungswerkstätten und auf Arbeitstagungen das methodische Vorgehen und das Theorieverständnis zu Normen mit Kolleg:innen zu diskutieren.

4. Conclusio

Wie anhand von zwei Forschungsprojekten aufgezeigt wurde, erfordert die Durchführung einer Längsschnittstudie viel Planungsaufwand, eine enge Verbindung zu den Untersuchungsteilnehmenden und Flexibilität bei der Realisierung des Projekts. Es sollte sich daher mit Bezug auf das Erkenntnisinteresse begründen lassen, warum es notwendig ist, eine Längsschnitterhebung durchzuführen, und inwiefern diese andere Ergebnisse produziert als eine Querschnittserhebung. Es gibt zahlreiche Studien, die Veränderungen, z. B. über die Lebensspanne oder von beruflichen Prozessen etc. im Querschnitt erfassen (Nohl 2006; Laros 2015; Bernhardsson-Laros/Schrewe 2023). Auch in der Biographieforschung wird die Entfaltung der Biographie durch das befragte Subjekt üblicherweise in einer Retrospektion vollzogen.

Auf die beiden hier vorgestellten Studien bezogen lässt sich konstatieren, dass Projekt eins mit den Studierenden über den Studienverlauf eine wichtige Erkenntnis nur im Längsschnitt ermöglichte: Die Phasenspezifik der Studienjahre herauszuarbeiten bzw. als Produkt des Typenvergleichs zu entdecken. Belegen lässt sich die Sinnhaftigkeit damit, dass in einem vorhergehenden Projekt Studierende am Ende des Studiums um eine retrospektive Betrachtung ihrer berufspraktischen Ausbildung gebeten wurden. Es zeigte sich deutlich, dass die Standortgebundenheit der Befragten nur eine eher diffuse Summe von Erfahrungen hervorbrachte. Dasselbe lässt sich bei den erfahrenen PLP aus Projekt zwei erkennen. Auch diese können die umfassenden Erfahrungen in der Begleitung von Studierenden kaum noch differenzieren und sich nur bedingt an ihre frühen Ausbildendenerfahrungen erinnern. Die Frage nach der Sinnhaftigkeit, eine Längsschnittstudie durchzuführen, lässt sich daher in Bezug auf die erfahrenen PLP eher als irrelevant bezeichnen. Hingegen können wir bei der Gruppe der neuen PLP ihre Einmündungen in neue Felder und den Aushandlungsprozess mit den Aufgaben als Ausbildende nur über das Längsschnittdesign untersuchen. Wie eingangs erwähnt wurde, sind insbesondere Übergänge, die Anpassungserfordernisse bedingen, für eine Längsschnitterhebung von Interesse. Maßgeblich ist dabei jedoch, dass die erste Erhebung *vor* dem Eintritt in das neue Feld oder die neue Funktion (oder zumindest ganz zu Beginn) durchgeführt wird.

Bezüglich der in der Dokumentarischen Methode üblicherweise als zentrales Resultat entwickelten Typologien bringt eine Längsschnittstudie dann einen Mehrwert, wenn Motionen untersucht werden können (z. B. Fallbewegungen, neu entstehende Typen). In Bezug auf Studie zwei ist es möglich, die biographischen Erzählungen aus t1 mit den Daten aus t2–4 dahingehend zu analysieren, ob sich eine Reproduktion von in Schule und Ausbildung erlebten Handlungsweisen eigener Lehrpersonen und Ausbildenden im Handeln der PLP dokumentiert oder eine Transformation.

Auch wenn sich in der Professionalisierungsforschung ein gestiegenes Forschungsinteresse an der Erfassung von Entwicklungsprozessen erkennen lässt und Erhebungen über mindestens zwei Zeitpunkte zunehmen, sind Längsschnittuntersuchungen nach wie vor Pionierarbeit. Es erwachsen methodische und logistische Herausforderungen, die wir uns bemüht haben, in der Beschreibung von zwei Studien transparent zu machen. Resümierend lässt sich aus unseren Erfahrungen festhalten, dass es einen Plan B für die Rekrutierung von Untersuchungsteilnehmenden braucht, mehrere Feldzugänge und am besten eine Vorerhebung, aus der sich zumindest schon ein Teil des Samples zusammenstellen und das Vorhaben überprüfen lässt.

Für den methodischen Austausch ist die Teilnahme an Forschungswerkstätten zu empfehlen. Ein offener kollegialer Diskurs in der wissenschaftlichen Community über Herausforderungen, Entscheidungen und Kompromisse wäre wünschenswert und bildet sich vielerorts bereits ab.

Literatur

Bernhardsson-Laros, Nils/Schrewe, Nils (2023): Pandemiebezogene Handlungsorientierungen, persönlicher Habitus und konjunktive Erfahrungsräume – Zum Umgang der Bevölkerung mit der Corona-Massenerziehung. In: Klinge, Denise/Nohl, Arnd-Michael/Schäffer, Burkhard (Hrsg.): Pädagogik des gesellschaftlichen Ausnahmezustandes. Wiesbaden: Springer, S. 369–416.

Bohnsack, Ralf (2017): Praxeologische Wissenssoziologie. Opladen: Barbara Budrich.

Bohnsack, Ralf (2020): Professionalisierung in praxeologischer Perspektive. Opladen: Barbara Budrich.

Bohnsack, Ralf/Bonnet, Andreas/Hericks, Uwe (2022): Praxeologisch-wissenssoziologische Professionsforschung. Rahmung und Erträge einer feldübergreifenden Perspektive. In: Bohnsack, Ralf/Bonnet, Andreas/Hericks, Uwe (Hrsg.): Praxeologisch-wissenssoziologische Professionsforschung. Perspektiven aus Früh- und Schulpädagogik, Fachdidaktik und Sozialer Arbeit. Bad Heilbrunn: Klinkhardt, S. 13–30. doi.org/10.25656/01:25639

Combe, Arno (2015): Dialog und Verstehen im Unterricht. Lernen im Raum von Phantasie und Erfahrung. In: Gebhard, Ulrich (Hrsg.): Sinn im Dialog. Zur Möglichkeit sinnkonstituierender Lernprozesse im Fachunterricht. Wiesbaden: Springer VS, S. 51–66.

Helsper, Werner (2018): Lehrerhabitus. In: Paseka, Angelika/Keller-Schneider, Manuela/Combe, Arno (Hrsg.): Ungewissheit als Herausforderung für pädagogisches Handeln. Wiesbaden: Springer VS, S. 105–140. doi.org/10.1007/978-3-658-17102-5_6

Hericks, Uwe (2006): Professionalisierung als Entwicklungsaufgabe: Rekonstruktionen zur Berufseingangsphase von Lehrerinnen und Lehrern. Wiesbaden: VS Verlag für Sozialwissenschaften.

Hinzke, Jan-Hendrik/Damm, Alexandra/Boldt, Vanessa/Paseka, Angelika (2024): Lehramtsstudierende reflektieren über Forschen. Praxeologisch-wissenssoziologische Analysen zu studentischen Wissensbeständen als Ausgangspunkt forschenden Lernens. In: Korte, Jörg/Wittek, Doris/Schröder, Jana (Hrsg.): Dokumentarische Professionalisierungsforschung bezogen auf das Lehramtsstudiums. Reihe Dokumentarische Schulforschung, Band 2. Bad Heilbrunn: Klinkhardt, S. 235–253.

Kahlau, Joana (2023): (De-)Professionalisierung durch Schulpraxis. Rekonstruktionen zum Studierendenhabitus und zu studentischen Entwicklungsaufgaben. Bad Heilbrunn: Klinkhardt. doi.org/10.25656/01:25848

Košinár Julia (2022): Phasenspezifische Orientierungen von angehenden Primarlehrpersonen im Studienverlauf – Befunde einer dokumentarischen Längsschnittstudie. In: Beiträge zur Lehrerinnen- und Lehrerbildung 40, H. 2, S. 268–285. doi.org/10.25656/01:25379

Košinár, Julia (2014): Professionalisierung in der Lehrerausbildung. Anforderungsbearbeitung und Kompetenzentwicklung im Referendariat. Studien zur Bildungsgangforschung, Band 38. Opladen: Barbara Budrich.

Košinár, Julia (2024a): Der Studierendenhabitus: Theoretische Skizzierungen unter Beizug empirischer Befunde. In: Korte, Jörg/Wittek, Doris/Schröder, Jana (Hrsg.): Dokumentarische Professionalisierungsforschung bezogen auf das Lehramtsstudiums. Reihe Dokumentarische Schulforschung, Band 2. Bad Heilbrunn: Klinkhardt, S. 27–57.

Košinár, Julia (2024b): Von der Bedeutung biografischer Erfahrungen und der Phasenspezifik beim Studieneintritt: Eine Rekonstruktion von Studierendentypen. In: Kowalski, Marlene/Leuthold-Wergin, Anca/Fabel-Lamla, Melanie/Frei, Peter/Uhlig, Bettina (Hrsg.): Professionalisierung in der Studieneingangsphase der Lehrer:innenbildung. Theoretische Perspektiven und empirische Befunde. Bad Heilbrunn: Klinkhardt, S. 185–206.

Košinár, Julia/Laros, Anna (2020): Orientierungsrahmen im Wandel? Berufsbiographische Verläufe zwischen Studium und Berufseinstieg. In: Ackeren, Isabel van/Bremer, Helmut/Kessl, Florian/Koller, Hans-Christoph/Pfaff, Nicolle/Rotter, Carolin/Klein, Dominique/Salaschek, Ulrich (Hrsg.): Bewegungen. Beiträge zum 26. Kongress der DGfE. Opladen: Barbara Budrich, S. 255–268.

Košinár, Julia/Laros, Anna (2021): Dokumentarische Längsschnitt-Typologien in der Lehrer*innenbildungsforschung – Umsetzungsvarianten und methodologische Herausforderungen. In: Geimer, Alexander/Klinge, Doris/Rundel, Stefan/Thomsen, Sarah (Hrsg.): Jahrbuch Dokumentarische Methode, H. 4, S. 221–248. doi.org/10.21241/ssoar.78314

Košinár, Julia/Laros, Anna (2022): The genesis of the teacher habitus – a longitudinal study with Swiss primary teacher students. In: Zeitschrift für Bildungsforschung, H. 12, S. 255–274. doi.org/10.1007/s35834-022-00350-w

Košinár, Julia/Laros, Anna (2023): Die Praxislehrperson. Inhaltliche und methodologische Überlegungen bei der Rekonstruktion eines Ausbilder:inhabitus am längsschnittlichen Fallbeispiel. In: Hinzke, Jan-Hendrik/Keller-Schneider, Manuela (Hrsg.): Professionalität und Professionalisierung von Lehrpersonen. Perspektiven, theoretische Rahmungen und empirische Zugänge. Bad Heilbrunn: Klinkhardt, S. 153–176.

Kramer, Rolf-Torsten (2020): Kontinuität oder Transformation? Methodologische Herausforderungen einer rekonstruktiven Längsschnittforschung. In: Thiersch, Sven (Hrsg.): Qualitative Längsschnittforschung: Bestimmungen, Forschungspraxis und Reflexionen. Opladen: Barbara Budrich, S. 109–126.

Kramer, Rolf-Torsten/Pallesen, Hilke (2019): Der Lehrerhabitus zwischen sozialer Herkunft, Schule als Handlungsfeld und der Idee der Professionalisierung. In: Kramer, Rolf-Torsten/Pallesen, Hilke (Hrsg.): Lehrerhabitus. Theoretische und empirische Beiträge zu einer Praxeologie des Lehrerberufs. Bad Heilbrunn: Klinkhardt, S. 73–100.

Laros, Anna (2015): Transformative Lernprozesse von Unternehmerinnen mit Migrationsgeschichte. Wiesbaden: Springer VS.

Laros, Anna/Kappeler, Tamina (2023): First experiences of new mentor teachers and biographical experiences in their own practical teacher education. Coherence, irritations and new framings [Paper presentation]. ECER-conference „The value of diversity in education and educational research", University of Glasgow, UK.

Laros, Anna/Košinár, Julia/Meili, Simone/Kappeler, Tamina (2025): Praxislehrpersonen als professionalisierte Lehrerbildner*innen? Ausbildungshandeln im Spannungsfeld zwischen eigenen Orientierungen und Erwartungserwartungen der Hochschule. In: Bauer, Angela/Schmidt, Melanie (Hrsg.): Die eigene Praxis reflektieren. Bad Heilbrunn: Klinkhardt, S. 244–264.

Laros, Anna/Košinár, Julia/Meili, Simone/Kappeler, Tamina (i. V.): Ausbilder:innenhandeln im Spannungsfeld zwischen Habitus und Institutionsnormen. Eine Typologie von Praxislehrpersonen in der Schweiz. In: Klomfaß, Sabine/Gordt, Simon (Hrsg.): Das Personal der Lehrer:innenbildung im Fokus der Professionsforschung. Bad Heilbrunn: Klinkhardt.

Leineweber, Sabine/Košinár, Julia (2024): Passungsverhältnisse zwischen Studierendenhabitus und Ausbildungsmilieus im Jahrespraktikum an Partnerschulen. In: Korte, Jörg/Wittek, Doris/Schröder, Jana (Hrsg.): Dokumentarische Professionalisierungsforschung bezogen auf das Lehramtsstudiums. Reihe Dokumentarische Schulforschung, Band 2. Bad Heilbrunn: Klinkhardt, S. 147–171. doi.org/10.25656/01:29996

Leinhos, Patrick/Keßler, Catharina Isabel/Krüger, Hans-Hermann (2018): Relationale Typenbildung im Längsschnitt. Methodologische und forschungspraktische Überlegungen aus einer Studie zu dualen Bildungswegen. In: Bohnsack, Ralf/Hoffmann, Nora Friederike/Nentwig-Gesemann, Iris (Hrsg.): Typenbildung und Dokumentarische Methode. Berlin: Barbara Budrich, S. 170–190. doi.org/10.2307/j.ctvdf047g.11

Liegmann, Anke/Racherbäumer, Kathrin (2019): Vom Praxissemester bis zum Vorbereitungsdienst: Perspektiven auf Heterogenität zwischen Habitus und Norm. In: Zeitschrift für interpretative Schul- und Unterrichtsforschung, H. 8, S. 122–134.

Nohl, Arnd-Michael (2006): Die Bildsamkeit spontanen Handelns. Phasen biografischer Wandlungsprozesse in unterschiedlichen Lebensaltern. In: Zeitschrift für Pädagogik 52, H. 1, S. 91–107. doi.org/10.25656/01:4447

Nohl, Arnd-Michael (2013): Relationale Typenbildung und Mehrebenenvergleich. Neue Wege der dokumentarischen Methode. Wiesbaden: Springer VS.

Nohl, Arnd-Michael (2017): Interview und Dokumentarische Methode. Anleitungen für die Forschungspraxis. 5., stark überarbeitete Auflage. Wiesbaden: Springer VS.

Nohl, Arnd-Michael/von Rosenberg, Florian/Thomsen, Sarah (2015): Bildung und Lernen im biographischen Kontext. Empirische Typisierungen und praxeologische Reflexionen. Wiesbaden: Springer VS.

Przyborski, Agniezka/Wohlrab-Sahr, Monika (2021): Qualitative Sozialforschung. Ein Arbeitsbuch. 5., überarbeitete und erweiterte Auflage. Berlin: de Gruyter. doi.org/10.1515/9783110710663

von Rosenberg, Florian (2011): Bildung und Habitustransformation. Empirische Rekonstruktionen und bildungstheoretische Reflexionen. Bielefeld: transcript.

Wittek, Doris/Hericks, Uwe/Rauschenberg, Anna/Sotzek, Julia/Keller-Schneider, Manuela (2019): Professionalisierung im Längsschnitt beforschen? Empirische Befunde und methodologische Überlegungen aus praxeologischer Forschungsperspektive. In: Thiersch, Sven (Hrsg.): Qualitative Längsschnittforschung – Bestimmungen, Forschungspraxis und Reflexionen. Opladen/Farmington Hills: Barbara Budrich, S. 295–320.

Qualitative Längsschnittforschung mit dem narrationsstrukturellen Verfahren

Erfahrungen und Erkenntnisse

Heide von Felden

1. Einleitung

Längsschnittstudien sind zwar in der qualitativen Forschung nicht neu, sondern wurden bereits in den 1920er Jahren beispielsweise im Kontext der Chicago School of Sociology durchgeführt (vgl. Plummer 1983). Dennoch gab es auch nach dem Aufschwung der qualitativen Forschung im deutschsprachigen Raum Ende der 1970er Jahre nur vereinzelte qualitative Längsschnittstudien in der Bildungsforschung. Das hat sich erst in den letzten Jahren geändert (vgl. Thiersch 2020), wobei vermutlich die gesellschaftlichen Phänomene zunehmender Transformationen, Beschleunigungen und Flexibilisierungen eine Rolle spielen. Seitdem erhofft man sich durch das Längsschnittdesign Komplexität und vor allem, zeitliche Dimensionen differenzierter untersuchen zu können. Eine weit verbreitete Argumentation dabei ist, dass allein über Längsschnittstudien Prozesse, Entwicklungen und Veränderungen erfassbar seien (vgl. Kade/Hof 2010; Kramer 2020). Diejenigen, die in der Biographieforschung mit dem narrationsstrukturellen Verfahren nach Fritz Schütze arbeiten, muss diese Aussage irritieren, da Schütze grundsätzlich die Untersuchung von Prozessen auch in Einmalerhebungen fokussiert (vgl. Schütze 2016). Insofern geht es in meinem Beitrag darum, unsere Erfahrungen und Erkenntnisse darzustellen, die wir mit dem narrationsstrukturellen Verfahren im Längsschnittdesign anhand unserer Studie „Zeitdimensionen des Biographischen. Narrative Identität – Lern- und Bildungsprozesse – Dritte Lebensphase im Längsschnitt-Design“ (von Felden 2021) gewonnen haben. Die Frage ist, worin der Mehrwert besteht, wenn Entwicklungsverläufe sowohl in Einzelstudien als auch im Längsschnittdesign untersucht werden. Nach dieser Einleitung erläutere ich das narrationsstrukturelle Verfahren, methodologische Ansätze der Rekonstruktionsforschung im Längsschnittdesign, unser methodisches Vorgehen in Hinsicht auf die Erhebung und unser Vorgehen bei der Auswertung. Danach fasse ich die wichtigsten Erkenntnisse nochmals in einem Fazit zusammen.

2. Das narrationsstrukturelle Verfahren

Das narrationsstrukturelle Verfahren nach Fritz Schütze (1981, 1983, 1984, 2016) ist eine qualitativ-rekonstruktive Methode, die u. a. in der Biographieforschung eingesetzt wird. Für Schütze (2016, S. 23f.) stellt die qualitative Sozialforschung „die methodischen Instrumente für die minuziöse Analyse von sozialen (einschließlich biographischen) Prozessen, deren Erzeugungs- und Entfaltungsbedingungen sowie deren Funktionsmechanismen bereit". In der Interpretation des narrativen Interviews kommt es Schütze (2016, S. 25) darauf an,

> dass der Entfaltungsprozess des Einzelfalles im Forschungsschritt der strukturellen Beschreibung seiner Primärmaterialien rekonstruiert wird. Hierbei wird auf die Unterscheidung einzelner Prozessentfaltungslinien, auf die an diesen Prozessentfaltungslinien beteiligten Detailaktivitäten sowie auf die unterschiedlichen Phasen der Prozessentfaltung und deren Sequenzialität (unter der Fragestellung: wo hört etwas Altes auf und wo beginnt etwas Neues?) geachtet.

Schütze geht es also grundsätzlich um soziale Prozesse, die er zunächst anhand von Einzelfällen analysieren will. Dabei geht er im Sinne des interpretativen Paradigmas davon aus, dass sich in Einzelfällen soziale und gesellschaftliche Phänomene zeigen. Die Gegenstandskonstitution der rekonstruktiven Biographieforschung im Sinne von Schütze ist also grundsätzlich durch Prozesse, Veränderungen, Entwicklungen und Erfahrungsverläufe fundiert, die auch in einer Einmalerhebung methodisch herausgearbeitet werden können.

In der *Erhebung* setzt Schütze an Situationen und Interaktionen der Lebenswelt an. Das Erzählen gilt als Form der Alltagskommunikation und bildet Veränderungen in der Zeit ab. So werden Lebensgeschichten in Form von narrativen Interviews erfasst. Hier sollen die Erzählenden auf eine Erzählaufforderung hin eine länger andauernde, zusammenhängende Erzählung der eigenen Lebensgeschichte darbieten und dabei möglichst nicht unterbrochen werden, damit ihre eigene Relevanzsetzung zum Ausdruck kommt. Die eigene Relevanzsetzung hinsichtlich der Wirklichkeitswahrnehmungen, der Zusammenhangsbildung und der subjektiven Auswahl an Inhalten bildet die Grundlage der Auswertung der Interviews. Hinzu kommt, dass die Lebensgeschichte unvorbereitet, also als Stegreiferzählung dargeboten werden soll. Auch darauf fußen Auswertungsansätze, wie z. B. die „Zugzwänge des Erzählens" (vgl. Schütze 1984). Nach einer so erhobenen Haupterzählung werden von den Interviewenden immanente und exmanente Nachfragen gestellt. Hier schlagen die Interviewenden die Schwerpunkte vor und setzen damit weitgehend die Relevanzen.

In der *Auswertung* geht es im Wesentlichen darum, die Darstellungen der Erzählenden in pragmatischer Brechung sozialwissenschaftlich zu analysieren. Forschende rekonstruieren also die Konstruktionen der Erzählenden und nehmen dabei – wie Alfred Schütz (vgl. 1971, S. 6) formuliert – Konstruktionen zweiten Grades vor. Da die Erzählenden in ihren Geschichten auch ihre Sicht auf gesellschaftliche Verhältnisse eröffnen, die sie je individuell wahrnehmen, bietet die Auswertung narrativer Interviews Kategorien für die Bedeutung, die soziale Verhältnisse, gesellschaftliche Normen oder Zuschreibungen für die Personen haben. Diese Zusammenhänge werden vor allem in den Sprachstrukturen des Erzähltextes transportiert, die anhand von bestimmten Verfahrensweisen analysiert werden können. Schütze nennt u. a. Sachverhaltsdarstellungen, kognitive Figuren wie z. B. Prozessstrukturen und Zugzwänge des Erzählens. Zudem ermöglicht die Analyse der sprachlichen Strukturen auch, sozialwissenschaftliche Zusammenhänge zu ermitteln, die den Erzählenden selbst unbewusst bzw. un*ge*wusst sind (vgl. Schütze 2016, S. 26).

3. Methodologische Ansätze der Rekonstruktionsforschung im Längsschnittdesign

Rolf-Thorsten Kramer (2020) vertritt auf *methodologischer Ebene* die These, dass die Rekonstruktionsmethodologie grundsätzlich von konstitutiver Kontinuität ausgeht und Transformationen allein durch Längsschnittstudien erforscht werden können. Er bezieht sich dabei auf die Dokumentarische Methode (vgl. Bohnsack 2003) und die Objektive Hermeneutik (vgl. Oevermann 2002). In unserer Studie „Zeitdimensionen des Biographischen" (von Felden 2021) widersprechen wir der These in ihrer allgemeinen Formulierung. Nach unserer Auffassung gilt die These und die Argumentation Kramers für die Objektive Hermeneutik durchaus, aber für die Dokumentarische Methode nur zum Teil und für das narrationsstrukturelle Verfahren nicht. Kern der Argumentation Kramers ist die Unterscheidung in eine wissenssoziologische Variante der Rekonstruktionsmethodologie, für die die Dokumentarische Methode steht, und eine strukturtheoretische Variante, die in der Objektiven Hermeneutik angewendet wird. Die strukturtheoretische Variante der Objektiven Hermeneutik rekurriert nach Kramer auf eine eigenständige Realitätsebene, in der sich eine Sinnstrukturiertheit von sozialen Gebilden und kulturellen Phänomenen vollzieht und Einfluss auf das Handeln der Akteur:innen nimmt. Anhand von Ausdrucksgestalten im empirischen Material sind diese Strukturen als Fallstrukturen empirisch greifbar. Rekonstruktion bedeutet hier, das in Sequenzen unterteilte empirische Material Schritt für Schritt so zu interpretieren, dass Thesen zur Hervorbringungslogik generiert und im Weiteren überprüft werden.

Bei der Dokumentarischen Methode macht Kramer die Kontinuitätsannahme an den impliziten, atheoretischen und handlungsleitenden Wissensbeständen fest, also dem habitualisierten und zum Teil inkorporierten Orientierungswissen, welches das Handeln „relativ unabhängig vom subjektiven Sinn" (Bohnsack 2013,

S. 40) strukturiert. Damit fokussiert er auf das habitualisierte Wissen und damit auf die objektivistische Seite der Dokumentarischen Methode, obwohl er auch erwähnt, dass bei der Interpretation eine enge Anbindung an die Alltagskonstruktionen der Akteur:innen beachtet wird. Unserer Auffassung nach vernachlässigt Kramer (vgl. 2020, S. 113) aber den praxeologischen Kern der Wissenssoziologie Ralf Bohnsacks als Vertreter der Dokumentarischen Methode zu sehr, indem er vor allem auf einen Modus Operandi unabhängig vom subjektiv gemeinten Sinn abhebt, und zwar sowohl bei der Dokumentarischen Methode als auch bei der Objektiven Hermeneutik. Ralf Bohnsack (vgl. 2013, S. 186) selbst sieht die Differenz der Dokumentarischen Methode zur Objektiven Hermeneutik genau im Bezug zum Erfahrungswissen der Akteur:innen. Insofern entspricht die Auffassung Kramers, beide Ansätze grundsätzlich als unabhängig vom subjektiv gemeinten Sinn zu verstehen, eigentlich nicht dem Anliegen der Dokumentarischen Methode.

Das narrationsstrukturelle Verfahren nach Schütze hat grundsätzlich Prozesse und Veränderungen als Gegenstand im Blick, bezieht sich wissenssoziologisch auf Schütz und die Rekonstruktionen von Konstruktionen der Interviewpersonen, fokussiert dabei besonders die Sprachstrukturen und verfolgt eine „Gestaltverfolgungs- und Alternativendifferenzierungs-Logik“ (vgl. Schütze 2016, S. 44). Insofern kann diesem Verfahren methodologisch und methodisch keine Kontinuitätsannahme unterstellt werden, die erst durch einen Längsschnitt aufgehoben werden könne. Insofern halten wir die Position Kramers, nach der Transformationen in der Rekonstruktionsmethodologie allein durch Längsschnittstudien erforscht werden können, für nicht zutreffend.

4. Zur Erhebung von narrativen Interviews in unserer Studie „Zeitdimensionen des Biographischen“

In unserer Längsschnittstudie ist es uns gelungen, zweimal ein narratives Interview durchzuführen. Das war mit methodischen Herausforderungen verbunden, die in der spezifischen Erhebungsart des Interviews liegen, denn die Lebensgeschichte soll – wie bereits ausgeführt – in Form einer unvorbereiteten Stegreiferzählung mit eigenen Relevanzsetzungen präsentiert werden, um die so hervorgebrachten sprachlichen Strukturen zu analysieren. Wichtig war also, dass die Lebensgeschichte von den Interviewpersonen nicht exakt vorbereitet war. Wir wollten an der Erhebung in dieser Form festhalten, um zweimal Haupterzählungen mit eigener Relevanzsetzung zu generieren und damit Unterschiede und Gemeinsamkeiten im gleichen Erzähltexttypus zu erhalten. Damit erschien uns auch die Auswertung kongruenter, in der das narrationsstrukturelle Verfahren für die Erzähltexte beider Erhebungen eingesetzt werden konnte. Bei der Kontaktaufnahme zum zweiten Interview war von der erneuten Präsentation der eigenen Lebensgeschichte nicht die Rede, damit diese nicht vorbereitet wurde.

Die zweifache Erhebung eines narrativen Interviews konnte aus mehreren Gründen erfolgen. Nach unserer Erfahrung sind ältere Personen häufig besonders offen gegenüber einer wissenschaftlichen Untersuchung, die sich mit ihrem Leben befasst. Sie verbinden damit ein Interesse an ihrer Person durch eine seriöse Einrichtung und erhoffen sich vielleicht neue Erkenntnisse über sich selbst. Ist der Kontakt darüber hinaus durch eine wertschätzende Kommunikation und durch Vertrauen geprägt, ist damit eine wichtige Grundlage dafür geschaffen, dass die Teilnehmenden den Vorschlägen zur Interviewdurchführung einwilligen. Das bedeutet auf Seiten der Forschenden, die Verantwortung für eine seriöse Durchführung zu übernehmen und für umfassende Anonymität zum Schutz der Teilnehmenden zu sorgen. Darüber hinaus hat in unserem Fall die recht weite Zeitspanne von zehn Jahren bewirkt, dass sich einige Interviewpersonen an die damalige Erhebung nicht mehr erinnern konnten. Wiederum ließen sich die anderen Interviewpersonen von dem Argument überzeugen, dass der neue Interviewer die Lebensgeschichte aus ihrem Mund kennen müsse, um alles einordnen zu können. Das brachte uns die Bestätigung unseres Vorgehens, die Interviews mit zwei möglichst maximal unterschiedlichen Personen (z. B. Frau–Mann, alt–jung, Professor:in–wissenschaftliche Hilfskraft) durchzuführen, weil sich die Interviewsituationen und damit die Kommunikationen sehr unterscheiden.

Insgesamt hängt unserer Erfahrung nach die Möglichkeit, zweimal ein narratives Interview durchzuführen, im Wesentlichen von der Bereitschaft und den Interessen der Teilnehmenden ab. Weil die Durchführung nicht eindeutig geplant werden kann, empfiehlt es sich, in der Planung mehrgleisig zu verfahren. Entweder ist ein zweites vollumfängliches narratives Interview möglich oder man erhebt ein narratives Interview, das sich auf die Lebenszeit nach dem ersten Interview bezieht oder man führt ein Episodisches Interview durch, das sowohl biographische Erzählungen (episodisches Wissen) als auch Antworten auf problemorientierte Fragen (semantisches Wissen) generiert (vgl. Flick 1995). Auch unserer Planung lagen diese Varianten zugrunde, die wir allerdings zugunsten des vollumfänglichen narrativen Interviews nicht erprobt haben und insofern dazu keine Erfahrungen präsentieren können.

Unsere Studie war nicht von vornherein als Längsschnittstudie mit einem Abstand der Erhebungen von zehn Jahren geplant. In den Jahren 2006 und 2007 haben wir im Rahmen unseres Projektes „Lern- und Bildungsprozesse der Generation 50+“ narrative Interviews mit 15 Personen erhoben. Auswahlkriterien waren das Alter (über 50 Jahre alt, Geburtszeitraum 1939 bis 1954), das Vorhandensein von Weiterbildungserfahrungen und die Unterschiedlichkeit formaler Bildungsabschlüsse und beruflicher Tätigkeiten. Ziel des Projektes war die Rekonstruktion von formalen und informellen Lern- und Bildungsprozessen von Personen über 50 Jahren. In den Jahren 2016 und 2017 kamen wir aufgrund der Diskussion über innovative methodische Vorschläge auf die Idee, eine Längsschnittstudie zu erproben und mit denselben Personen nochmals ein narratives

Interview durchzuführen. Die Bewilligung des entsprechenden Antrags durch die DFG (Projektnummer 417578587) gab uns recht. Insofern haben wir zwar keine Panelpflege betrieben, konnten aber dennoch alle 15 Personen erneut für ein narratives Interview gewinnen.

In der Veränderung des Projektes zu einer Längsschnittstudie erweiterten wir unsere Forschungsfrage. Sie lautete nun: „Wie konstruieren Menschen auf dem Weg in und durch die dritte Lebensphase ihre Identität im Rahmen von narrativen Interviews, die anhand von zwei Erhebungszeitpunkten im Abstand von 10 Jahren erhoben wurden, und welche Lern- und Bildungsprozesse lassen sich anhand der Spezifik der Erzählstrukturen dabei herausarbeiten?" Damit lag unser Fokus auf unterschiedlichen Zeitdimensionen der Biographieforschung: Identitätskonstruktionen als narrative Identität, Lern- und Bildungsprozesse, die dritte Lebensphase und das Längsschnittdesign. Bei den exmanenten Nachfragen der Interviews lag jeweils ein Fragebogen zugrunde; der Fragebogen von 2017 lehnte sich eng an den von 2006 an. Der Längsschnittstudie liegen pro Fall ein narratives Interview von 2006/2007 und eines von 2017 von denselben Personen zugrunde, also bei 15 Personen 30 narrative Interviews. Die Interviewpersonen haben jeweils eine Lebensgeschichte in der Haupterzählung präsentiert und sind auf immanente und exmanente Nachfragen eingegangen. Für die Veröffentlichung (von Felden 2021) haben wir exemplarisch fünf Fälle eingehend untersucht.

5. Zur Auswertung in unserer Studie „Zeitdimensionen des Biographischen"

Grundsätzlich haben wir die Interviews eines Falles jeweils getrennt ausgewertet und dabei mit dem ersten Interview begonnen. Die ersten Interviews aus dem Jahr 2006/2007 waren uns im Projekt bekannt, und eine Auswertung war gemäß der damaligen Forschungsfrage nach der „Rekonstruktion von Lern- und Bildungsprozessen von Personen über 50 Jahren" bereits erfolgt. Diese Auswertungen haben wir nach der Erhebung des zweiten Interviews 2017 in Hinsicht auf unsere erweiterten Forschungsinteressen nach den „Identitätskonstruktionen", „den Lern- und Bildungsprozessen", dem „Umgang mit dem Alter" sowie der Form der Längsschnittstudie ergänzt und reformuliert. Die Auswertung erfolgte nach unserer modifizierten Form des narrationsstrukturellen Verfahrens nach Schütze. Diese modifizierte Form besteht darin, insgesamt sieben Perspektiven an die Kategorien unserer Forschungsfrage anzulegen, nämlich 1. erzählende Person, 2. Interaktionsgefüge, 3. Interviewsituation, 4. Prozessstrukturen, 5. Zeitgestaltung, 6. soziale Situationen und 7. Wege im Raum (vgl. von Felden 2021, S. 222–225).

Im ersten Schritt der Auswertung wurde im Rahmen der strukturellen Beschreibung die Kategorie der Identitätskonstruktionen anhand der sieben

Kriterien unseres modifizierten Verfahrens angelegt, und zwar getrennt von Haupterzählung und Nachfrageteil, um konsequent die eigenen Relevanzen herauszuarbeiten. Im zweiten Schritt analysierten wir in der gleichen Weise die Prozesse, insbesondere die Lern- und Bildungsprozesse. Der dritte Schritt bestand darin, mit dem Thema „Umgang mit dem Alter“ das Interview aufzuschließen. Nachdem wir so die jeweils ersten Interviews anhand unserer Forschungsfragen untersucht haben, nahmen wir uns die jeweils zweiten Interviews aus dem Jahr 2017 vor und verfuhren ebenso. Im Rahmen dieses Beitrages verzichten wir auf die Darlegung der vielfältigen Ergebnisse der Analysen, die in unserer Veröffentlichung nachzulesen sind (vgl. von Felden 2021). Stattdessen konzentrieren wir uns darauf, inwiefern die zweifache Erhebung eines narrativen Interviews im Abstand von zehn Jahren Ergebnisse in Hinsicht auf zeitliche Dimensionen, Veränderungsprozesse und Komplexität erbracht hat.

Bei der Frage, wie die beiden Interviews eines Falles in der Auswertung aufeinander zu beziehen seien, setzten wir uns unter methodologischen Gesichtspunkten zunächst mit der Auffassung von Kramer (2020) auseinander. Er argumentiert in Hinsicht auf qualitative Längsschnittstudien, die nach der Dokumentarischen Methode oder der Objektiven Hermeneutik vorgehen, für eine Triangulation von Ergebnissen aus Querschnitt- und aus Längsschnittstudien, weil er aufgrund seiner Kontinuitätsannahme der Rekonstruktionsmethodologie (vgl. Kramer 2020) einen grundsätzlichen methodischen Unterschied zwischen Einmal- und Mehrfacherhebungen annimmt. Wir dagegen haben beide Interviews mit der gleichen Methode erhoben und ausgewertet, sodass wir entschieden haben, von einer Triangulation abzusehen und stattdessen die Interviews in Ergänzung zueinander zu untersuchen.

Ergänzung meint hier, dass wir das Interviewmaterial so betrachteten, dass zwar beide Interviews eines Falles die Lebensgeschichte desselben Menschen präsentieren, aber die zwei Präsentationen aus den verschiedenen Perspektiven der unterschiedlichen Erhebungszeitpunkte erfolgten. Weil wir über zwei Haupterzählungen verfügten, handelte es sich um eine Duplizität der Lebenspräsentationen in synchroner Perspektive, die somit in ihrer Gestalt gut zu vergleichen war. Und weil ein weiterer Lebensabschnitt, nämlich die letzten zehn Jahre, hinzukam, handelt es sich um eine Erweiterung der Lebensgeschichte in diachroner Perspektive aus der Sicht des letzten Erhebungszeitpunktes. Insgesamt konnten wir damit der spannenden Frage nachspüren, welche Bedeutung die unterschiedlichen Erhebungszeitpunkte auf die Präsentationen haben. Damit verbunden waren die Fragen nach der Bedeutung der jeweiligen Lebenssituationen in ihren gesellschaftlich-historischen Kontexten, der Bedeutung der Interviewsituationen und der Interaktionen bei den Nachfragen, der Bedeutung der Erzählhaltungen und der Selbst- und Welthaltungen sowie der Bedeutung unterschiedlicher oder in Teilen gleicher Haupterzählungen. Durch die Analyse dieser Kategorien konnten wir eine Antwort darauf finden, ob und wie sich die Konstruktionen der

Lebenserzählungen sprachlich und inhaltlich voneinander unterscheiden. In Hinsicht auf Veränderungen interessierten uns die Prozesse sowohl innerhalb der beiden Interviews als auch in Bezug auf die Zeitspanne beider Interviews eines Falles.

Bei unseren Analysen stellten wir bald fest, dass die Interviewpersonen grundsätzlich unterschiedlich auf ihre verschiedenen Lebenssituationen und deren gesellschaftlich-historische Implikationen reagierten. In Hinsicht auf signifikante Veränderungen zwischen den beiden Interviews eines Falles konnten wir diesen Sachverhalt zu der Erkenntnis verallgemeinern, dass es sich bei den fünf ausgewählten Fällen um zwei Fälle mit signifikanten Veränderungen in der Welt- und Selbsthaltung (Heberling und Thomann) und drei Fälle ohne signifikante Veränderungen in der Welt- und Selbsthaltung (Timme, Groscher, Schneider) handelt. Im Folgenden soll dieser Zusammenhang genauer erläutert werden.

5.1 Fälle mit signifikanten Veränderungen in den Selbst- und Welthaltungen der Personen

Das Interview von 2006 mit *Ilse Heberling* ist geprägt durch ihre Haltung der Trauer und die Enttäuschung über ein ungelebtes Leben. Sie spricht im Interview davon, dass sie der eigenen Idee nach eigentlich zu Höherem berufen sei, dass ihre Eltern ihr aber weder eine höhere Schule noch die Ausbildung zur Dekorateurin noch weitere Bildungsmöglichkeiten erlaubt hätten, weil sie diese Investition in ein Mädchen in den 1960er Jahren für nicht notwendig hielten. Stattdessen besucht Frau Heberling die Volksschule, arbeitet danach in einer Bäckerei, heiratet und wird Hausfrau und Mutter. Nach der Familienphase aber gelingt es ihr, sich gegen den Widerstand ihrer Familie durchzusetzen und ihren lang gehegten Traum von einer Ausbildung und einer Berufstätigkeit Wirklichkeit werden lassen. Sie absolvierte eine Ausbildung zur Erziehungshelferin und war sieben Jahre bis zu ihrer unerwarteten Frühverrentung berufstätig. Damit hat sie wichtige Schritte eines Emanzipationsprozesses geleistet und in der Teilnahme an einem Fernstudium der Erwachsenenbildung fortgesetzt. In der aktuellen Situation des Interviews leidet sie an der Entscheidung, in Rücksicht auf ihren Ehemann ihre Bildungsambitionen aufzugeben. Daneben lassen sich aus dem Interview von 2006 verschiedene Prozesse anhand der Analyse der Prozessstrukturen entnehmen. Sie hat es zweimal in unterschiedlichen Lebensphasen geschafft, sich aus Verlaufskurven zu befreien, zum einen nach dem Tod einer ihrer Zwillinge, zum anderen nach ihrer unerwarteten Frühverrentung.

Das Interview von 2017 zeigt dagegen eine vollkommen zufriedene, selbstbewusste Frau, die als Mittelpunkt ihrer Familie fungiert, Anerkennung bekommt, gebraucht wird und derzeit keine weiteren Veränderungen anstrebt. Ihre Familiensituation hat sich grundlegend geändert, sie kann sich um ihre Enkelin und die Enkelsöhne der Lebensgefährtin ihres älteren Sohnes kümmern und damit auch ihre eigenen Kinder wieder mehr an sich binden, zumal der mittlere Sohn wieder bei seinen Eltern wohnt. Offenbar lassen die veränderten Verhältnisse einer Großfamilie den Wunsch ihres Lebens, als Erzieherin berufstätig zu sein, jetzt im privaten Rahmen in Erfüllung gehen.

Frau Heberling reagiert in beiden Interviews sehr spontan und emotional auf Lebensumstände und Reaktionen ihrer Umwelt und spricht aus ihrer momentanen Befindlichkeit heraus. So lässt sich ihre veränderte Haltung aus ihren veränderten Lebensumständen ableiten, zumal sie jetzt einem gesellschaftlich anerkannten Rollenbild als Großmutter entspricht und keinen Widerstand ihres Mannes oder der Familie zu befürchten hat. Insofern ist ihre Leistung, das Widerfahrnis einer großen Familie für sich genutzt zu haben, um zu einer Selbstverwirklichung zu gelangen, die sie nicht aktiv herbeiführen musste.

Peter Thomann zeigt sich im Interview von 2006 als zufriedener, zuversichtlicher und harmonieorientierter Mensch, der als evangelischer Pfarrer arbeitet, verheiratet ist und einen Sohn hat. Seinen schulischen und beruflichen Werdegang stellt er als Aufsteigerkarriere dar. Durch seine Herkunft aus dem kleinbürgerlichen Milieu ist ein Studium der Theologie, u. a. sogar im Ausland, nicht selbstverständlich. Zwischenzeitlich gelingt ihm der emotional anstrengende Prozess, aus der Bundeswehr auszusteigen, bei der er sich eigentlich längerfristig verpflichtet hatte. Herr Thomann ist vor allem geprägt von seinen Erfahrungen im Studium und dem diskursiven Stil in der Auseinandersetzung mit anderen Menschen. Er ist interessiert an theologischen und geisteswissenschaftlichen Inhalten und menschlichen Problemen. So erzählt er 2006 zuversichtlich von seinen Vorhaben, sich für ein halbes Jahr mit einem selbst gewählten Forschungsthema auseinanderzusetzen oder eine Zeitlang im Ausland beruflich zu wirken.

Im Interview von 2017 zeigt sich Herr Thomann als völlig überarbeiteter, verbitterter und enttäuschter Mensch, der einen Burnout erlitten hat und nach und nach in eine Verlaufskurve geraten ist. Seit zehn Jahren übernimmt er zusätzlich die Arbeit auf einer weiteren halben Stelle und ist angesichts der fehlenden Unterstützung seiner Vorgesetzten vollkommen erschüttert. Er selbst kritisiert, dass die Kirchenverwaltung, die sich seit etwa zehn Jahren in Richtung Management verändert habe, allein ökonomische Gründe für Entscheidungen heranziehe und dass die Kirchenvertreter:innen keine theologisch-inhaltlichen Argumente vertreten würden. Für ihn besteht der einzige Ausweg in einer frühzeitigen Pensionierung, die kurz bevorsteht.

Die Veränderungen auf der Ebene der Kirchenverwaltung sind Teil einer politisch-kulturellen Veränderung von Organisationsstrukturen in Deutschland in Richtung Neoliberalismus seit den ausgehenden 1990er Jahren. Ökonomische Prinzipien von Kosten und Nutzen bestimmen auch soziale, kulturelle und bildungsbezogene Bereiche wie das Gesundheits-, das Bildungs- und das kulturelle System. Herr Thomann ist diesen Veränderungen ausgesetzt und muss sie als neue Organisationsstruktur hinnehmen. Er selbst ist seit seinem Studium in den 1970er Jahren überzeugt von inhaltlich ausgewiesener, qualitativ anspruchsvoller Arbeit und kann und will diese Prinzipien zugunsten von formalen Kosten-Nutzen-Berechnungen nicht aufgeben, weil damit seine berufliche Identität verbunden ist. Herr Thomann steht vor der Entscheidung, seine eigene berufliche Identität abzulegen und mit weniger Engagement und Tiefe oberflächlich zu agieren oder weiterhin gewissenhaft und qualitätsvoll seine Arbeit zu verrichten. Er hat sich für die Gewissenhaftigkeit entschieden und damit für eine zunehmende Überarbeitung, die die eigenen Ressourcen nicht schont. So hat er gleichzeitig mit seinem Unverständnis über diese Entwicklungen, mit Ärger und Wut über die Abwertung seiner Arbeit und seiner Person sowie mit der eigenen Begrenztheit der Kräfte angesichts der vielen Verpflichtungen und zunehmender Demotivation für die Aufgaben zu kämpfen. Das alles führte zu einem Zusammenbruch seiner vitalen Energien und in einen fast ausweglosen Zustand. Vielleicht deutet aber auch die grundsätzlich an Harmonie orientierte Haltung Thomanns darauf hin, alles einvernehmlich regeln und keinen größeren Konflikt verursachen zu wollen, sodass er sich nicht wehren und sich selbst schützen konnte. Der Fall Thomann kann insofern als Beispiel dienen, individuelle und subjektive Reaktionen auf gesellschaftspolitische Transformationen aufzuzeigen.

5.2 Fälle ohne signifikante Veränderungen in den Selbst- und Welthaltungen der Personen

Wolfgang Timme zeigt sich im Interview von 2006 als offener, an Beziehungen interessierter, bildungsorientierter und reflektierter Mensch, der die Ereignisse seines Lebens ehrlich und authentisch darstellt und mit seiner Lebenssituation zufrieden ist. Wesentlich in seinem Leben ist eine grundlegende Transformation seines Habitus (vgl. von Rosenberg 2011) vom gewaltbereiten zum friedlichen Weltverbesserer oder anders gesagt vom grundlegenden Widerstand gegen die Nazi-Eltern, die Kirche und den Staat zur friedensbewegten Versöhnung mit anderen Menschen, der Kirche und der Natur. Nach einigen Turbulenzen in seiner Jugend und als junger Erwachsener durch die Auseinandersetzung mit seinen Nazi-Eltern, nach den politischen Kämpfen in der aufgeheizten Situation der 1968er Jahre in Berlin und dem abgebrochenen Studium, nach der Gründung einer Familie mit drei Söhnen und der anschließenden Trennung, nach den Erlebnissen auf dem Bau mit Alkoholismus und den politischen Kämpfen bei der Reichsbahn sowie nach seiner Flucht nach Westdeutschland und dem „Umhertingeln" auf der Walz unter Alkoholeinfluss konnte er über die Betroffenheit beim Tod des Vaters und über sein Verhalten dabei, das er selbst heuchlerisch nennt (vgl. Interview Timme 2006, Zeile 1194), eine Neuausrichtung seines Lebens bewerkstelligen. Danach war er in der Lage, wieder die Verantwortung für sein Leben zu übernehmen und seine Alkoholabhängigkeit zu überwinden. Er führte in seiner Heimat in Westdeutschland gemeinsam mit anderen ein Baugeschäft mit dem Schwerpunkt Lehmbau und Restauration, arbeitete im Asylkreis der Kirche mit, versöhnte sich mit seiner Mutter und heiratete zum zweiten Mal.

Im Interview von 2017 spricht er u. a. über die einschneidenden Erlebnisse der letzten Zeit, die seine Lebenssituation bestimmen. Dazu gehört die Überwindung einer Lungenkrebserkrankung, die konflikthafte Übergabe seines Baugeschäftes an einen Kollegen, der Übergang in die Rente mit finanziellen Einbußen und die lang geplante und erfolgreiche Restauration seines Wohnhauses. 2017 versteht Herr Timme sich als kritischer protestantischer Christ, der seine politischen Überzeugungen, für Schwächere einzutreten, kapitalistische Herangehensweisen zu kritisieren und mit der Natur einvernehmlich und nachhaltig umzugehen, mit Nächstenliebe und der Bewahrung der Schöpfung verbindet.

Trotz der einschneidenden Ereignisse der letzten Jahre lässt sich zwischen den Interviews keine Veränderung in seiner grundlegenden Selbst- und Welthaltung der versöhnten und integrierenden Gelassenheit feststellen. Er zeigt sich ebenso wie 2006 ausgeglichen, freundlich, zuversichtlich, zufrieden und reflektiert. Augenscheinlich kann er die Ereignisse seines Lebens und auch der letzten Jahre, die ihm durchaus zugesetzt haben, mithilfe seiner Weltanschauung in sein Leben integrieren. So ruht er in sich selbst und kann den bereits eingeschlagenen Weg in Richtung Lebenskunst intensivieren.

Kurt Groscher zeigt sich im Interview von 2006 als streng gottgläubiger und akribisch aufzählender Dokumentator seines Lebens. Er bietet eine lange Haupterzählung, in der er sein Leben in einem sachlich berichtenden Modus mit genauen Orts- und Zeitangaben und dem weitgehenden Fehlen von beurteilenden Kommentaren aus der Erzählzeit präsentiert. Herr Groscher charakterisiert sich selbst als Einzelkind und Einzelgänger, der kaum Kontakt zu anderen Personen hat. Die personale Bindung an Gott ist für ihn die einzige Möglichkeit einer wie auch immer gestalteten Interaktion, sodass er daran sein Leben lang festhält. Durch die formale Lebensübergabe an Gott gibt er die eigene Verantwortung für sein Leben vollständig ab. Interessant ist seine recht teilnahmslose Darstellung einer für ihn existentiellen Veränderung: Nach seiner Berufsausbildung bei einer Spedition und seinem Auslandsaufenthalt kehrt er lebensüberdrüssig und arbeitsunfähig nach Deutschland zurück. Erst, als er in einem Sanatorium seine spätere Frau kennenlernt, ist er wie umgewandelt. Er ist gesund, zum ersten Mal nicht einsam und sein Leben bekommt einen neuen Sinn, den er tatkräftig umsetzt. Sie heiraten und bekommen eine Tochter, er absolviert eine weitere Berufsausbildung im öffentlichen Dienst und baut ein Haus. Allerdings schildert er seinen Lebensverlauf in gleicher Weise wie vorher: faktenorientiert, aufzählend und ohne Kommentare, sodass in seinem Sprechen nichts darauf hindeutet, dass er diese Veränderung von einem einsamen, lebensüberdrüssigen Außenseiter zu einem gesunden, aktiven, gesellschaftlich integrierten Bürger als grundlegend wahrgenommen hat. In der

Interviewsituation ist er Rentner, die Tochter ist inzwischen verheiratet, und er lebt mit seiner Frau weiterhin in seinem Eigenheim.

Im Interview von 2017 zeigt sich Herr Groscher grundsätzlich in der gleichen Haltung wie im Interview von 2006. Er berichtet, dass seine Tochter mit ihrem Mann inzwischen drei Kinder bekommen hat, sodass das Ehepaar Groscher dreifache Großeltern sind. Nach fast gleichen Schilderungen aus der Kindheit und Jugend strukturiert er allerdings beim Auslandsaufenthalt die Reihenfolge der Ereignisse jetzt neu, sodass sie alle als Gottes Fügungen erscheinen. Damit korrespondiert noch stärker als 2006 eine Autoritätshörigkeit und ein eindimensionales Denken. Er zeigt sich jetzt als Anhänger von evangelikalen und fundamentalistischen Überzeugungen. Nach wie vor präsentiert Herr Groscher sein Leben buchhalterisch und ohne Bezug zu sich selbst. Die Veränderungen in seinem Leben zwischen 2006 und 2017 tangieren ihn anscheinend nicht, er zeigt sich durchgängig wenig emphatisch und kommentiert nicht. Seine Welt- und Selbsthaltung zeigt sich in beiden Interviews grundsätzlich unverändert, ist 2017 aber konsequenter fundamentalistisch ausgerichtet.

Im Interview von 2006 bemüht sich *Ellen Schneider* in ihrer Haupterzählung, sich als immerwährend Lernende und allem Neuen gegenüber aufgeschlossene Person zu präsentieren, deren Leben rundum geglückt sei. Durch die Nachfragen aber wird deutlich, dass sie einschneidende Ereignisse ihres Lebens, die sie negativ konnotiert, nicht erwähnt hat. Dazu gehört ihre Flucht aus der DDR, ihr Problem, Kontakte zu finden und aufrecht zu halten, ihre zwei Scheidungen, die langjährige Weiterbildung ohne Abschluss, der Hausverkauf und das berufliche Mobbing, das zur Frühverrentung führt. Vor allem die Flucht aus der DDR erlebt sie als Trauma, das sie – wie sie selbst sagt – entwurzelt habe. Insofern wirkt ihr Sprechen nicht authentisch, weil sie die Wirkung eines glücklichen Lebens erzielen möchte, aber dabei Wesentliches ausklammert. Der Eindruck entsteht, dass sie das Negative wegschiebt und nicht als Irritation zulässt, insofern nicht aus ihren Fehlern lernen und deshalb ihre Erfahrung nicht verarbeiten kann.

Sie befindet sich zur Zeit des Interviews von 2006 in einer Lebenssituation, in der sie nach ihrer Frühverrentung vor allem als Dozentin in der Erwachsenenbildung arbeitet, ihre Freizeit häufig in Aktivurlaube investiert und weiterhin versucht, durch Aktivität und Tatendrang Kontakte und sinnvolle Beschäftigungen zu finden. Auffällig am Interview ist, dass sie häufig ihre Arbeitsstellen und Wohnorte wechselt und auch immerwährend neue Weiterbildungskurse besucht. Sie ist beständig auf der Suche nach Kontakten, nach Geselligkeit und nach einem Ort, an dem sie sich wohlfühlt, vielleicht, weil sie seit der Flucht aus der DDR für sich eine Heimat sucht.

Das Interview von 2017 ist geprägt durch ihre Trauer um die Stadt H., in die sie nach dem Interview von 2006 gezogen ist und die sie auf Geheiß ihrer Kinder zugunsten des aktuellen Wohnorts, der Großstadt D., verlassen hat. In Großstadt D.

bemüht sie sich wieder um Kontakte und Arbeitszusammenhänge als Dozentin, allerdings klappt das seit zwei Jahren nicht. Sie stellt in ihrer Haupterzählung von 2017 ihren Lebensverlauf als Abfolge bewusst gewählter Entscheidungen und sehr handlungsorientiert dar, aber ebenfalls nur anhand der für sie positiven Erlebnisse. Darüber hinaus konstatiert sie wiederholt, dass sie ihre Probleme der Kontaktlosigkeit und einer sinnvollen Beschäftigung in Großstadt D. bereits überwunden habe, spricht aber gleichzeitig überschwänglich von Stadt H., die als positive Folie dient und ihren Sehnsuchtsort und ihr Paradies darstellt. Wieder wird der Widerspruch zwischen den Inhalten und der Darstellungsweise deutlich. Besonders tragisch erscheint, dass sie Stadt H. wieder verlässt, obwohl sie hier offenbar ihre jahrelang gesuchte Heimat gefunden hatte, diesen Zusammenhang aber selbst nicht realisiert oder nicht die Selbstsorge aufbringt, sich gegen einen Umzug zu wehren. Hingegen bleibt sie weiterhin bei denselben Strategien der Flucht und des Neuanfangs durch Aktivität, die sie bereits Zeit ihres Lebens angewendet hat.

Vergleicht man die Interviews von 2006 und 2017 miteinander, so fällt auf, dass sie ihre Haupterzählungen 2006 und 2017 jeweils unterschiedlich konstruiert, 2006 als immerwährend Lernende und 2017 als Abfolge selbstbestimmter Handlungen. Bezieht man aber die Widersprüche zwischen den Haupterzählungen und dem Nachfrageteil und auch zwischen den expliziten Aussagen und den latenten Bedeutungen mit ein, die sich im jeweiligen Gesamtinterview finden lassen, so ergibt sich, dass Frau Schneider jeweils unterschiedliche Formen derselben Strategie anwendet. Sie schiebt das Negative vorschnell in den Hintergrund, lernt nicht aus Irritationen und wendet dieselben Strategien zur Lösung von Problemen an, die sie kennt, nämlich Aktivität und Tatendrang, ohne eigentlich zur Besinnung zu kommen.

6. Fazit: methodologische und methodische Reflexionen

In der methodologischen Diskussion im Anschluss an Kramer haben wir darauf hingewiesen, dass seine These, die Rekonstruktionsmethodologie setze grundsätzlich auf Kontinuität, mindestens für das Schütze'sche Verfahren nicht zutrifft. Für Schütze sind Prozesse und Entwicklungen als Gegenstand konstitutiv, und er untersucht Transformationen auch an Einzelerhebungen, z. B. mithilfe der Veränderungen von Prozessstrukturen. Indem er wissenssoziologisch vorgeht und die Anbindung an die Alltagskonstruktionen der Erzählenden sehr eng ist, handelt es sich grundsätzlich um ein Hypothesen-generierendes Verfahren und nicht um ein Hypothesen-überprüfendes Verfahren. Dieses Argument der Hypothesenüberprüfung (neben der Hypothesengenerierung) im Rahmen der Sequenzanalyse hatte Kramer für die Kontinuitätsannahme bei der Objektiven Hermeneutik angeführt.

Im Folgenden soll abschließend resümiert werden, worin der Mehrwert besteht, wenn Entwicklungsverläufe sowohl in Einzelstudien als auch mit einem Längsschnittdesign untersucht werden. Zum einen lassen sich Veränderungsprozesse in Einzel- und Mehrfacherhebungen mit unterschiedlichen Methoden nachweisen, zum zweiten garantieren Längsschnittstudien nicht unbedingt Veränderungsprozesse und zum dritten ermöglichen Längsschnittstudien die differenzierte Untersuchung bestimmter Aspekte, wie etwa der Rolle des Erhebungszeitpunktes.

In diesem Beitrag haben wir aus Platzgründen die verschiedenen Veränderungsprozesse, die sich in den Einzelinterviews finden und mithilfe der Werkzeuge der Prozessstrukturen bzw. der Ereignis- und Erlebnisverknüpfungen analysieren lassen, nicht ausgeführt, sondern lediglich in den kurzen Falldarstellungen auf sie hingewiesen. Die Habitustransformation von Wolfgang Timme ist allerdings ein Beispiel dafür, dass die Analyse von zeitlichen Dimensionen, Entwicklungen und Veränderungen auch in Einzelstudien nachgewiesen werden kann. Im Fall Timme verhält es sich sogar so, dass die wesentliche Veränderung seines Lebens in Hinsicht auf seine Selbst- und Welthaltung in der Einzelerhebung zu finden ist, während die Mehrfacherhebung keine grundsätzliche Veränderung der eigenen Haltung zur Welt und zu sich selbst erkennen ließ.

Im Rahmen der Längsschnittstudie konnten wir zweimal ein narratives Interview durchführen, weil die Teilnehmenden in diese Interviewführung eingewilligt haben. Daneben spielte die recht lange Zeitspanne zwischen den Erhebungen und die Entscheidung für zwei maximal unterschiedliche Interviewende eine Rolle. Damit war das Textmaterial der Form nach gleich und konnte ohne Triangulation mit dem narrationsstrukturellen Verfahren ausgewertet werden. Zudem war es möglich, den Bezug der Interviews eines Falles über die Beschreibung der unterschiedlichen Erzählzeiten und damit der zeithistorischen Lebenssituationen, den Vergleich der Haupterzählungen und die Interaktionen bei den Nachfragen sowie die Erzählhaltungen und die Selbst- und Welthaltungen vorzunehmen. Da sich unsere Forschungsfrage in Hinsicht auf die Zeitdimensionen u. a. mit der Identitätsentwicklung der Personen befasste, standen die Selbst- und Welthaltungen im Fokus. Unsere Untersuchung hat hier festgestellt, dass Mehrfacherhebungen sowohl signifikante Veränderungen also auch keine signifikanten Veränderungen der Selbst- und Welthaltung aufweisen. Die Gründe, warum die Haltungen der Personen sich verändern oder auch nicht wesentlich verändern, sind in den jeweiligen Biographien verankert, also durch gesellschaftliche und individuelle Einflüsse geprägt. Um die vielfältigen Dimensionen und die Komplexität von Veränderungen in den Biographien einzufangen, haben wir die Fälle einzeln in der gegebenen Kürze dargestellt und damit hoffentlich auf die Mehrdimensionalität von Entwicklungen und Prozessen hingewiesen.

Dass Mehrfacherhebungen nicht unbedingt Veränderungen in den Haltungen der Personen aufweisen müssen, bedeutet auch, dass nicht jede autobiographische

Erzählung die Identität neu herstellt. Offensichtlich kann hier nicht die These aufrechterhalten werden, die Gabriele Lucius-Hoene und Arnulf Deppermann (2004, S. 10) vertreten, dass nämlich in der Situation der Erzählung die Lebensgeschichte jeweils neu konstruiert werde. Sie sprechen zwar von der „*Herstellung und Darstellung von narrativer Identität im Interview*" (Lucius-Hoene/Deppermann 2004, S. 10, Hervorhebung im Original), fokussieren aber stärker die Herstellungsleistung im Hier und Jetzt:

> Der angestrebte Erkenntnisgewinn bezieht sich also auf die aktuell vollzogene Identität der erzählenden Person im Hier und Jetzt des Interviews. Damit verliert die Frage nach der Validität biografischen Erinnerns oder der Authentizität des Erzählten als Wiedergabe vergangener Erfahrungsaufschichtungen an Bedeutung (Lucius-Hoene/Deppermann 2004, S. 10).

Unsere Untersuchung kann die Annahme, dass mit jeder Erhebung die Identität jeweils neu konstruiert werde, nicht bestätigen. Demgegenüber sind wir mit Gabriele Rosenthal (2011) der Auffassung, dass nicht nur die Erzählsituation die im Erzähl- und Erinnerungsprozess vorstellig werdende Erfahrung konstituiert, sondern dass auch das aus dem Gedächtnis vorstellig werdende Erinnerungsnoema bereits eine Strukturiertheit vorgibt. Erzählungen eigenerlebter Erfahrungen verweisen also sowohl auf das heutige Leben mit dieser Vergangenheit als auch auf das damalige Erleben (vgl. Rosenthal 2011, S. 181). Auch der Gebrauch von Anekdoten weist darauf hin, dass Teile einer Lebensgeschichte nicht im Hier und Jetzt gebildet werden, sondern aus der Erinnerung geholt werden.

Jochen Kade und Christiane Hof (2008) vertreten in ihrer Studie „Prekäre Kontinuitäten. Der Wandel von Bildungsgestalten im großstädtischen Raum in einer Phase der forcierten Institutionalisierung des Lebenslangen Lernens" die Ansicht, Mehrfacherhebungen seien *notwendig*, wenn man Zeitlichkeit in der Biographieforschung abbilden wolle:

> Will man die Zeitlichkeit von Biographien empirisch zugänglich machen, braucht man mindestens zwei biographische Erzählungen, die sich über eine gewisse Spanne im Lebenslauf erstrecken. […] Will man einerseits die Zeitlichkeit, damit zugleich die Zukunftsoffenheit von in Interviews erzählten Biographien gegenüber ihrer Vergangenheitsabhängigkeit stärker akzentuieren […], andererseits die Kontingenz solcher Erzählungen gegenüber ihrer geschlossenen Sinngestalt stärker betonen, so wird man auch im Rahmen qualitativer Forschung vermehrt auf Mehrfacherhebungen, also Panel-Studien umstellen müssen (Kade/Hof 2008, S. 164f.).

Offenbar haben Kade und Hof diese Aussage in Unkenntnis des Schütze'schen Verfahrens getroffen, nach dem ja Zeitlichkeit auch in Einzelstudien empirisch nachweisbar ist. Unabhängig davon aber machen sie auf die Zukunftsoffenheit und

Kontingenz von Biographien aufmerksam, ein Gedanke, der für Längsschnittstudien spricht und sich auch in unserem Material zeigt. Die Mehrfacherhebung hat in den Fällen Heberling und Thomann gezeigt, dass die Weiterentwicklung der Personen so nicht zu antizipieren war, sodass damit die Relativität einer Einmalerhebung in Bezug auf den Fall deutlich wird. Allerdings muss konzediert werden, dass die Relativität auch bei mehrfachen Erhebungen bestehen bleibt. Einen Fall „vollständig" zu erfassen, bleibt unmöglich, weil jede weitere Erhebung zwar neue Nuancen ergänzen kann, aber prinzipiell nicht alle Nuancen, die denkbar sind. Daraus zu folgern, dass jede Erzählung einer Lebensgeschichte lediglich eine Momentaufnahme im Lebensverlauf darstelle (vgl. Hof/Kade/Fischer 2010, S. 331), halten wir wiederum für eine zu allgemeine Behauptung, weil bestimmte falltypische Sinngestalten auch in einzelnen erzählten Autobiographien enthalten sind.

Neben der Bedeutung der Relativität einer biographischen Einzelerhebung ermöglicht das Längsschnittverfahren eine größere Differenzierung in der Untersuchung bestimmter Aspekte und bietet auch damit einen Mehrwert. Die Interviewpersonen erzählen aus unterschiedlichen Perspektiven der Erzählzeit ihre Lebensgeschichte. Damit ist analysierbar, welche Rolle der Erhebungszeitpunkt und sein Kontext bei der Herstellung von narrativer Identität in seiner Performativität spielt und welche Rolle dem Erinnerungsnoema zukommt. Im Weiteren können Erkenntnisse darüber gewonnen werden, welche Bedeutung es hat, wenn beide Interviews annähernd gleich oder sehr unterschiedlich präsentiert werden, wenn es etwa auffällige Unterschiede im Erzählen, in der Zusammenhangsbildung oder in den Relevanzsetzungen gibt, oder wenn überwiegend gleiche oder unterschiedliche Episoden oder Anekdoten erzählt werden. Die Präsentation der eigenen Lebensgeschichte in einem Interview wird damit relativiert zugunsten einer Differenzierung der Biographie.

Literatur

Bohnsack, Ralf (2013): Dokumentarische Methode und die Logik der Praxis. In: Lenger, Alexander/Schneickert, Christian/Schumacher, Florian (Hrsg.): Pierre Bourdieus Konzeption des Habitus. Wiesbaden: VS Verlag für Sozialwissenschaften, S. 175–200.

Flick, Uwe (1995): Qualitative Forschung – Theorien, Methoden, Anwendung in Psychologie und Sozialwissenschaft. Reinbek bei Hamburg: Rowohlt.

Hof, Christiane/Kade, Jochen/Fischer, Monika (2010): Serielle Bildungsbiographien. Auf dem Weg zu einem qualitativen Bildungspanel zum Lebenslangen Lernen. In: Zeitschrift für Pädagogik 56, H. 3, S. 328–339.

Kade, Jochen/Hof, Christiane (2008): Biographie und Lebenslauf. Über ein biographietheoretisches Projekt zum lebenslangen Lernen auf der Grundlage wiederholter Erhebungen. In: von Felden, Heide (Hrsg.): Perspektiven erziehungswissenschaftlicher Biographieforschung. Wiesbaden: VS Verlag für Sozialwissenschaften, S. 159–176.

Kade, Jochen/Hof, Christiane (2010): Die Zeit der (erziehungswissenschaftlichen) Biographieforschung. Theoretische, methodologische und empirische Aspekte ihrer Fortschreibung. In: Ecarius, Jutta/Schäffer, Burkhard (Hrsg.): Typenbildung und Theoriegenerierung. Methoden und Methodologien qualitativer Biographie- und Bildungsforschung. Opladen: Barbara Budrich, S. 145–167.

Kramer, Rolf-Torsten (2020): Kontinuität oder Transformation? Methodologische Herausforderungen einer rekonstruktiven Längsschnitt-Forschung. In: Thiersch, Sven (Hrsg.): Qualitative Längsschnittforschung: Bestimmungen, Forschungspraxis und Reflexionen. Opladen: Barbara Budrich, S. 109–126.

Lucius-Hoene, Gabriele/Deppermann, Arnulf (2004): Rekonstruktion narrativer Identität. Ein Arbeitsbuch zur Analyse narrativer Interviews. 2. Auflage. Wiesbaden: VS Verlag für Sozialwissenschaften.

Oevermann, Ulrich (2002): Klinische Soziologie auf der Basis der Methodologie der objektiven Hermeneutik – Manifest der objektiv hermeneutischen Sozialforschung. Frankfurt am Main: Institut für hermeneutische Sozial- und Kulturforschung e. V. www.ihsk.de/publikationen/Ulrich_Oevermann-Manifest_der-objektiv-hermeneutischen_Sozialforschung.pdf (14.05.2025).

Plummer, Kenneth (1983): Documents of Life. An Introduction to the Problems and Literature of a Humanistic Method. London: George Allen and Unwin.

Rosenthal, Gabriele (2011): Interpretative Sozialforschung. Eine Einführung. 3., aktualisierte und ergänzte Auflage. Weinheim/München: Juventa.

Schütz, Alfred (1971): Gesammelte Aufsätze. Band. 1: Das Problem der sozialen Wirklichkeit. Den Haag: Martinus Nijhoff.

Schütze, Fritz (1981): Prozeßstrukturen des Lebenslaufs. In: Matthes, Joachim (Hrsg.): Biographie in handlungswissenschaftlicher Perspektive. Nürnberg: Verlag der Nürnberger Forschungsvereinigung, S. 67–156.

Schütze, Fritz (1983): Biographieforschung und narratives Interview. In: Neue Praxis 13, H. 3, S. 283–293.

Schütze, Fritz (1984): Kognitive Figuren des autobiographischen Stehgreiferzählens. In: Kohli, Martin/Robert, Günther (Hrsg.): Biographie und soziale Wirklichkeit. Stuttgart: Metzler, S. 78–117.

Schütze, Fritz (2016): Eine sehr persönlich generalisierte Sicht auf qualitative Sozialforschung. In: Fiedler, Werner/Krüger, Heinz-Hermann (Hrsg.): Sozialwissenschaftliche Prozessanalyse. Grundlagen der qualitativen Sozialforschung. Opladen/Berlin/Toronto: Barbara Budrich, S. 21–53.

Thiersch, Sven (Hrsg.) (2020): Qualitative Längsschnittforschung: Bestimmungen, Forschungspraxis und Reflexionen. Opladen: Barbara Budrich.

von Felden, Heide (2021): Zeitdimensionen des Biographischen. Narrative Identität – Lern- und Bildungsprozesse – Dritte Lebensphase im Längsschnitt-Design. Wiesbaden: VS Verlag für Sozialwissenschaften.

von Rosenberg, Florian (2011): Bildung und Habitustransformation. Empirische Rekonstruktionen und bildungstheoretische Reflexionen. Bielefeld: transcript.

Bildungsbiographien und Identitätsbildung im Zeitverlauf

Zum Potenzial des Wiedererzählens im qualitativen Längsschnitt

Jasmin Lüdemann

1. Zur Einordnung des Vorhabens: Perspektiven und Zielsetzungen

Narrativ-biographische Interviews stellen ein bewährtes methodisches Instrumentarium dar, um die Wahrnehmungs- und Deutungsmuster der Wirklichkeiten von Individuen zu erkunden und darüber hinaus generationale und gesellschaftliche Verortungen vorzunehmen (Schütze 2016). Während biographische Einmalbefragungen und deren Auswertungen gängige Verfahren der qualitativen Sozialforschung darstellen (Lutz/Schiebel/Tuider 2018), ist die biographisch orientierte qualitative Längsschnittforschung (d.h. die mehrmalige Befragung) zwar kein wirklich neues Verfahren mehr, aber ein Verfahren, das zunehmend einer weiteren methodischen Ausformung und Weiterentwicklung unterliegt (Thiersch 2020).

Bisherige qualitative Längsschnittstudien in der Bildungsforschung fokussieren vor allem auf Veränderungs- bzw. Entwicklungsprozesse; häufig an der Schnittstelle zur Biographieforschung. In einigen Studien werden der Bezug zur Biographieforschung sowie entsprechende methodologische und theoretische Reflexionen eher randständig berücksichtigt (vgl. Kramer et al. 2012; Krüger/Deinert/Zschach 2012; Leinhos/Krüger/Keßler 2018), in anderen wiederum stärker fokussiert (Kade/Hof 2008; Lüdemann 2020a; von Felden 2021). Die erstgenannten Studien, die sich vor allem auf Transformation und Wandel konzentrieren und in denen biographische Bezüge eher marginal sind, erweitern im Grunde die Querschnittsanalysen um eine zusätzliche Längsschnittperspektive. Sie nutzen forschungspraktisch das Verfahren des biographischen Weitererzählens bei den Folgeinterviews. Im Vergleich dazu fokussieren nur wenige Studien und Ansätze stärker auf Biographie und Identität und zielen auf eine Längsschnittperspektive, die biographische Prozesse deutlich offener in den Blick nimmt und auf das Wiedererzählen der Lebensgeschichte abzielt (von Felden 2021; Selbert 2024).

Der Beitrag fragt explizit nach dem Mehrwert einer qualitativen Längsschnittperspektive, die die biographische Wiedererzählung in den Mittelpunkt stellt, und möchte auch zeigen, inwiefern ein solcher methodischer Zugang zu neuen theoretischen Erkenntnissen über Biographie und die Frage, wie wir Biographie und Identität im Zeitverlauf konstruieren, beitragen könnte. Schließlich plädiert der Beitrag dafür, den Längsschnitt nicht nur als weiteren Analyseschritt nach der Querschnittsauswertung zu betrachten, sondern ihn als eigenständiges und anerkanntes Erhebungs- und Auswertungsinstrument zu konzipieren und auf seine Eigenlogik zu fokussieren.

Zu Beginn jedoch werden eigene Erfahrungen mit der qualitativ längsschnittlichen Forschungspraxis dargestellt und aufgezeigt, wie das Weitererzählen biographischer Erzählungen zwar wertvolle Einblicke ermöglicht, jedoch auch an Erkenntnisgrenzen stößt.

2. Kritische Reflexion der eigenen längsschnittlichen Forschungspraxis: Die Grenzen des Weitererzählens

In der bisherigen eigenen längsschnittlichen Forschungspraxis wurde das Weitererzählen als zentrale Methode genutzt, um biographische Erzählungen und Entwicklungen über mehrere Erhebungszeitpunkte hinweg zu analysieren (Lüdemann 2020a). Das Weitererzählen bot letztlich wertvolle Einblicke in die Stabilität und Kontinuität von Biographie, Identität und Habitus.[1] Es ließ sich herausarbeiten, dass die fortlaufende Darstellung des Selbst häufig in einem stabilen Rahmen bleibt (Lüdemann 2020a). Vor dem Hintergrund zunehmender Pluralität von Lebensentwürfen und der steigenden Fluidität von Identitätsentwürfen überrascht die Erkenntnis, dass die Akteur:innen trotz ihrer vielfältigen Erfahrungen ihre Selbstnarrative weitgehend konsistent halten und an etablierten Mustern festhalten. Einerseits weist dies auf die starke Verankerung des Habitus hin, der auch unter veränderten Lebensbedingungen eine stabilisierende Funktion übernimmt und Transformationen oft nur in begrenztem Maße zulässt (Lüdemann 2021), anderseits stellt sich die Frage, inwiefern das Weitererzählen methodisch zur Stabilität beiträgt und möglicherweise eine bestimmte Form der Konsistenz implizit fordert. Ein kritischer Blick auf das Weitererzählen könnte daher beleuchten, ob diese Methode Transformationen und Widersprüche in der Selbstkonstruktion verdeckt und ob alternative Ansätze wie beispielsweise das Wiedererzählen eine differenzierte Darstellung biographischer Dynamiken und Brüche eher erlauben würden.

1 An dieser Stelle wird auf den Habitus verwiesen, der in engem Zusammenhang mit Biographie und Identität steht. Habitus fungiert als strukturierendes Prinzip, das biographische Entscheidungen und Verhaltensdispositionen prägt. Die Biographie stabilisiert diese Prägungen als fortlaufenden Erzählprozess und dient zugleich der narrativen Identitätsbildung. Sie ermöglicht eine kontinuierliche Konstruktion des Selbst, die sowohl die Stabilität des Habitus als auch die Dynamik der Identitätsentwicklung widerspiegelt (Bourdieu 1982; Alheit/Dausien 2000; Lüdemann 2020a).

Die Methode des Weitererzählens könnte, gewollt oder ungewollt, eine Art narrativen Konsistenzdruck erzeugen. Da die Erzählenden bei wiederholten Interviews an ihre früheren Aussagen gebunden sind, neigen sie möglicherweise dazu, ein konsistentes und kohärentes Bild ihrer Identität aufrechtzuerhalten. Diese Erzählweise wird durch den impliziten Erwartungsdruck verstärkt, den das Wiedersehen mit derselben Interviewerin oder demselben Interviewer schafft, die sich an frühere Erzählungen erinnern und oft unbewusst an diese anknüpfen. Dadurch entsteht eine dynamische Interaktion, bei der die Erzählenden in eine Erzählstruktur eingebunden werden, die von Stabilität geprägt ist und Transformationen oder Brüche im Identitätsnarrativ minimiert. In diesem Zusammenhang betonen Peter Alheit und Bettina Dausien (2000), dass die Identität im biographischen Erzählen nicht nur Ausdruck des Selbst ist, sondern zugleich den Anspruch erfüllt, den Erwartungen an eine kohärente und stimmige Lebensgeschichte zu entsprechen.

Diese Dynamik der Selbstdarstellung zeigt sich auch im Längsschnitt. Die Erzählenden suchen oft implizit und teils auch bewusst nach narrativen Verknüpfungen zu früheren Aussagen, was sie in ihren biographischen Selbstdeutungen stabilisiert, aber potenziell ambivalente oder widersprüchliche Entwicklungen ausblenden könnte (Lüdemann 2020a).

In dem Sample zeigte sich,[2] dass die Interviewten insbesondere in den Folgeinterviews, die im Abstand von zwei Jahren durchgeführt wurden, aktiv nach Verbindungen zu den vorherigen Gesprächen suchten. Häufig fragten sie nach, wann das letzte Interview genau stattgefunden hatte, oder erinnerten sich daran, was sie damals erzählt haben. Dieses Phänomen wird im empirischen Material besonders im Interview mit Maria deutlich. Auf den Eingangsstimulus, der danach fragt, wie sich ihr Leben seit dem letzten Gespräch weiterentwickelt hat, reagiert sie wie folgt: „[J]a (.) ich weiß nur nich mehr so ganz, wo wir beim letzten ma aufgehört haben". Die Aussage zeigt, dass Maria eine Verbindung zu einem vorherigen Gespräch herstellt, indem sie die zeitliche Kontinuität betont und die Interviews als Teil eines längeren Dialogs betrachtet. Sie sieht die Interviewerin nicht nur als Zuhörerin, sondern als Akteurin, die den Gesprächsverlauf aktiv mitgestaltet. Dabei fungiert sie als Trägerin eines Erinnerungsgedächtnisses, das – in Anlehnung an Alheit und Dausien (2000) sowie Fritz Schütze (2016) – als eine narrativ geprägte Wissensstruktur verstanden werden kann. Diese

2 Das Material wurde im Rahmen des DFG-Forschungsprojekts „Exklusive Bildungskarrieren von Jugendlichen und der Stellenwert von Jugendkulturen" erhoben. Dieses Projekt wurde von 2011 bis 2020 unter der Leitung von Prof. Dr. Heinz-Hermann Krüger am Zentrum für Schul- und Bildungsforschung der Martin-Luther-Universität Halle-Wittenberg durchgeführt und war Teil des interdisziplinären Forschungsverbunds FOR1612 „Mechanismen der Elitebildung im deutschen Bildungssystem".

Struktur befähigt Individuen, Erinnerungen in ihre biographischen Erzählungen und Identitätskonstruktionen einzubetten.

Wiederholte Interviews fördern eine Vertrauensbeziehung, die Teilnehmende dazu verleiten kann, ihre Biographie konsistent darzustellen und widersprüchliche Aspekte auszuklammern. Meine Erfahrungen zeigen, dass dies methodische Sensibilität und bewusste Reflexion erfordert, um auch Raum für Ambivalenzen zu schaffen.

In der Erhebungssituation habe ich besonderen Wert darauf gelegt, Fragen möglichst offen zu formulieren, um den Teilnehmenden Raum für freie und unvoreingenommene Erzählungen zu geben, ohne sie in eine bestimmte Richtung zu beeinflussen. Dieser Ansatz orientiert sich an den Prinzipien der narrativen Interviewführung, wie sie etwa von Schütze (1984) beschrieben werden. Ziel dabei ist es, die Erzählenden zu ermutigen, ihre Erfahrungen, Überlegungen und Perspektiven eigenständig zu strukturieren, sodass ihre individuellen Deutungsmuster sichtbar werden. Dies erfordert von der interviewenden Person Zurückhaltung und methodisches Feingefühl, um implizite Lenkungen oder Bewertungen zu vermeiden, die den natürlichen Fluss der Erzählung stören könnten.

Mir war zudem stets bewusst, dass mein Verhalten als Interviewende das Vertrauen und damit auch die Erzählungen beeinflusst. Ich habe ein Forschungstagebuch genutzt, um meinen Einfluss auf den Forschungsprozess zu reflektieren, Eindrücke festzuhalten und methodische Entscheidungen zu dokumentieren. Dieses zentrale Instrument der qualitativen Forschung fördert Transparenz und Nachvollziehbarkeit.

Schließlich habe ich in der Analysephase versucht, die Tendenz zur Herstellung von Kohärenz nicht als „defizitär", sondern als Teil der biographischen Konstruktion zu verstehen. Dies ermöglichte mir, stärker herauszuarbeiten, wie und warum bestimmte Aspekte betont oder ausgelassen wurden und welche Funktion dies für die Selbstdeutung der Teilnehmenden haben könnte.

Die Methode des Weitererzählens birgt methodische und methodologische Herausforderungen, da sie biographische Kontinuität betont und Erzählende unbewusst dazu verleiten kann, ein kohärentes Selbstbild aufrechtzuerhalten. Dadurch werden Transformationen und Widersprüche in der Identität oft weniger offen dargestellt. Methodologisch stellt sich die Frage, ob das Verfahren biographische Prozesse auch in ihrer Ambivalenz abbildet oder primär eine Konstruktion von Stabilität fördert (Alheit/Dausien 2000; Lüdemann 2021).

Ein alternativer methodischer Ansatz wie das Wiedererzählen könnte helfen, diesen Herausforderungen zu begegnen, indem er die Erzählenden einlädt, ihre Biographie unabhängig von früheren Selbstdarstellungen neu zu reflektieren. Dabei ist jedoch zu berücksichtigen, dass auch ein Wiedererzählen stets durch vorherige Erzählungen beeinflusst wird, da die bisherigen Reflexionen und narrativen Entscheidungen die Perspektiven und Darstellungen der Erzählenden mitprägen.

Dieser methodische Zugang ist mit ähnlichen forschungspraktischen Herausforderungen verbunden wie die zuvor beschriebenen, die in diesem Kontext ebenso eine sorgfältige Reflexion erfordern. Besonders in Fällen, in denen die gleiche interviewende Person beteiligt ist, können die Vertrautheit und die im Verlauf des Forschungsprozesses entstandenen Beziehungsmuster die Erzählungen beeinflussen. Dieser Ansatz kann jedoch dazu beitragen, verborgene narrative Strukturen offenzulegen und tiefere Prozesse der Identitätskonstruktion sichtbar zu machen, die im Weitererzählen unberücksichtigt bleiben könnten (Lüdemann 2020a).

3. Theoretische und methodologische Bezugslinien zu Biographie und Längsschnitt

Als theoretischer Bezugsrahmen dieser Argumentation dienen konstruktivistische Analyseperspektiven auf Biographie, die auf den Konstruktionscharakter sozialer Prozesse verweisen und biographische Erzählungen als spezifische Formate begreifen, „die aufgrund ihrer Indexikalität etwas je Eigenes und Besonderes“ hervorbringen (Liebsch 2018, S. 46). Mit dieser Perspektive geht auch die Vorstellung einher, dass die Biographie in unterschiedlichen sozialen Kontexten immer wieder neu erzählt und produziert wird (Liebsch 2018, S. 46).

Alheit und Dausien (2000, 2006) erweitern das konstruktivistische Denken um den Ansatz des *doing biography*, der die Deutung sozialer Phänomene im Kontext gesellschaftlicher Strukturen betont, sowie um das Konzept der Biographizität (Alheit 2010, 2021), das biographisches Wissen als sozial kontextualisierte Konstruktion versteht. Beide Ansätze sind für die Biographieforschung relevant, da sie ein vertieftes Verständnis individueller Lebensgeschichten und Bildungsprozesse ermöglichen (Krüger/Marotzki 2006).

Biographie wird als soziale Konstruktion verstanden, die auf kulturell-gesellschaftliche Problemlagen reagiert und individuelle Bedeutung hat. Sie ist sowohl persönliche Lebenserzählung als auch Ausdruck historischer und gesellschaftlicher Verhältnisse. Im biographischen Erzählen (*doing biography*) werden Erinnerungen und Erfahrungen kohärent versprachlicht und Identität narrativ konstruiert (Alheit 2010). *Doing biography* betont die aktive Selbstgestaltung und soziale Einbettung, während Biographizität auf die Prägung durch soziale und kulturelle Einflüsse verweist. Biographizität beschreibt eine innere Logik, die durch biographische Erfahrungen entsteht und sich durch äußere Impulse flexibel weiterentwickelt (Alheit 2021).

Identität wird nicht als statische Eigenschaft, sondern als dynamischer Prozess verstanden, der durch Handlungen, soziale Interaktionen und gesellschaftliche

Strukturen ständig neu geformt wird. Biographietheoretische Ansätze betonen, dass Individuen ihre Identität aktiv durch das Erzählen, Interpretieren und Inszenieren ihrer Lebensgeschichte gestalten, sowohl bewusst als auch unbewusst (Alheit 2010). Als komplementäre Konzepte zeigen Identität und Biographie auf, dass Selbstverstehen und Selbstkonstitution in einem dynamischen, erzählten und sozialen Prozess entstehen. Biographisches Erzählen erfasst diesen Wandel und zeigt Identität als sich fortlaufend transformierende Struktur (Alheit 2010).

Damit wird eine Perspektive auf Biographie und Identität eingenommen, die erstens die Begriffe in ihrer Komplementarität aufeinander bezieht und nicht ausschließt (vgl. Alheit 2010), die zweitens den sozialen Konstruktionscharakter der Begriffe bewusst betont (vgl. Liebsch 2018), die drittens auf den Doppelaspekt von Reproduktion gesellschaftlicher Strukturen und subjektiver Leistung von Identität und Biographie verweist (vgl. Alheit 2010) und die viertens das prozessuale Veränderungspotenzial durch die zeitliche Dimension im Blick hat (vgl. Alheit 2021).

An den zuletzt genannten Aspekt möchte ich überleitend aus method(olog)ischer Sicht anschließen: Die Biographieforschung konzentriert sich bisher vor allem auf die Erhebung von einmalig durchgeführten narrativen Interviews und deren Auswertung mit qualitativ-rekonstruktiven Methoden (vgl. Haas 2019). Konkrete method(olog)ische Argumente für die Notwendigkeit einer qualitativen Längsschnittperspektive, also die mehrfache Erhebung von biographischen Interviews, waren lange Zeit nicht zu finden.

Rolf-Thorsten Kramer (2014) zeigt erstmals, dass der qualitativen Rekonstruktionsmethodik generell eine Kontinuitätsannahme inhärent ist, und plädiert vor diesem Hintergrund für die Etablierung von Längsschnittdesigns, um Transformationen in den Blick zu bekommen. Er argumentiert, dass die auf der Homologiethese basierende Rekonstruktionsmethodologie der Objektiven Hermeneutik grundsätzlich von Kontinuität ausgeht und damit transformatives Potenzial konstitutiv ausschließt. Um Wandel und Transformation mit der Objektiven Hermeneutik in den Blick zu bekommen, so die logische Schlussfolgerung Kramers (2020), bedarf es eines Längsschnittdesigns. Folgt man Kramer (2020) weiter in seinen Ausführungen, gilt die Kontinuitätsannahme für die qualitative Rekonstruktionsmethodologie insgesamt, also auch für das narrationsstrukturelle Verfahren und die Dokumentarische Methode.

Heide von Felden (2021) widerspricht ihm an dieser Stelle und zeigt auf, dass diese Annahme für die Analyse von Narrationsstrukturen nicht haltbar ist, und relativiert auch die Aussagen für die Dokumentarische Methode. Denn das narrationsstrukturelle Verfahren nach Schütze (2016) fokussiert grundsätzlich die zeitliche Prozesshaftigkeit in der Auswertung und erhebt den Anspruch, den Gegenstand in seiner zeitlichen Entwicklung zu konstituieren. Und für die Dokumentarische Methode gelte die Kontinuitätsannahme nur bedingt, so von Felden (2021). In diesem Zusammenhang wirft sie Kramer (2020) vor, den praxeologischen Kern der Wissenssoziologie von Ralf Bohnsack (2017) zu wenig zu berücksichtigen, indem er zu stark auf den Modus Operandi abziele und damit das Opus operatum aus dem Blick verliere (von Felden 2021, S. 211).[3]

Obwohl von Felden (2021, S. 211) die These der generellen Kontinuitätsannahme qualitativer Rekonstruktionsmethoden von Kramer (2020) teilweise kritisch zurückweist und relativiert, spricht sie sich nicht gegen die Notwendigkeit von Längsschnittdesigns aus. Im Gegenteil: Von Felden (2021) verweist vor dem Hintergrund zunehmender Ausdifferenzierung pluraler Lebenswirklichkeiten auf den großen Bedarf von Längsschnittperspektiven. Auch Jochen Kade (2020) betont die Bedeutung von Längsschnittperspektiven für die Erforschung von Lern- und Bildungsprozessen. Von Felden (2021) verweist allerdings auch auf die Notwendigkeit zur Weiterentwicklung method(olog)ischer Konzepte und grenzt sich von Längsschnittperspektiven ab, die lediglich auf das Was im Vergleich von Rekonstruktionen zu verschiedenen Erhebungszeitpunkten und nicht auf das Wie der biographischen Prozesshaftigkeit an sich abzielen.

Im Folgenden wird der Unterschied zwischen den beiden Perspektiven auf den Längsschnitt anhand der Vorgehensweisen von qualitativ-empirischen Längsschnittprojekten, die auf den Vergleich verschiedener Erhebungszeitpunkte abzielen, und von Längsschnittforschung, die stärker auf das Wie biographischer Prozesslogiken fokussiert, näher erläutert.

4. Empirische Ansätze: Perspektiven biographischer Längsschnittforschung

In der erziehungswissenschaftlichen Biographieforschung finden sich bislang vor allem qualitative Längsschnittperspektiven, die den Längsschnitt „als zusätzliche Vergleichsdimension“ (Nohl 2016, S. 346) ganz am Ende des Forschungsprozesses auf der Ebene der Typisierung konzeptualisieren (exempl. Koller 2012; Kramer et al. 2012; Krüger/Deinert/Zschach 2012; Litau et al. 2015; Krüger et al. 2019; Helsper et al. 2020; Kade 2020).

Trotz unterschiedlicher methodischer Ansätze ist diesen Projekten gemeinsam, dass sie die Analysen verschiedener Erhebungszeitpunkte zueinander in Beziehung setzen und Reproduktion(en) und/oder Transformation(en) identifizieren wollen. Dahinter verbirgt sich die Frage, ob zwischen den verschiedenen

3 Bohnsack greift die Begriffe Modus Operandi und Opus operatum aus Bourdieus praxeologischer Theorie auf und integriert sie in die Dokumentarische Methode. Während der Modus Operandi die impliziten, habitualisierten Handlungsmuster und das „Wie“ des Handelns beschreibt, verweist das Opus operatum auf die objektivierten, sichtbaren Ergebnisse dieser Praktiken. Diese Differenzierung ermöglicht die methodische Analyse sowohl prozesshafter als auch struktureller Dimensionen sozialer Praktiken (Bourdieu 1976; Bohnsack 2017).

Erhebungszeitpunkten Veränderungen etwa im Bildungshabitus (vgl. Helsper et al. 2020), in den Bildungsorientierungen (vgl. Krüger et al. 2019) oder in den Bildungsgestalten (vgl. Kade 2020) stattgefunden haben oder nicht.

Häufig werden diese Erkenntnisse in einer eigenen Längsschnitttypologie festgehalten. Ein Beispiel ist die Typologie von Kramer et al. (2012), die systematisch aufzeigt, wie Reproduktion und Transformation methodisch nachvollzogen werden können. Es wird deutlich, dass eine solche Längsschnittperspektive Transformation und Wandel methodisch-generalisierend in den Blick nimmt und dabei Subjektbezogenheit und biographische Prozesshaftigkeit völlig ausblendet (vgl. Dreier/Leuthold-Wergin/Lüdemann 2018; Lüdemann 2020b).

Gemeinsam ist diesen Projekten auch, dass sie sich in der Erhebung der Folgeinterviews auf das Weitererzählen der Biographie fokussieren. In der Längsschnittstudie von Heinz-Hermann Krüger et al. (2019) beispielsweise, in der drei biographisch-narrative Interviews mit Jugendlichen im Abstand von eineinhalb bis zwei Jahren geführt wurden, bezieht sich der Eingangsstimulus des ersten Interviews auf die gesamte Lebensgeschichte und die Stimuli in den Folgeinterviews fragen danach, wie sich das Leben seit dem letzten Gespräch weiterentwickelt hat. Das Vorgehen verspricht durchaus spannende Erkenntnisse auf der Was-Ebene über die Inhalte der Biographie der Jugendlichen und beeindruckend ist auch, dass die Forschenden die Personen des Samples über einen so langen Zeitraum – auch an relevanten Übergängen – ein Stück weit begleitet haben und ihre Biographie in der Verwobenheit von Retrospektive und Prospektive betrachten können. Allerdings stellt sich angesichts der Komplexitätssteigerung „durch eine zusätzliche Kontrastierungsdimension des Zeitlichen" (Asbrand/Pfaff/Bohnsack 2014, S. 4) die Frage, was und wie in der Analyse methodisch kontrolliert zueinander in Beziehung gesetzt wird und was der zu vergleichende Referenzpunkt ist, denn letztlich werden Interpretationsergebnisse von drei unterschiedlichen gegenwartsfixierten biographischen Momentaufnahmen (vgl. Dreier/Leuthold-Wergin/Lüdemann 2018; Lüdemann 2020b) unter dem Aspekt möglicher Veränderbarkeit miteinander verglichen, wodurch der Blick auf das Wie der biographischen Prozesshaftigkeit unberücksichtigt bleibt. Shevek K. Selbert (2024) verweist in diesem Zusammenhang auf erzähltheoretische und erzählanalytische Defizite in den bislang vorherrschenden qualitativen Längsschnittstudien. Die bisherige starke Fokussierung auf das Was bei der Längsschnittanalyse hat zur Folge, dass die Rekonstruktionen einen vornehmlich deskriptiven Charakter aufweisen.[4]

Projekte, die nicht nur das Was der Erzählinhalte, sondern auch das Wie aus einer Längsschnittperspektive in den Blick nehmen und Fragen darauf

4 Ich möchte noch einmal betonen, dass ich hier lediglich die Rekonstruktionsergebnisse der Längsschnittanalyse und mitnichten die der Querschnittanalysen meine. Denn durchaus haben die Projekte die Wie-Ebene rekonstruiert, allerdings eben nicht hinreichend in ihrer Transformation.

fokussieren, wie Bildungsbiographien und Identitätsbildung konstruiert und mit Sinnhaftigkeit versehen werden, sind bislang eher selten, obwohl gerade eine solche Perspektive „hinsichtlich einer biographietheoretischen Fundierung und der intersubjektiven Nachvollziehbarkeit" (Griese 2008, S. 150) erkenntnisfördernd wäre. Ich möchte zwei Studien hervorheben, die maßgeblich zur Weiterentwicklung qualitativer Längsschnittstudien und zur theoretischen Fundierung der Biographieforschung beitragen. Statt die komplexe Gesamtstruktur zu beleuchten, werden hier besonders innovative Aspekte herausgestellt.

Von Felden (2022) und ihr Forschungsteam nutzen das narrationsstrukturelle Verfahren nach Schütze (2016), um biographische Prozesse und Veränderungen über längere Zeiträume hinweg zu analysieren. Dabei ermöglicht die Längsschnittperspektive „vielfache Perspektiven auf die Zeit" (von Felden 2022, S. 501) und eine differenziertere Erfassung des Falls. Statt einer Fortsetzung der Erzählung wurde eine erneute Erzählung (*retelling*) durchgeführt, die neue Einblicke ermöglichte, wie Individuen ihre Identität, Lern- und Bildungsprozesse über die Jahre hinweg deuten und darstellen (von Felden 2022). Die Ergebnisse zeigen, dass trotz veränderter Lebensumstände die grundsätzlichen Haltungen und Identitätskonstruktionen der Interviewten relativ stabil blieben, was auf die tief verankerte Struktur ihrer Biographien hinweist (von Felden 2022, S. 511). Zudem konnte festgestellt werden, dass sowohl die Erzählsituation als auch die Gedächtnisstruktur die Erzählung beeinflussen, indem sie nicht nur das aktuelle Leben reflektieren, sondern auch die Vergangenheit in die Erzählung einbinden (von Felden 2022, S. 512). Von Felden (2022, S. 513) schließt, dass eine Längsschnittperspektive die „Zukunftsoffenheit und Kontingenz" von Biographien betont und dabei hilft, das komplexe Geflecht aus Stabilität und Wandel biographischer Gestalten multiperspektivisch darzustellen, ohne Disparitäten als notwendige Transformationen zu interpretieren (Alber/Schiebel 2018).

Auch Selbert (2024, S. 22) entwickelt in seiner Studie einen innovativen Längsschnittansatz, der auf einer Sekundäranalyse desselben Materialkorpus wie bei von Felden (2022) basiert, jedoch einen stärker erzähltheoretischen Zugang verfolgt. Er untersucht, wie (auto-)biographisches Wiedererzählen funktioniert und wie Selbst- und Identitätskonstruktionen in Mehrfacherhebungen dargestellt werden. Selbert (2024) unterscheidet dabei zwei Ebenen des Wiedererzählens: das globale Wiedererzählen (*retelling autobiography*), bei dem die gesamte Lebensgeschichte über verschiedene Zeitpunkte hinweg betrachtet wird, und das lokale Wiedererzählen (*retold stories*), das sich auf spezifische biographische Episoden fokussiert. Um die Entwicklung und Veränderungen in Lebenserzählungen umfassend zu analysieren, nutzt Selbert (2024, S. 143) ein vielschichtiges Analysemodell, das von der Makro- bis zur Nanoebene reicht und somit die Verkettung von Erzählelementen in verschiedenen Detailgraden untersucht. Mit einem interdisziplinären Ansatz stützt sich Selbert (2024) auf das literaturwissenschaftliche Konzept der Stimme nach Gérard Genette (1992, S. 67), um die Dominanz von Erzählstimmen in den autobiographischen Narrativen zu analysieren und Einblicke in die Haltung der Erzählenden zu gewinnen. Selbert (2024, S. 315, 323) identifiziert insgesamt sechs Typen des Wiedererzählens, die verdeutlichen, wie sich biographische Erzählgestaltungen auf der Was-Ebene und der Wie-Ebene über die Zeit formieren und entwickeln. Insgesamt zeigt Selberts (2024, S. 331) Ansatz, dass autobiographisches Wiedererzählen stark von individuellen Konstitutionsbedingungen beeinflusst wird und somit eine methodische Offenheit erfordert, um die Prozesshaftigkeit und die Variabilität von Biographie und Identität angemessen zu erfassen.

Die Studien von von Felden (2022) und Selbert (2024) verdeutlichen, dass eine Längsschnittperspektive mit Fokus auf das Wiedererzählen, die einen breiteren und offeneren Blick ermöglicht und erzähltheoretische Aspekte stärker berücksichtigt, den Fall in seinen feinsten Abstufungen multiperspektivisch und kaleidoskopartig erfassen kann. Dieser interdisziplinäre Ansatz bietet sowohl einen erhöhten empirischen und theoretischen Mehrwert als auch einen explorativen Forschungscharakter, bringt jedoch auch spezifische Herausforderungen mit sich.

5. Reflexionen: Erkenntnisse und Herausforderungen

Wenn Biographie und Identität sich komplementär bedingen (Alheit 2010), grundlegend von sozialen Konstruktionscharakter geprägt sind (Liebsch 2008), auf die Reproduktion gesellschaftlicher Strukturen und subjektiver Leistung verweisen (Alheit 2010) und ihnen prozessuales Veränderungspotenzial durch die zeitliche Dimension innewohnt (Alheit 2021), ist davon auszugehen, dass jedes biographische Interview eine bloße Momentaufnahme darstellt, deren Zeitstrukturen, Zeitverhältnisse und historische Kontexte variieren (Kade 2011).

Das Verständnis von Identität und Biographie hat sich jedoch von der Ersten zur Zweiten Moderne grundlegend gewandelt (von Felden 2021). Mit zunehmenden gesellschaftlichen Transformationsprozessen werden polyvalente Identitätsvorstellungen relevant und damit wird die Aufgabe an die Individuen gestellt, biographische Identität fortwährend (neu) herzustellen. Der biographischen Identitätsarbeit kommt dabei eine wichtige Bedeutung zu: Individuen müssen sich aufgrund ständiger Veränderungen von sich selbst, ihrer Umwelt und der Gesellschaft stets selbstverantwortlich Identität(en) zuschreiben und ihre Biographie immer wieder selbst (re-)konstruieren (vgl. von Felden 2021). Identität und Biographie sind „nicht mehr als feststehende und in sich einheitliche Konstruktion eines in sich kohärenten Subjekts zu denken" (Alheit/Dausien 2009, S. 304), was sich letztlich auch auf der method(olog)ischen Ebene niederschlägt, auf der Biographie und Identität als fluide sprachliche Konstruktionsformate zu fassen sind.

Vor diesem Hintergrund erlangen insbesondere qualitative Längsschnittstudien eine hohe Relevanz. Zwar kann auch mit ihnen keineswegs das Gesamtspektrum biographischer Gestalten abgebildet und die umfängliche Prozesshaftigkeit eingefangen werden, allerdings lässt sich noch intensiver als bei einer Einmalerhebung- und Auswertung eines biographischen Interviews in den Blick nehmen, wie Handlungsmächtigkeit und Sinnhaftigkeit im Zeitverlauf (wiederholt) konstruiert wird. Biographietheoretisch kann eine derartige Perspektive also Auskunft darüber geben, wie unterschiedlich und einheitlich Individuen vor dem Hintergrund gesellschaftlicher Positionierungen ihre eigene Lebensgeschichte hervorbringen und versprachlichen, ihre Relevanzsetzung biographischer Narrative durch neue prägende Erlebnisse und Ereignisse verschieben oder umdeuten. Damit wird deutlich, dass Individuen in gegenwärtigen Gesellschaften, die durch die Erosion sozialstruktureller Bedingungen und Sicherheiten gekennzeichnet sind, mehr denn je vor der lebenslangen Herausforderung stehen, Diskontinuitäten und Ambivalenzen immer wieder so zu verarbeiten, dass biographische Sinnhaftigkeit hergestellt werden kann.

Das Wiedererzählen von Lebensgeschichten im qualitativen Längsschnitt ermöglicht es, sprachliche und strukturelle Unterschiede in den Interviews herauszuarbeiten (Schumann et al. 2015). Mehrfach erzählte Episoden bieten dabei die Möglichkeit, vergangene Erfahrungen in der aktuellen Situation neu zu interpretieren und als Ressource für die Darstellung von Identität sowie die narrative Bearbeitung biographischer Erfahrungen in unterschiedlichen Kontexten zu nutzen (Schumann et al. 2015, S. 17).

Auch wenn nach wie vor nur vereinzelt Forschungsergebnisse zum biographischen Wiedererzählen vorliegen, zeigen sie doch deutlich das Potenzial für die Biographietheorie und, dass eine solche Perspektive den aktuellen gesellschaftlichen Entwicklungen und noch weiter anhaltenden grundlegenden kulturellen Transformationsprozessen wesentlich besser Rechnung tragen kann. Doch trotz des großen Potenzials kann zukünftig nicht jede Biographieforschung eine Längsschnittforschung sein. Zum einen muss das Erkenntnisinteresse darauf ausgerichtet sein, Prozesse im Zeitverlauf und in der Kontrastierung mehrerer Dimensionen zu untersuchen, zum anderen müssen die spezifischen Herausforderungen eines solchen Vorgehens berücksichtigt werden.

Eine der wesentlichen Herausforderungen im Umgang mit der Mehrfacherhebung generell stellt die Panelpflege dar. Diese umfasst nicht nur die organisatorische Seite der langfristigen Befragungsbetreuung, sondern auch die sozialen Dynamiken, die sich zwischen Forschenden und Befragten entwickeln. Im Längsschnitt entsteht im Laufe der Zeit häufig eine zunehmende Vertrautheit zwischen Forschenden und Befragten, die die Interaktion und das Erzählverhalten beeinflussen kann und daher stets kritisch mitreflektiert werden muss (Selbert 2024, S. 341).

Auch die Festlegung des zeitlichen Abstands zwischen den Erhebungen sowie die Entscheidung über die Anzahl der Folgeerhebungen sind zentrale Aspekte, die das Forschungsvorhaben maßgeblich prägen. Diese Entscheidungen wirken sich nicht nur auf den gesamten Zeitplan des Projekts aus, sondern haben auch weitreichende Konsequenzen für die finanzielle Planung und Ressourcenallokation. Je kürzer die Abstände und je häufiger die Erhebungen, desto intensiver sind die Anforderungen an Personal, Organisation und Finanzierung, was wiederum die Förderbarkeit und Machbarkeit des Projekts beeinflusst. Selbert (2024, S. 341) weist darauf hin, dass solche pragmatischen Entscheidungen die Forschungsqualität und die langfristige Durchführbarkeit erheblich beeinflussen können und deshalb sorgfältig in die methodische Planung integriert werden müssen.

Eine weitere Herausforderung qualitativer Längsschnittstudien sind die von Selbert (2024, S. 342) als notwendig markierte Interdisziplinarität und die verstärkte Ausrichtung auf erzähltheoretische Analysen. Er selbst zeigt mit seiner Studie auf, dass disziplinäre Grenzen überwunden werden können und dass diese Offenheit, die immer eine reflektierte sein muss, dem Erkenntnisgewinn dient. Spannend in diesem Zusammenhang sind auch die jüngsten Überlegungen von Alheit (2021), der, inspiriert von der modernen Neurobiologie, nach der Bedeutung des Gehirns und der kognitiven Realitätsverarbeitung für die Biographieforschung fragt. Damit zeichnen sich bereits mehrere disziplinäre Grenzöffnungen ab, deren unterschiedliche Bezüge ein hohes Maß an Reflexivität erfordern.

Die zusätzliche zeitliche Dimension im qualitativen Längsschnitt erhöht die methodische Komplexität erheblich. Durch die Mehrfacherhebung eröffnen sich zwar wertvolle Möglichkeiten, Ambivalenzen und Kontingenzen in biographischen Entwicklungen noch detaillierter zu erfassen, doch stellt dies uns Forschende vor die Herausforderung, Forschungsergebnisse zu erzeugen, die letztlich – in welcher Form auch immer – als abgeschlossen gelten müssen. Diese notwendige Abgeschlossenheit der Ergebnisse kann jedoch der eigentlichen Prozesshaftigkeit des Gegenstands kaum gerecht werden, da biographische und identitätsbezogene Prozesse dynamisch und kontinuierlich sind. Die Erhebung und Interpretation mehrfacher Datenpunkte suggeriert eine gewisse Vollständigkeit und Nachvollziehbarkeit, doch jeder Erhebungszeitpunkt ist nur eine Momentaufnahme im fortwährenden Prozess der Identitätsbildung. Diese Herausforderung ist nicht nur methodisch, sondern auch epistemologisch bedeutsam: Wie können wir Erkenntnisse über etwas abschließend formulieren, das von seiner Natur her im Fluss und in stetigem Wandel begriffen ist? Selbert (2024, S. 341) betont, dass die Zeitlichkeit im Längsschnitt sowohl neue Erkenntnisse bietet als auch Grenzen schafft, da die wissenschaftliche Darstellung letztlich das kontinuierliche, offene Werden des biographischen Prozesses nicht vollständig abbilden kann.

Darüber hinaus stoßen wir an sprachliche Grenzen: Wie können wir das Feststehende und Monomentale ausdrücken, wenn das Beobachtete lediglich ein flüchtiger Moment ist, der in komplexer Weise mit Elementen der Vergangenheit, Gegenwart und Zukunft verflochten ist? In diesem Spannungsfeld bleibt die Frage bestehen, wie wir die dynamische Natur unseres Gegenstands sinnvoll beschreiben und gleichzeitig die Notwendigkeit eines sprachlich fixierten Endprodukts erfüllen können.

Insgesamt erfordert die gesteigerte Komplexität qualitativer Mehrfacherhebungen nicht nur eine detaillierte methodische Planung, sondern auch eine kritische Reflexion über die theoretischen und methodologischen Darstellungsgrenzen. Dabei ist es wichtig, sich der Unschärfen bewusst zu werden, die durch die statische Darstellung dynamischer Prozesse unvermeidlich entstehen. Eine solche Reflexion ermöglicht es, die eigene Methodologie anzupassen und die theoretischen Annahmen kontinuierlich zu hinterfragen, um der Prozesshaftigkeit und Offenheit der untersuchten biographischen Entwicklungen gerecht zu werden.

6. Fazit und Ausblick: Zur Weiterentwicklung der qualitativen Längsschnittforschung

Ausgangspunkt waren kritische Reflexionen zur eigenen längsschnittlichen Forschungspraxis und damit verbunden die Frage danach, inwieweit das Verfahren des Weitererzählens tatsächlich die Vielschichtigkeit biographischer Prozesse wiedergibt oder implizit eine narrative Konsistenz fördert, indem die Erzählenden dazu neigen, an bisherigen Selbstbildern festzuhalten und Brüche oder ambivalente Entwicklungen zu glätten.

Ein Wiedererzählen der Biographie, bei dem die Erzählenden ihre Lebensgeschichte ohne direkten Bezug auf frühere Darstellungen erneut erzählen, könnte dazu beitragen, bisher unentdeckte narrative Strukturen und Widersprüche aufzudecken und damit die Prozesshaftigkeit der Identität stärker in den Vordergrund zu rücken. Dabei ist jedoch zu berücksichtigen, dass auch ein Wiedererzählen nicht völlig unabhängig von früheren Erzählungen stattfindet, da Erzählende durch ihre bisherigen Reflexionen und narrativen Entscheidungen geprägt bleiben. Auch forschungspraktische Herausforderungen bleiben bestehen und erfordern, ebenso wie beim Weitererzählen, eine kontinuierliche methodische Reflexion. Der Ansatz des Wiedererzählens ermöglicht dennoch ein differenzierteres Verständnis der vielfältigen Einflüsse auf die Identitätsbildung und eröffnet zugleich neue Perspektiven auf die Anpassungsfähigkeit und mögliche Umorientierungen im biographischen Verlauf.

Auf diesen Überlegungen aufbauend wurde auf theoretische Ansätze verwiesen, die Biographie und Identität nicht als starre Gebilde, sondern als kontinuierlich im Wandel befindliche Prozesse begreifen. Angesichts immer komplexer werdender Gesellschaftsdynamiken und der Vielfalt an Lebensentwürfen wird es zunehmend notwendig, diese Prozesse nicht nur punktuell, sondern über längere Zeiträume hinweg zu untersuchen. Die Längsschnittforschung ermöglicht es, die fortlaufende Entwicklung individueller Identität in ihrem sozialen Kontext zu erfassen und die subtilen Veränderungen sichtbar zu machen, die nur über mehrere Erhebungszeitpunkte hinweg zu erkennen sind. Eine qualitative Längsschnittperspektive eröffnet so tiefergehende Einblicke in die Wechselwirkungen zwischen biographischen Entscheidungen, gesellschaftlichen Einflüssen und den dadurch geprägten Identitätsentwicklungen. Damit trägt sie dazu bei, die Prozesshaftigkeit und Komplexität von Biographie und Identität in ihrer sozialen Einbettung adäquat abzubilden und die Kontingenzen und Ambivalenzen des Lebensverlaufs differenzierter zu verstehen.

Ein Vergleich bisheriger qualitativer Längsschnittstudien lässt zwei grundlegende Linien erkennen: Zum einen gibt es Studien, die die Längsschnittperspektive am Ende des Forschungsprozesses einnehmen und als zusätzliche Vergleichsdimension die Rekonstruktionsergebnisse der Querschnittanalysen zueinander in Beziehung setzen und danach fragen, ob sich Veränderungen oder Transformationen zeigen. In der Erhebungssituation nutzen die Studien das Prinzip des Weitererzählens der Biographie. Es konnte gezeigt werden, dass die Studien und ihre Ergebnisse auf der Längsschnittebene vor allem das Was der Erzählinhalte in den Blick nehmen und die Erkenntnisse dementsprechend eher auf einer deskriptiven Ebene einzuordnen sind.

Zum anderen lassen sich Studien identifizieren, die eine Längsschnittperspektive über den gesamten Forschungsprozess einnehmen und sehr viel offener und breiter danach fragen, wie biographischer Sinn im Zeitverlauf hergestellt werden kann. Diese Studien knüpfen an die Tradition des Wiedererzählens aus anderen Disziplinen wie der Medizin oder der Psychologie an. Die Rekonstruktionsergebnisse beziehen sich stärker auf die Ebene des Wie und haben explorativen Charakter. Sie betonen zudem den Eigenwert einer qualitativen Längsschnittperspektive und zeigen den empirischen und theoretischen Erkenntnisgewinn einer solchen Perspektive auf. Vor dem Hintergrund, dass Individuen in modernen Gesellschaften noch stärker gefordert sind, ihr Leben immer wieder neu mit Sinn zu füllen, und dabei vor der Herausforderung stehen, die fluiden und sich rasch verändernden Strukturen und Bedingungen für sich angemessen zu sortieren, kann eine qualitative Längsschnittperspektive auf Biographien Aufschluss darüber geben, wie dies von Individuen im Zeitverlauf gestaltet wird. Damit wird auch der theoretischen Annahme, eine biographische Erzählung sei eine Momentaufnahme, mit einer größeren Offenheit und Multiperspektivität begegnet. Wenngleich auch mehrere biographische Interviews nur Momentaufnahmen darstellen, könnte eine qualitative Längsschnittperspektive, die auf die Wiedererzählung der Biographie setzt und viel offener und breiter in den Blick nimmt, wie biographischer Sinn im Zeitverlauf konstruiert wird, Aufschluss darüber geben, wie unterschiedlich Individuen mit diesem Anspruch umgehen und wie ambivalent und brüchig diese Konstruktionen durchaus sein können. Damit könnte der Annahme biographischer Eindeutigkeit entgegengewirkt und postmodernen Biographien besser Rechnung getragen werden.

Literatur

Alber, Ina/Schiebel, Martina (2018): Triangulation in der Biographieforschung. In: Lutz, Helma/Schiebel, Martina (Hrsg.): Handbuch Biographieforschung. Wiesbaden: Springer, S. 611–622.

Alheit, Peter (2010): Identität oder „Biographizität"? Beiträge der neueren sozial- und erziehungswissenschaftlichen Biographieforschung zu einem Konzept der Identitätsentwicklung. In: Griese, Birgit (Hrsg.): Subjekt – Identität – Person? Reflexionen zur Biographieforschung. Wiesbaden: VS Verlag für Sozialwissenschaften, S. 219–249.

Alheit, Peter (2021): Biographicity as „mental grammar" of postmodern life. In: European Journal for Research on the Education and Learning of Adults 12, H. 1, S. 81–94.

Alheit, Peter/Dausien, Bettina (2000): Die biographische Konstruktion der Wirklichkeit: Überlegungen zur Biographizität des Sozialen. In: Hoerning, Erika M. (Hrsg.): Biographische Sozialisation. Berlin/Boston: de Gruyter, S. 257–284.

Alheit, Peter/Dausien, Bettina (2006): Biographieforschung in der Erwachsenenbildung. In: Krüger, Heinz-Hermann/Marotzki, Winfried (Hrsg.): Handbuch erziehungswissenschaftliche Biographieforschung. Wiesbaden: VS Verlag für Sozialwissenschaften, S. 431–457.

Alheit, Peter/Dausien, Bettina (2009): „Biographie" in den Sozialwissenschaften. Anmerkungen zu historischen und aktuellen Problemen einer Forschungsperspektive. In: Fetz, Bettina (Hrsg.): Die Biographie – Zur Grundlegung ihrer Theorie. Unter Mitarbeit von Hannes Schweiger. Berlin/New York: de Gruyter, S. 285–315.

Asbrand, Barbara/Pfaff, Nicolle/Bohnsack, Ralf (2014): Rekonstruktive Längsschnittforschung in ausgewählten Gegenstandsfeldern der Bildungsforschung. In: Zeitschrift für Qualitative Forschung (ZQF) 14, H. 1, S. 3–12.

Bohnsack, Ralf (2017): Praxeologische Wissenssoziologie. Stuttgart: utb.

Bourdieu, Pierre (1976): Entwurf einer Theorie der Praxis auf der ethnologischen Grundlage der kabylischen Gesellschaft. Frankfurt am Main: Suhrkamp.

Bourdieu, Pierre (1982): Die feinen Unterschiede. Kritik der gesellschaftlichen Urteilskraft. Frankfurt am Main: Suhrkamp.

Dreier, Lena/Leuthold-Wergin, Anca/Lüdemann, Jasmin (2018): Qualitativer Längsschnitt in der Bildungsforschung: Fallinterne und fallübergreifende Synthetisierung als Forschungsperspektive. In: Maier, Maja S./Keßler, Catharina I./Deppe, Ulrike/Leuthold-Wergin, Anca/Sandring, Sabine (Hrsg.): Qualitative Bildungsforschung: Methodische und methodologische Herausforderungen in der Forschungspraxis. Wiesbaden: Springer VS, S. 153–168.

Genette, Gérard (1992): Fiktion und Diktion. München: Brill Fink.

Griese, Birgit (2008): Erzähltheoretische Grundlagen in der Biographieforschung: Ein Plädoyer für die Beschäftigung mit den Basiskonzepten. Wiesbaden: Springer.

Haas, Marita (2019): Die zentrale Rolle und Position des narrativen Interviews in der Biographieforschung. In: Jost, Gerhard/Haas, Marita (Hrsg.): Handbuch zur soziologischen Biographieforschung. Grundlagen für die methodische Praxis. Stuttgart: utb, S. 107–123.

Helsper, Werner/Gibson, Anja/Kilias, Wanda/Kotzyba, Katrin/Niemann, Mareke (2020): Veränderungen im Schülerhabitus? Die Schülerschaft exklusiver Gymnasien von der 8. Klasse bis zum Abitur. Berlin: Springer.

Kade, Jochen (2011): Vergangene Zukünfte im Medium gegenwärtiger Bildungsbiographien. Momentaufnahmen im Prozess des Biographisierens von Lebenslaufereignissen. In: BIOS – Zeitschrift für Biographieforschung, Oral History und Lebensverlaufsanalysen 24, H. 1, S. 29–52.

Kade, Jochen (2020): Bildungsbiographien – Bildungsgestalten – Biographisierung. Spuren von 1968 in (bildungs-)biographischen Erzählungen von 1984 und 2009. Opladen/Berlin/Toronto: Barbara Budrich.

Kade, Jochen/Hof, Christine (2008): Biographie und Lebenslauf. Über ein biographietheoretisches Projekt zum lebenslangen Lernen auf der Grundlage wiederholter Erhebungen. In: von Felden, Heide (Hrsg.): Perspektiven erziehungswissenschaftlicher Biographieforschung. Wiesbaden: VS Verlag für Sozialwissenschaften, S. 159–176.

Koller, Hans-Christoph (2012): Anders werden. Zur Erforschung transformatorischer Bildungsprozesse. In: Miethe, Ingrid/Müller, Hans-Rüdiger (Hrsg.): Qualitative Bildungsforschung und Bildungstheorie. Opladen/Berlin/Toronto: Barbara Budrich, S. 19–34.

Kramer, Rolf-Torsten (2014): Habitus(-wandel) im Spiegel von Krise und Bewährung. In: Zeitschrift für Qualitative Forschung (ZQF) 14, H. 1, S. 5–24.

Kramer, Rolf-Torsten/Helsper, Werner/Thiersch, Sven/Ziems, Carolin (2012): Das 7. Schuljahr. Wandlungen des Bildungshabitus in der Schulkarriere. Berlin: Springer.

Krüger, Heinz-Hermann/Deinert, Aline/Zschach, Maren (2012): Jugendliche und ihre Peers. Freundschaftsbeziehungen und Bildungsbiographien in einer Längsschnittperspektive. Opladen: Barbara Budrich.

Krüger, Heinz-Hermann/Hüfner, Kilian/Keßler, Catharina I./Kreuz, Stephanie/Leinhos, Patrick/Winter, Daniela (2019): Exklusive Bildungskarrieren von Jugendlichen und ihre Peers am Übergang in Hochschule und Beruf. Berlin: Springer.

Krüger, Heinz-Hermann/Marotzki, Winfried (2006): Biographieforschung und Erziehungswissenschaft – Einleitende Anmerkungen. In: Krüger, Heinz-Hermann/Marotzki, Winfried (Hrsg.): Handbuch erziehungswissenschaftliche Biographieforschung. Wiesbaden: VS Verlag für Sozialwissenschaften, S. 7–9.

Leinhos, Patrick/Krüger, Heinz-Hermann/Keßler, Catharina I. (2018): Der Stellenwert von Peers für eine duale Karriere im sportlichen und kulturellen Bereich – methodologische Überlegungen und Resultate einer qualitativen Längsschnitttypologie. In: Krüger, Heinz-Hermann/Hüfner, Kilian/Keßler, Catharina I./Kreuz, Stephanie/Leinhos, Patrick/Winter, Daniela (Hrsg.): Exklusive Bildungskarrieren von Jugendlichen und ihren Peers am Übergang in Hochschule und Beruf. Ergebnisse einer qualitativen Längsschnittstudie. Wiesbaden: VS Verlag für Sozialwissenschaften, S. 29–78.

Liebsch, Katharina (2018): Konstruktivismus und Biographieforschung. In: Lutz, Helma/Schiebel, Martina/Tuider, Elisabeth (Hrsg.): Handbuch Biographieforschung. Wiesbaden: Springer Fachmedien, S. 37–47.

Litau, John/Stauber, Barbara/Stumpp, Gabriele/Walter, Sibylle/Wißmann, Christian (2015): Jugendkultureller Alkoholkonsum. Riskante Praktiken in riskanten biografischen Übergängen. Berlin: Springer.

Lüdemann, Jasmin (2020a): Der Weg zur Tänzerin und zum Tänzer. Eine qualitative Längsschnittuntersuchung. Wiesbaden: Springer VS.

Lüdemann, Jasmin (2020b): Typenbildung im Längsschnitt mit der Dokumentarischen Methode. Zum Problem der Multidimensionalität, Prozessualität und Finalität. In: Thiersch, Sven (Hrsg.): Qualitative Längsschnittforschung. Bestimmungen, Forschungspraxis und Reflexionen. Opladen: Barbara Budrich, S. 391–405.

Lüdemann, Jasmin (2021): Zum Verhältnis von Habitusreproduktion und -transformation in der Jugendphase. In: Engel, Juliane/Epp, André/Lipkina, Julia/Schinkel, Sebastian/Terhart, Henrike/Wischmann, Anke (Hrsg.): Bildung im gesellschaftlichen Wandel. Schriftenreihe der DGfE-Kommission Qualitative Bildungs- und Biographieforschung, Band 6. Opladen/Berlin/Toronto: Barbara Budrich, S. 63–82.

Lutz, Helma/Schiebel, Martina/Tuider, Elisabeth (Hrsg.) (2018): Handbuch Biographieforschung. Wiesbaden: Springer Fachmedien.

Nohl, Arnd-Michael (2016): Innovationen in der dokumentarischen Interpretation narrativer Interviews. In: Sozialer Sinn 17, H. 2, S. 329–354.

Schumann, Elke/Gülich, Elisabeth/Lucius-Hoene, Gabriele/Pfänder, Stefan (2015): Wiedererzählen. Eine Einleitung. In: Schumann, Elke/Gülich, Elisabeth/Lucius-Hoene, Gabriele/Pfänder, Stefan (Hrsg.): Wiedererzählen. Formen und Funktionen einer kulturellen Praxis. Bielefeld: transcript, S. 9–31.

Schütze, Fritz (1984): Kognitive Figuren des autobiographischen Stegreiferzählens. In: Kohli, Martin/Robert, Günther (Hrsg.): Biographie und soziale Wirklichkeit. Neue Beiträge und Forschungsperspektiven. Stuttgart: Metzler, S. 78–117.

Schütze, Fritz (2016): Biographieforschung und narratives Interview. In: Neue Praxis 13, H. 3, S. 283–293.
Selbert, Shevek K. (2024): Autobiographisches Wiedererzählen: Eine interdisziplinäre Studie im qualitativen Längsschnitt. Bielefeld: transcript.
Thiersch, Sven (2020): Qualitative Längsschnittforschung. Eine Einleitung. In: Thiersch, Sven (Hrsg.): Qualitative Längsschnittforschung: Bestimmungen, Forschungspraxis und Reflexionen. Opladen/Berlin/Toronto: Barbara Budrich, S. 9–30.
von Felden, Heide (2021): Zeitdimensionen des Biographischen. Narrative Identität – Lern- und Bildungsprozesse – Dritte Lebensphase im Längsschnitt-Design. Wiesbaden: Springer VS.

Ethnographie als qualitativer Längsschnitt im Kontext von Fluchtmigration

Methodologische und forschungspraktische Überlegungen

Rebecca Mörgen und Anna Schnitzer

1. Einleitung

Eine ethnographische Forschungsstrategie kann als Erkenntnisstrategie verstanden werden, welche die praktische und situative Erzeugung von Bedeutungen zum Gegenstand macht.[1] Die Ethnographie expliziert über detaillierte Beschreibungen den Vollzug von Praktiken, diesen inhärente implizite Wissensbestände sowie Fragen der Lösungen von Handlungskoordinationen und Handlungsproblemen (Breidenstein et al. 2013, S. 33). In diesem Sinne sucht eine ethnographische Forschungsstrategie sozialen Sinn von Handlungs- und Deutungsmustern und situative Praktiken in ihrer Prozesshaftigkeit herauszuarbeiten, zu verstehen und nachzuvollziehen. Auf dieser Basis können ethnographische Forschungen Mikroprozesse der Entstehung sozialer Wandlungs- und Veränderungsprozesse in den Blick nehmen, wie Marginalisierungsdynamiken (Mörgen/Rieker 2024) und damit verbundene Entstehungen sozialer Ungleichheit. Dabei wird „nicht die repräsentative Abbildung von Ungleichheitsverhältnissen [beansprucht], sondern die Theoretisierung von am Einzelfall gewonnenen verallgemeinerbaren Phänomenen und Prozessen der Entstehung von Ungleichheit" (Machold 2017, S. 157). Eine Möglichkeit, diese Dynamiken und Prozesse in den Blick zu nehmen, liegt in einer längsschnittlich konzeptionalisierten Ethnographie (Machold 2017). So kann die Genese von sozialen Reproduktions- und Transformationsprozessen sozialer Ungleichheitsverhältnisse in ihrem zeitlichen und gesellschaftlichen Kontext analysiert werden.

Während Michael Meier (2020) die Verbindung von Längsschnittdesign und Ethnographie methodologisch ausschließt, verfolgen wir in unserem Beitrag das Ziel, Ethnographie als längsschnittliche Forschungsstrategie zu konturieren. Unsere Argumentation werden wir mit Blick auf unsere ethnographisch ausgerichteten Projekte empirisch anreichern, die sich im Kontext

1 Wir danken Jasmin Lüdemann sowie den Herausgebern Peter Rieker und Franz Zahradnik sehr herzlich für die konstruktiven und hilfreichen Hinweise zur Überarbeitung unseres Textes.

der ungleichheitsbezogenen Migrationsforschung bewegen, und u. a. eine Auseinandersetzung mit sozialen Praktiken im Kontext von Bedingungen, Verläufen und Prozessen des Ankommens von Menschen mit Fluchterfahrungen fokussieren. Die beiden Forschungsprojekte sind nicht von Beginn an als qualitativer Längsschnitt geplant und konzipiert worden. In diesem Sinne sind sie nicht charakterisiert durch eine qualitative längsschnittlich ausgerichtete Forschungsstrategie, die systematisch auf Panelpflege, Verknüpfungen in der Interviewführung und eine längsschnittliche Datenanalyse setzt (Rieker/Humm/Zahradnik 2024). Wir werden daher im Folgenden zunächst klären, wie sich im Kontext von ethnographischer Forschung ein qualitativer Längsschnitt konzeptualisieren lässt und unsere Projekte vorstellen. Anhand ausgewählter Daten zeigen wir, welche Möglichkeiten und Herausforderungen einer längsschnittlichen Ethnographie sich im Kontext von Fluchtmigration für Forschungsbeziehungen, Datenerhebung und Datenanalyse ergeben. In einem Ausblick werden Erkenntnisse für die Analyse von Wandlungs- und Veränderungsprozessen im migrationsgesellschaftlichen Kontext von Integration, Zugehörigkeit und Ankommen formuliert.

2. Ethnographische Forschung als qualitativer Längsschnitt

Ethnographische Forschungen, die explizit als längsschnittliche Ethnographien konzeptualisiert sind, sind im aktuellen deutschsprachigen Forschungs- und Diskussionsstand der qualitativen Sozialforschung wenig vertreten. Eine Ausnahme in der ethnographischen Bildungs- und Migrationsforschung bilden die Arbeiten von Claudia Machold und Carmen Wienand (Machold 2017; Machold/Wienand 2018, 2021) zur (Re-)Produktion von sozialer Ungleichheit in Bildungsinstitutionen. Darüber hinaus legt Meier (2020, S. 178) dezidierte methodologische Überlegungen zu Ethnographie und qualitativem Längsschnittdesign vor, wobei er von einem standardisierten Verständnis von Längsschnitt ausgeht, welches auf das Erfassen von Veränderungen zwischen verschiedenen Erhebungszeitpunkten abzielt. Ein ethnographisches Forschungsdesign, so Meiers Argumentation (2020, S. 178), welches darauf setze, verschiedene Orte und Settings aufzusuchen und das Feld methodisch offen sowie methodenplural zu explorieren, sei strukturell inkompatibel und schließe methodologisch eine Verknüpfung mit einem längsschnittlichen Design aus. Dahingegen könne, so Meier (2020, S. 178), eine fokussierte Ethnographie (Knoblauch 2001) oder eine den Blick konstant befremdende Ethnographie im Anschluss an Klaus Amann und Stefan Hirschauer (1997), deren Gegenstände schon bekannt und vertraut sind, ein Längsschnittdesign im Sinne einer standardisierten Sozialforschung realisieren.

Ein solches Verständnis von Ethnographie als standardisierendem Längsschnitt greift aus unserer Perspektive zu kurz. Demgegenüber knüpfen wir an ein

Verständnis von qualitativen Längsschnittstudien an (Thiersch 2020), in welchem in der Regel soziale, biographische oder auch organisationale bzw. institutionelle Entwicklungs- und Wandlungsprozesse im Mittelpunkt des Interesses stehen (Rieker/Humm/Zahradnik 2024), wobei auf einzelne Individuen, Gruppen, Organisationen oder Diskurse fokussiert werden kann. Dabei geht es weniger im Sinne standardisierter Forschungsdesigns darum, Veränderungen zwischen verschiedenen Beobachtungszeitpunkten festzuhalten, wie das Meier (2020) beschreibt. Nach Peter Rieker, Jakob Humm und Franz Zahradnik (2024, Abs. 4) liegt das Potenzial der qualitativen Längsschnittforschung vielmehr darin, „dass dynamische Entwicklungen auf der Grundlage jeweils aktueller Erhebungen zugänglich werden und nicht gegenwärtige Konstrukte zu Vergangenem rekonstruiert werden".

Vom Aspekt der Zeitlichkeit her betrachtet sind ethnographische Forschungen im Grunde längsschnittlich konzipiert, da Forschende in der Regel über einen bestimmten Zeitraum hinweg in das jeweilige Feld gehen und sich dort aufhalten, um unterschiedliche Daten zu generieren (Meier 2020, S. 171; Thiersch 2020, S. 18). Über den Aspekt der Zeitlichkeit hinausgehend lässt sich eine längsschnittlich konzipierte Ethnographie auch gegenstandsbezogen begründen, wie etwa mit dem Blick auf die praktische Hervorbringung von sozialer Ungleichheit in Bildungsinstitutionen. Machold und Wienand (2018) zeigen in diesem Zusammenhang auf, dass mit einer längsschnittlichen Ethnographie die Genese von Bildungsungleichheit in der Migrationsgesellschaft rekonstruiert werden kann. Sie verschränken hierfür eine synchrone Perspektive auf den situativen Vollzug organisationsspezifischer Unterscheidungspraktiken mit einer diachronen Perspektive auf die Manifestation und Verfestigung von Unterscheidungspraktiken in den individuellen Bildungsverläufen von Kindern und Jugendlichen (Machold 2017, S. 159; Machold/Wienand 2021). Dafür führen sie zu mehreren vorab festgelegten und analytisch begründeten Zeitpunkten jeweils längere Beobachtungsphasen durch. Für die Analyse schlagen sie das Instrument des datenbasierten Porträts vor, mit dem die empirischen Daten ins Verhältnis zueinander gesetzt werden können. Damit kann einerseits dem Anspruch qualitativer Längsschnittstudien entsprochen werden, individuelle Verläufe zu rekonstruieren. Andererseits schließt es an die Idee der Triangulation an, wie sie in verschiedenen längsschnittlichen Studien angelegt ist (Machold/Wienand 2018, S. 135). Mit dem Konzept der Triangulation können unterschiedliche Daten- und Auswertungsmethoden und/oder subjektive Perspektiven aufeinander bezogen werden (Kelle 2001; Flick 2004; Rieker 2005). In ethnographisch ausgerichteten Forschungsprojekten bezieht sich dies beispielsweise auf die Erhebung wie auch Auswertung von Beobachtungsprotokollen, Feldgesprächen und Interviews (Mörgen 2020).

Catherine Delcroix (2013, 2021) realisiert mit ihrer Studie zur Familie Nour eine längsschnittliche Ethnographie. Sie hat eine Familie über 20 Jahre begleitet, die in einer französischen Banlieue lebt. In der dritten Auflage (Delcroix 2013), die zehn Jahre nach dem Erscheinen der ersten Forschungsergebnisse publiziert wurde, erläutert sie in einem Nachwort den weiteren Verlauf der Familiengeschichte und den Umgang der Familie mit der Prekarität der Banlieue. Auch Annette Lareau (2011) nimmt in ihrer klassischen ethnographischen Studie „Unequal Childhoods", die ungleiche Bedingungen des Aufwachsens in den USA zum Gegenstand hat, eine längsschnittliche Perspektive ein. Das „update a decade later", das sie in der Ausgabe von 2011 anfügt, und in dem sie die Lebens- und Bildungsverläufe der in der vierten Klasse ethnographisch begleiteten Kinder darstellt, beruht dann aber nicht mehr auf einer synchronen Perspektive, sondern geht auf Interviews zurück, die sie mit einzelnen Familienmitgliedern geführt hat, die an der ethnographischen Studie mehr als zehn Jahre zuvor teilgenommen haben. In einem ausführlichen Reflexionskapitel zur „longitudinal ethnography" (Lareau 2011, S. 312ff.) schildert und analysiert sie allerdings weniger das methodische Vorgehen als solches, sondern vielmehr die Reaktionen der Familien auf ihr Buch, das sie allen zur Verfügung gestellt hat, und das die Familien zum Teil als Verrat an ihrem der Forscherin entgegengebrachten Vertrauen betrachten.

Diese exemplarisch angeführten Studien können deutlich machen, dass auch für die Ethnographie als Längsschnitt gilt, was Rieker, Humm und Zahradnik (2024, Abs. 14) für die qualitative Längsschnittforschung im Allgemeinen festhalten: Das spezifische methodische Vorgehen wird kaum konkret expliziert und reflektiert, auch wenn Studien durchaus immer wieder längsschnittlich angelegt sind. Es besteht daher Bedarf an methodischen und forschungspraktischen Texten – beides wird im Folgenden für den ethnographischen Längsschnitt im Fluchtmigrationskontext in den Blick genommen.

3. Methodische und methodologische Überlegungen: zwei ethnographische Projekte im Kontext von Fluchtmigration

Die diesem Beitrag zugrunde gelegten Forschungsprojekte befinden sich an der Schnittstelle qualitativer Migrationsforschung und ethnographischer Sozialforschung. Wir werden sie im Folgenden in ihrer methodischen Anlage vorstellen und methodologisch einordnen.

3.1 Forschungsprojekt „Unbegleitete minderjährige Geflüchtete in institutioneller Betreuung"

Das erste Forschungsprojekt wurde im Rahmen des Nationalen Forschungsprogramms zur Aufarbeitung von Fürsorge und Zwang (NFP 76) vom

Schweizerischen Nationalfonds (SNF) von 2018 bis 2023 in der Schweiz gefördert.[2] Es untersucht die Unterbringung und Betreuung von unbegleiteten minderjährigen Geflüchteten (MNA/UMA),[3] wobei auf das Spannungsverhältnis von Fürsorge und Zwang fokussiert wird. Das Forschungsinteresse richtet sich sowohl auf die soziale Praxis der (institutionellen) Betreuung als auch auf deren subjektives Erleben durch die Beteiligten. Methodologisch verfolgt es einen qualitativen ethnographischen Ansatz (Breidenstein et al. 2013), der sich an der Grounded Theory orientiert (Strauss 1998). In die ethnographische Teiluntersuchung konnten verschiedene Betreuungsformen in fünf Unterbringungskontexten in der deutschsprachigen Schweiz einbezogen werden (UMA-Zentren, Durchgangszentren/Kollektivunterkünfte, Pflegefamilien), wobei sowohl große als auch kleine Einrichtungen sowie Pflegefamilien berücksichtigt wurden (Mörgen/Rieker 2024). Über Zeiträume von drei bis sechs Monaten war jeweils eine Projektmitarbeiterin an ca. einem Tag in der Woche in den Einrichtungen präsent, hat am Alltagsleben teilgenommen und dabei Beobachtungen und Interviews durchgeführt. Zudem wurden Interviews mit den verschiedenen am Alltag der Betreuung Beteiligten (Jugendliche, Fachkräfte, Pflegeeltern) und Expert:innen, die Fragen der Unterbringung und Betreuung aus unterschiedlichen Perspektiven beleuchtet haben, geführt. Hierbei konnten acht junge Erwachsene zu zwei bzw. drei Zeitpunkten (2019, 2021, 2023) befragt werden. Darüber hinaus liegen in fünf Fällen jeweils zwei Interviews mit Betreuungspersonen vor, die zwischen 2019 und 2021, ebenfalls im Abstand von jeweils ca. zwei Jahren, erhoben wurden. Indem den Akteur:innen zu den für sie relevanten Orten, auch außerhalb der Einrichtungen, gefolgt wurde, konnten auch Aspekte einer *multisited ethnography* (Marcus 1995) realisiert werden.

3.2 Forschungsprojekt „Familiengeschichte(n) und Erinnerung in der Migration“

Das zweite Forschungsprojekt untersucht familiäre Aushandlungsprozesse in Familien mit Flucht- bzw. Migrationsgeschichte als *family practices* im Sinne David H. J. Morgans (2011) und die Bedeutung von Erinnerungspraktiken für Prozesse des *doing family* (Jurczyk 2014). Es richtet sich zum einen auf die Familiengeschichte(n) von Familien mit Flucht*Migrationsgeschichte, zum anderen auf situative Erinnerungspraktiken, für die verschiedene Artefakte wie

2 In dem Projekt arbeiteten Ellen Höhne, Rebecca Mörgen und Peter Rieker (Projektleitung).

3 Wir verwenden für diese Personengruppe die kategoriale Bezeichnung *mineur non accompagné*, kurz „MNA“ für unbegleitete minderjährige Geflüchtete. Im Unterschied zu dem Begriff „unbegleitete minderjährige Asylsuchende“ (UMA) umfasst die Bezeichnung *mineur non accompagné* alle Jugendlichen, die ohne Sorgeberechtigte in der Schweiz leben, und bezieht sich nicht nur auf den Status des Asylverfahrens.

Fotos, Familienalben sowie Alltagsgegenstände relevant werden (Schnitzer/Rieker 2022). Das Projekt wurde von der Stiftung für wissenschaftliche Forschung an der Universität Zürich gefördert und von 2018 bis 2024 durchgeführt.

Gegenstand der Untersuchung ist die soziale Praxis der Erinnerung als kollektive Ko-Konstruktion auf der Basis individueller Auseinandersetzungen und Erfahrungsreflexionen der eigenen Familiengeschichte. Familiengeschichten werden häufig abseits formeller Aufnahmesituationen im Sinne von *small stories* erzählt, die in gemeinsam vollbrachte Alltagstätigkeiten eingewoben werden (Schnitzer 2020). Über teilnehmende Beobachtungen wurden familienspezifische Praktiken der Erinnerung in ihren situativen Logiken in den Blick genommen (vgl. Breidenstein et al. 2013). Im Rahmen der Analyse können Herausforderungen durchlaufener Transformationsprozesse für die Konstitution von Familie und in ihrer Bedeutung für das generationenübergreifende Familiengefüge zum Gegenstand der Forschung gemacht werden und zum Verstehen grenzüberschreitender, transnationaler Migrationsprozesse beitragen.

Im Projekt wurden Familien zwischen 2018 und 2021 über einen längeren Zeitraum begleitet, der von mehreren Monaten bis zu drei Jahren reichte. Es wurden insgesamt sechs Familien ausgewählt, die über eine Flucht*Migrationsgeschichte verfügen und zum Zeitpunkt der Erhebung bereits zwischen drei und fünf Jahren in der Schweiz lebten. Dabei ergaben sich immer wieder neue Familienkonstellationen, weil zuvor abwesende Personen anwesend waren oder umgekehrt. Von den Besuchen in den Familien und auch den Gesprächen wurden Beobachtungsprotokolle erstellt. Die familienbiographischen Gespräche wurden digital aufgenommen und transkribiert. Die Auswertung erfolgt in einem Wechsel von systematisierenden Kategorisierungen im Sinne des Aufspürens analytischer Themen und sequenziellen Feinanalysen zur Rekonstruktion situativer Logiken und familienbiographischer Bedeutungen von Erinnerungspraktiken (vgl. Rosenthal 2005/2011; Breidenstein et al. 2013).

4. Erfahrungen, Möglichkeiten und Herausforderungen einer längsschnittlichen, ethnographischen Fluchtmigrationsforschung

Im Folgenden werden wir auf drei Aspekte eingehen, die aus unserer Perspektive für eine längsschnittlich ausgerichtete Ethnographie zentral sind (vgl. auch Rieker/Humm/Zahradnik 2024): Dynamiken von Forschungsbeziehungen im Zeitverlauf, die Datenerhebung als prozessualer und flexibler Ansatz sowie die Datenauswertung im Längsschnitt. Wir werden hierbei Möglichkeiten und Herausforderungen thematisieren und mit Auszügen aus empirischem Material illustrieren. Die Stärke der ethnographischen Längsschnittforschung liegt aus unserer Perspektive in ihrem dynamischen, ganzheitlichen Forschungsdesign, das durchgängig von Prozesshaftigkeit geprägt ist.

4.1 Dynamiken von Forschungsbeziehungen im Zeitverlauf

In der qualitativen Längsschnittforschung wird der „Panelpflege“ und damit der Frage, wie Kontakte zu Forschungsteilnehmer:innen gepflegt werden, sodass sie auch für weitere Erhebungswellen zur Verfügung stehen, eine besondere Bedeutung beigemessen (Neale 2021, S. 347; Rieker/Humm/Zahradnik 2024, Abs. 7). In der ethnographischen Forschung geht es weniger um ein Panel, das stabil gehalten werden muss, sondern um den Aufbau und die Pflege sozialer Forschungsbeziehungen. Dabei gilt es immer, den Dynamiken im Zeitverlauf gerecht zu werden. Während es zunächst darum geht, überhaupt einen Zugang zum Feld zu erhalten, ist es im Falle einer längsschnittlichen Ethnographie im weiteren Verlauf bedeutsam, die Forschungsbeziehungen so zu gestalten, dass sie über einen langen Zeitraum und auch über unterschiedliche Herausforderungen hinweg tragfähig bleiben. Der Aufbau und die Gestaltung sozialer Beziehungen sind in ethnographischen Projekten grundsätzlich relevant, erhalten aber im Kontext von Fluchtmigration und in der längsschnittlichen Forschung mit vulnerablen Personengruppen eine besondere Bedeutung.

Um die Bedingungen des Aufwachsens und des Ankommens von jungen Geflüchteten zu erfassen, waren wir im MNA-Projekt als Forscher:innen über mehrere Wochen und Monate hinweg stellenweise ganze Tage in den Institutionen anwesend und haben an alltäglichen institutionellen Praktiken teilgenommen, wie Essensausgabe, gemeinsames Kochen, Übernahme von Putzdiensten, Hausaufgabenhilfe, Unterstützung bei Nähprojekten oder gemeinsame Arztbesuche. Dadurch haben wir uns den jungen Geflüchteten wie auch den Fachpersonen gegenüber bekannt gemacht und zu einzelnen Vertrauen aufgebaut. So konnten wir vermeiden, als Vertreter:innen des Staatssekretariates für Migration oder anderer offizieller Behörden gesehen zu werden. Die wiederkehrende Anwesenheit in der Institution, das Suchen von Gesprächen und das in Beziehung treten mit den Jugendlichen stellte sodann eine Basis dafür dar, dass die jungen Menschen bereit gewesen sind, mit uns Gespräche zu führen.[4]

In beiden Projekten waren Gatekeeper:innen von Bedeutung, wie etwa die Leiterin einer NGO bzw. die Leiter:innen der jeweiligen Asyleinrichtungen oder Kinder, die die Forscher:innen in Gespräche verwickelten und für Spiele gewinnen konnten. Zudem gab es in beiden Projekten neben den Spielen verschiedene gemeinsame Aktivitäten wie Arbeiten im Haushalt oder auch Hausaufgabenhilfe für

4 In beiden Projekten wurde explizit der Begriff „Gespräch“ verwendet, da „Interview“ in der Regel mit der Asylanhörung assoziiert ist.

die Kinder. Die folgende Sequenz aus dem Familienprojekt zeigt auf, welche Bedeutung Forschungsbeziehungen in prekären Lebenssituationen haben können:

> Als wir gemeinsam den Tisch abräumen […], erzählt mir Ebru [Mutter] von den Geburten ihrer Kinder. Sie steht in der Küche hinter der halbhohen Mauer, die den Küchenbereich vom großen Wohn- und Essraum trennt. Ich stehe beim Tisch und reiche ihr alles in die Küche. […] Sie erzählt mir in einer Mischung aus Englisch und Deutsch, dass sie sieben Jahre in Dubai gelebt haben. Und da ist auch ihr erstes Kind zur Welt gekommen: „So schwer bei Edin in Dubai alleine, ohne Mutter. So viel geweint". Auch beim Erzählen nunmehr zwölf Jahre später stehen ihr die Tränen in den Augen und die Emotion ist ihr deutlich anzumerken. Sie schaut mich mit einem direkten, sehr eindringlichen Blick an und erzählt so eindrücklich, dass auch ich den Tränen nahe bin. […]
>
> Nach dem Abschied begleitet Enes [Vater] mich zur Bushaltestelle. Er erzählt mir, wie schwer die Situation für Ebru ist und dass sie oft weint, weil sie sich einsam fühlt und ihre Familie vermisst. Für ihn selbst geht es besser, aber für Ebru sei es sehr schwer. Als der Bus heranfährt, schaut er mich noch einmal direkt an und sagt: „Danke für alles, was Du für Ebru gemacht hast. Komm bitte wieder, aber nicht nur für Projekt!" Er hat Tränen in den Augen, als wir uns verabschieden (Protokoll Besuch Familie Essa, 20.07.2019).

Die Forschungsbeziehung ermöglicht hier in Gesprächen zwischen zwei Frauen, die beide Kinder zur Welt gebracht haben, Emotionen zu zeigen, zu thematisieren und zu teilen. Sie erscheint nicht nur funktional, um den Feldzugang zu ermöglichen, sondern affektiv-emotional bedeutsam. Zugleich wird die isolierte Lage der Familie deutlich, die im ländlichen Raum untergebracht ist und kaum Kontakt zur örtlichen Bevölkerung hat. Kontakte werden zudem durch die eingeschränkte Erreichbarkeit mit öffentlichen Verkehrsmitteln erschwert. In einer längsschnittlichen Ethnographie ist damit Vertrautheit und emotionale Involviertheit, die in anderen Forschungszugängen als „Gefahr" gesehen wird, ein in hohem Maße ermöglichendes Element, das nicht gefürchtet, sondern im Gegenteil angestrebt wird (Katz 1999; Bollig/Neumann 2011).

Nur wenn langfristig eine tragende Forschungsbeziehung etabliert wird, ist es möglich, auch nach längerer Zeit und über längere Zeit hinweg die Kontakte zu aktivieren, sodass die Institutionen erneut aufgesucht bzw. die Personen erneut besucht werden können. Dabei waren allerdings verschiedene Herausforderungen durch asylstrukturell bedingte Veränderungen zu bearbeiten: So haben die Jugendlichen teilweise mit dem Erlangen der Volljährigkeit ihre Wohnorte gewechselt. Damit waren sie während der ethnographischen Feldaufenthalte in den Institutionen nicht mehr anwesend und auch nicht mehr adressierbar und waren dann nur noch erreichbar, wenn bereits eine Beziehung zu uns Forschenden bestand. Den bestehenden Vertrauensbeziehungen wurde bei den mehrfachen

Interviews mit den jungen Erwachsenen auch dadurch Rechnung getragen, dass diejenigen Forscher:innen mit ihnen Kontakt aufnahmen, die bereits die ersten Interviews geführt haben. Einzelne Forschungsteilnehmer:innen wurden zudem in beiden Projekten zu zentralen „Figuren im Feld", kristallisierten sich aber erst im Verlauf als solche heraus – so wurde im MNA-Projekt eine intensive Beziehung zu Aras aufgebaut, mit dem sich eine der Forscher:innen auch nach seinem Auszug aus der Institution immer wieder getroffen hat.

Für die Pflege der sozialen Beziehungen ist in ethnographischen Projekten in einem prekären Forschungsfeld das Interesse der Forscher:innen an gesellschaftspolitischen Fragen von Bedeutung. Für die Anteilnahme an asylbedingten Herausforderungen, wie Rekursen im Asylverfahren, war so etwa das gemeinsame Lesen von amtlichen Briefen für den Beziehungsaufbau wichtig. Doch nicht immer gelingt der Beziehungsaufbau oder das Aufrechterhalten einer Forschungsbeziehung in prekären Forschungskontexten. Bei der Kontaktaufnahme im Familienprojekt kam in einem Fall nach einem ersten Treffen kein weiteres mehr zustande. In einem Fall konnte der Kontakt zu einer Familie nach einem Jahr trotz mehrerer Versuche der Kontaktaufnahme nicht aufrechterhalten werden. In prekären Lebenssituationen entsteht ein erhöhter Anspruch, den „Wert" der Forschungsbeziehung auch für die Forschungspartner:innen deutlich zu machen. Die Familie erwartete sich in diesem Falle von der Forschungsbeziehung eine Verbesserung ihrer asylstrukturell bedingten, eingeschränkten Lebenssituation.

In diesen Ausführungen wird deutlich, dass in der Ethnographie Forschungsbeziehung, Datenerhebung und Datenanalyse, die hier in getrennten Unterabschnitten thematisiert werden, in ihrer Prozesshaftigkeit immer wieder nahe beieinanderliegen und in ihren Dynamiken verflochten sind. Der Übersicht halber bleiben wir aber dennoch bei dieser analytischen Trennung und gehen im Folgenden auf Fragen der Datenerhebung ein.

4.2 Datenerhebung als prozessuales und flexibles Vorgehen

In Bezug auf die Datenerhebung zeigen sich in unseren Projekten unterschiedliche Möglichkeiten und Herausforderungen, die insbesondere in der Prozesshaftigkeit und Flexibilität des Vorgehens begründet liegen. Die Datenerhebung in einer längsschnittlichen Ethnographie ist von verschiedenen Erhebungsmethoden geprägt, die sich über die Zeit hinweg auch wandeln können: bedingt durch sich verändernde Lebensumstände, ein sich ausdifferenzierendes Verständnis des untersuchten Phänomens oder auch eine Weiterentwicklung der Fragestellung. Als Erhebungsmethoden kommen neben teilnehmenden Beobachtungen informelle Gespräche, ethnographische wie auch biographisch-narrative und/oder problemzentrierte Interviews zum Einsatz. Im Zuge der Corona-Pandemie wurden Gespräche zudem online über Videotelefonie geführt. Feldnotizen und

Beobachtungsprotokolle wurden in beiden Projekten genutzt, um Feldwissen, aber auch Irritationen der Forscher:innen, festzuhalten: Sie geben damit Auskunft über die Perspektiven der Forscher:innen und Veränderungen im Feld. Sie machen eigene Norm- und Wertvorstellungen der Forscher:innen deutlich, die so in der Analyse genutzt und zum Gegenstand der Reflexion werden können (Mörgen 2020). Im Falle von „Ankommensprozessen", die u. a. in unseren Projekten im Zentrum standen und sich über zum Teil lange Zeiträume erstrecken und entwickeln können, werden durch die verschiedenen Materialien differenzierte Einblicke möglich (Schnitzer/Rieker 2022).

Neben den Beobachtungsprotokollen und Interviews haben etwa Artefakte, wie beispielsweise Fotoalben oder behördliche Briefe, an Relevanz gewonnen. Welche Artefakte hierbei in den Forschungssituationen relevant und von den Forschungsteilnehmer:innen eingebracht werden, verändert sich über die Zeit hinweg – zum einen, weil mit zunehmender Vertrautheit andere Dinge gezeigt werden, zum Teil aber auch, weil die Beobachtungssituationen durch jeweils aktuelle Erlebnisse geprägt sind, die beeinflussen, was zum Thema gemacht wird. In einer Familie etwa wurde zu Beginn unserer Forschungsgeschichte ein öffentlich zugänglicher Zeitungsartikel genutzt, um die eigene Geschichte zu erzählen und zu belegen. Im weiteren Verlauf verändert sich das:

> Die Kinder sind jetzt im Bett. Ich sitze mit Ebru auf dem Sofa, Enes ist noch am Telefon mit seiner Familie. Ebru zeigt mir ihre WhatsApp-Familiengruppe. Sie hat zwei Schwestern in Kanada, einen Bruder in England, einen in Norwegen, einen in Dubai und einen in der Türkei. Sie zeigt mir Fotos von ihrem Vater und von ihrer Mutter. Mir fällt auf, dass sie kein Kopftuch trägt. Ebru sucht Fotos von sich. Sie zeigt mir ein Foto, auf dem sie beim Arzt sitzt. Sie hat im Moment immer wieder schlimmes Kopfweh, Migräne. Sie erzählt noch mal, dass sie in Dubai Wirtschaft studiert hat und danach ein halbes Jahr ein Praktikum bei einer Bank gemacht hat. Mit 25 hat sie geheiratet und war dann mit den Kindern zu Hause. Sie zeigt auf das Handy: „Da drin ist mein ganzes Leben seit ich in der Schweiz bin" (Protokoll Besuch Familie Essa, 05.10.2021).

Die verschiedenen Artefakte geben unterschiedliche Einblicke in ihre Familiensituation und in die Erfahrungen, die im Zuge des Ankommensprozesses für sie relevant werden. Dass Artefakte in der Weise bedeutsam werden, war in der Projektkonzeption zunächst nicht explizit vorgesehen. Inzwischen liegt aus fast jeder Familie eine Dokumentation von Artefakten vor. Neben dem Zeitungsartikel, der in der eben genannten Familie gezeigt wird, wird in einer anderen ein Buch als Geschenk überreicht, das dokumentarisch die Geschichte der Familie erzählt. Artefakte werden in verschiedener Weise genutzt, um die eigene Familiengeschichte zu erzählen, sodass sich über die im Feld eingebrachten Artefakte auch der Fokus der Forschung weiterentwickeln konnte (Schnitzer i. E.).

Im Verlauf der längsschnittlichen Erhebung wurden zudem thematische Einschränkungen – wie etwa die Vorgabe, nicht nach der Fluchtreise zu fragen, die im MNA-Projekt im Entscheid der zuständigen Ethikkommission gemacht wurde – von den Jugendlichen mitunter selbstständig außer Kraft gesetzt. Damit wird die *agency* deutlich, über die die Jugendlichen auch in entsprechend sorgsam gestalteten Erhebungssituationen verfügen.[5] Aras etwa, ein Jugendlicher, der im MNA-Projekt zu einer „zentralen Figur im Feld" wurde, erzählt beim dritten Besuch der Forscherin von seiner Fluchtreise und berichtet, dass seine Schwester nun auch auf dem Weg sei – ein schwieriges, zugleich aber für ihn wichtiges Thema wird damit eigenständig eingebracht.

Bezugnahmen auf frühere Gespräche oder Besuche, die in der qualitativen Längsschnittforschung kritisch diskutiert werden (vgl. Rieker/Humm/Zahradnik 2024), finden in unseren Projekten fortwährend statt und sind eher fruchtbar als problematisch: Sie bieten nicht nur im eben zitierten Fall von Aras Anknüpfungspunkte, etwa wenn auf gemeinsame Erlebnisse oder gemeinsame Bekannte im Feld Bezug genommen wird, sondern es können auch bei verschiedenen Besuchen über die Zeit hinweg unterschiedliche Konstellationen beobachtet werden, die etwa im Familienprojekt auch durch Geburten oder das Heranwachsen von Kindern und Jugendlichen geprägt sind. Im Zuge der Erhebung können so die Dynamiken und der Vollzug sozialer Praktiken im Zeitverlauf erfasst werden, die in der Analyse detaillierte Einblicke in komplexe Forschungsgegenstände ermöglichen.

4.3 Datenanalyse im Längsschnitt: vom Feld zum datenbasierten Porträt

In ethnographischen Forschungsprojekten besteht, wie bereits dargelegt, schon über die längeren Forschungsaufenthalte ein Längsschnittdesign, und in der Regel werden längerfristige Prozesse in den Blick genommen. So hat etwa Alice Goffman (2015) die Bewohner:innen einer benachteiligten Gegend in Philadelphia über mehrere Jahre begleitet, um deren Kriminalisierung nachzuzeichnen und so US-amerikanische Sanktionspolitiken kritisch zu hinterfragen. Laura Otto (2020) hat in ihrer Studie zu jugendlichen Geflüchteten in Malta längerfristige Prozesse fokussiert: Sie untersucht Altersfeststellungsverfahren und fragt nach der Herstellung von Alter als entscheidender Kategorie im Grenzregime an der EU-Außengrenze. Veränderungen im Feld und damit verbundene „Dimensionen und Dynamiken zeitlicher Verläufe", wie sie als Gegenstand der qualitativen

5 Zur Erarbeitung von *agency* und ihrem Verhältnis zu vulnerablen Lebenssituationen vgl. auch Rebecca Mörgen und Peter Rieker (2021).

Längsschnittforschung benannt werden (Rieker/Humm/Zahradnik 2024, Abs. 4), werden jedoch nicht immer systematisch in der Analyse untersucht.

Wir werden im Folgenden eine Möglichkeit für eine längsschnittlich ausgerichtete Analyse in der Ethnographie vorstellen, die den Überlegungen von Machold (2017) folgt, und diese dabei exemplarisch an einigen Stellen an unsere eigene Forschungspraxis rückbinden.

Für die systematische Analyse in einer längsschnittlich ausgerichteten Ethnographie schlägt Machold (2017) das datenbasierte Porträt als Instrumentarium vor, wobei sie einen besonderen Fokus auf ethnographische Ungleichheitsforschung legt. Mit einer solchen Ausrichtung können ethnographische Studien einerseits Erkenntnisse über soziale Praktiken in Institutionen oder auch Familiensituationen generieren und jeweils spezifische Aussagen zu den Kontexten machen. Andererseits kann mit der diachronen Perspektive rekonstruiert werden, a) wie sich diese Praktiken im individuellen Verlauf manifestieren und b) inwiefern sich das subjektive Erleben von situativen Praktiken und sozialen Situationen unterscheidet bzw. wie diese von den Menschen wahrgenommen und eingeordnet werden. Zudem können c) über eine Kombination einer synchronen mit einer diachronen Perspektive situative Aushandlungen von Bedeutungen in Unterscheidungspraktiken in Bezug gesetzt werden zu längerfristigen Verläufen, in denen sich ungleichheitsrelevante Unterscheidungen festschreiben. In einer so ausgerichteten Ethnographie werden zu unterschiedlichen Zeitpunkten neben ethnographischen Protokollen informelle Gespräche und ethnographische Interviews erhoben. Diese umfangreichen Datenmaterialien werden bei Machold (2017) in Form eines datenbasierten Porträts organisiert, um sie der Analyse zugänglich zu machen. Hierbei steht nicht das Subjekt im Zentrum, sodass die Porträts „keine Individuen in ihrem Wesen oder Werden“ (Machold 2017, S. 160) abbilden. Dies knüpft an eine methodologische Grundhaltung an, aus der heraus in der Ethnographie in der Regel auf soziale Situationen (Goffman 1967/2008, S. 9) und soziale Praktiken (Reckwitz 2003; Hillebrandt 2014), nicht auf Individuen fokussiert wird. Gleichzeitig, so argumentieren Machold (2017) und Katrin Ulrike Zaborowski, Michael Meier und Georg Breidenstein (2011), erfolgt in den Feldforschungen – wie das oben in Bezug auf Aras deutlich wurde – in der Regel eine Fokussierung und Verdichtung auf einzelne „Figuren im Feld“ (Zaborowski/Meier/Breidenstein 2011, S. 247). Das datenbasierte Porträt repräsentiert die auf Basis der im Längsschnitt zu einer Person erhobenen Daten, die aus unterschiedlichen Perspektiven analysiert werden. Wie lässt sich dies nun auf die dem Beitrag zugrundeliegenden Projekte übertragen?

Eine systematisch als längsschnittlich konzipierte Ethnographie bietet im Anschluss an Machold (2017, S. 159) die Möglichkeit, eine *synchrone Perspektive* auf soziale Praktiken, beispielsweise Erinnerungspraktiken in der Familie oder Unterscheidungspraktiken in Unterbringungskontexten von geflüchteten Jugendlichen, mit einer *diachronen Perspektive* auf individuelle Verläufe zu verbinden, beispielsweise die Verläufe des Ankommens von Menschen mit Fluchterfahrung in einem „Aufnahmeland". Mit Blick auf das Projekt zur Unterbringung von unbegleiteten minderjährigen Geflüchteten haben wir keine längeren Feldphasen zu unterschiedlichen Zeitpunkten durchgeführt, sodass sich die *synchrone Perspektive* auf einen spezifischen Zeitraum bezieht. Im Sinne einer längsschnittlichen Ethnographie können weitere Feldphasen entweder in der gleichen Institution oder durch die Begleitung einzelner Personen durchgeführt werden. Im MNA-Projekt wurde die *diachrone Perspektive* über Interviews verfolgt, die mit einzelnen jungen Geflüchteten zu unterschiedlichen Zeitpunkten geführt wurden, um individuelle Verläufe zu rekonstruieren.

Neben der Organisation und Systematisierung der Fülle des in längsschnittlichen Projekten erhobenen Datenmaterials kennzeichnen ein solches Porträt drei analytische Funktionsweisen (Machold 2017, S. 162–172), die sich auf unsere Projekte übertragen lassen:

1. Zur Erforschung von sozialen Praktiken der Erinnerung und Integration können an unterschiedlichen Schauplätzen und Orten im Sinne einer *multi-sited ethnography* Daten erhoben und im datenbasierten Porträt zusammengeführt werden: Hier erfolgt eine Flexibilisierung des Feldes durch die Strategie *follow the people*, sodass Schauplätze, wie Arztbesuche, Asylanhörungen, Einkäufe, Ausflüge oder auch das Abholen der Kinder vom Kindergarten, in die Analyse mit einbezogen werden können;
2. mit verschiedenen Methoden erhobene Materialien und Datensorten wie Protokolle, Transkripte und Artefakte können für die Erforschung und Analyse von Integrations- und Erinnerungspraktiken im Sinne von Methodenpluralität und Multiperspektivität gebündelt werden;
3. in dieser Bündelung können Aufschichtungen von Integrationserfahrungen und Zugehörigkeitsverläufen im Sinne eines *doing biography* (vgl. Dausien/Kelle 2005) analysierbar gemacht werden.

Mit einem datenbasierten Fallporträt ist es in ethnographischen Forschungsprojekten möglich, systematisch eine längsschnittliche Perspektive einzunehmen, um Prozesse und Mechanismen zu explizieren, die beispielsweise zur (Re-)Produktion von sozialer Ungleichheit beitragen. Dabei können sowohl Exklusionsmechanismen und Praktiken des Ausschlusses rekonstruiert werden (Mörgen/Rieker 2024) als auch das subjektive Erleben über die Zeit (Rieker/Mörgen 2023), indem neben situativen Unterscheidungen auch biographische Erzählungen und die über sie rekonstruierbaren Aufschichtungen zu spezifischen Verläufen in den Blick genommen werden (Schnitzer 2018). Eine Herausforderung ist dabei allerdings, dass es für die systematische Analyse wichtig ist, von Beginn an eine auf den Längsschnitt ausgerichtete konzeptionelle Perspektive einzunehmen.

5. Fazit und Ausblick

Ausgangspunkt unserer Überlegungen war erstens die Frage, was mit einem ethnographischen Zugang unter Längsschnittforschung verstanden werden kann. Zweitens interessierte uns die Frage, wie eine längsschnittliche, methodenplurale ethnographische Perspektive für die Analyse der sozialen Dynamiken von Verläufen von Integration, Zugehörigkeit und Ankommensprozessen im migrationsgesellschaftlichen Kontext fruchtbar gemacht werden kann. Dabei ist insbesondere die Frage zu klären, wie über die Fokussierung auf situative Hervorbringungen sozialer Situationen und Praktiken im Zeitverlauf eine diachrone Perspektive auf soziale Veränderungsprozesse realisiert werden kann.

Mit Blick auf diese Fragen lässt sich festhalten, dass in beiden Studien eine längsschnittliche Perspektive eingenommen wurde, ohne dass diese – wie dies in vielen ethnographischen Studien ebenfalls der Fall ist – in den jeweiligen Forschungsdesigns als solche explizit ausgewiesen wurde. In der *Studie zu Ankommens- und Zugehörigkeitsprozessen junger Geflüchteter* wurde in verschiedenen Institutionen eine jeweils längere Feldphase durchgeführt, über die in einer synchronen Perspektive situative Praktiken in den Blick genommen wurden. Eine diachrone Perspektive wurde über Interviews eingenommen, die mit einzelnen Fachkräften und Jugendlichen, die sich im Laufe der Feldphase als „zentrale Figuren" herauskristallisiert hatten, in größeren zeitlichen Abständen durchgeführt wurden. Ergänzend wurde in einem historischen Projektteil eine längerfristige Perspektive der historischen Einbettung aktueller Umgangsweisen mit Fluchtmigration eingebracht (Mörgen/Höhne/Rieker 2024). So können zum einen situierte Praktiken in „Institutionen des Ankommens" und damit einhergehende Zugehörigkeits- und Differenzkonstruktionen Gegenstand der Untersuchung werden. Zum anderen können längerfristige Verläufe des „Ankommens" rekonstruiert werden. In der *Studie zu Ankommens- und Erinnerungsprozessen in Familien* wurden verschiedene Familien über eine längere Zeit hinweg mehrfach besucht, sodass familiale Erinnerungspraktiken und damit einhergehende Prozesse des *doing family* (Jurczyk 2014) zu verschiedenen Zeitpunkten Gegenstand der Untersuchung werden können. Zudem wurde in den Gesprächen eine (familien-)biographische Perspektive eingeführt, die längerfristige Verläufe des Ankommens und deren Einbettung in die Familiengeschichte in diachroner Ausrichtung rekonstruierbar macht. Synchrone und diachrone Aspekte werden so verschränkt (Schnitzer 2023). Damit können in beiden Projekten soziale Veränderungsprozesse aus der subjektiven Perspektive der Forschungsteilnehmer:innen erfasst werden. Zudem kann die situative Hervorbringung von Veränderungs- und Marginalisierungsprozessen im zeitlichen Verlauf zum Gegenstand der Untersuchung werden. In dieser Verschränkung diachroner und synchroner Aspekte werden mit einer längsschnittlichen

Ethnographie für eine ungleichheitstheoretisch interessierte Forschung im Kontext von Flucht*Migration Erkenntnisse möglich, die unterschiedliche für Ankommens- und Zugehörigkeitsprozesse relevante Dimensionen in den Blick nehmen.

Forschungspraktische und -methodische Herausforderungen ergeben sich auf unterschiedlichen Ebenen: Auf der Ebene der Forschungsbeziehungen müssen in einem von Prekarität und Ungleichheiten geprägten Feld tragfähige Beziehungen etabliert und erhalten werden. Dies geht mit einem bedeutsamen Zeit-, Kraft- und Reflexionsaufwand für alle Beteiligten einher – Forscher:innen und Teilnehmer:innen des Feldes. Auf der Ebene der Datenerhebung müssen im Sinne der Methodizität des Feldes (Amann/Hirschauer 1997) im Verlauf erforderliche Veränderungen der Forschungsmethoden vorgenommen werden, um ergebnisoffen im Sinne sich verändernder Gegenstände wesentliche Aspekte des Feldes erfassen zu können. So wurden etwa im Laufe der MNA-Forschung wiederholte Gespräche mit einzelnen „zentralen Figuren", im Familienprojekt Artefakte viel relevanter als dies zunächst angelegt war. Im Kontext der Auswertung gilt es, die Fülle an erhobenen Daten einer systematischen Analyse zugänglich zu machen und dabei Potenziale des Längsschnitts zu nutzen. Hierbei bietet das datenbasierte Porträt vielversprechende Möglichkeiten (Machold 2017), die in zukünftigen Projekten noch systematischer genutzt werden können. Zudem ist spezifischen Herausforderungen und Veränderungen des Feldes zu begegnen, wie Wohnortwechseln der Forschungsteilnehmer:innen, aber auch biographischen Veränderungen im Leben der Forscher:innen, die unterschiedliche Perspektiven auf ein Phänomen eröffnen können.

Zusammenfassend kann festgehalten werden, dass ethnographische Projekte häufig längsschnittlich ausgerichtet sind (vgl. u. a. Lareau 2011; Delcroix 2013; Goffman 2015; Otto 2020), wobei dies nicht systematisch für die Analyse zeitlicher Verläufe im Sinne sozialer Veränderungsprozesse genutzt wird. Das hat möglicherweise damit zu tun, dass Ethnographie klassischerweise als längerfristiger „Zugriff" auf ein Feld gedacht wird und Veränderungsprozesse immer auch Teil, aber nicht systematisch Fokus des forschenden Blickes sind. Die Idee ist häufig vielmehr, über eine längere Teilnahme eine Vertrautheit im Feld herzustellen (Breidenstein et al. 2013), um Zugang zu bekommen zu für die Forschung wesentlichen Phänomenen. Gegenstände der Forschung sind dann weniger Veränderungen als solche, sondern vielmehr situative Herstellungen, soziale Praktiken in ihren Vollzügen, die situative Aushandlung von Bedeutungen sowie soziale Markierungs- und Stigmatisierungsprozesse. Ein Vorteil ethnographischer Forschung ist dabei gerade die Beobachtung dynamischer sozialer Prozesse über die Zeit. Insofern ist eine ethnographische Längsschnittforschung zwar zeit- und ressourcenaufwändig, doch sie trägt zu einem besseren Verständnis von dynamischen Wandlungsprozessen und von Lebensverläufen bei.

Literatur

Amann, Klaus/Hirschauer, Stefan (1997): Die Befremdung der eigenen Kultur. Ein Programm. In: Hirschauer, Stefan/Amann, Klaus (Hrsg.): Die Befremdung der eigenen Kultur. Zur ethnographischen Herausforderung soziologischer Empirie. Frankfurt am Main: Suhrkamp, S. 7–52.

Bollig, Sabine/Neumann, Sascha (2011): Die Erfahrung des Außerordentlichen. Fremdheit/Vertrautheit als methodisches Differenzial einer Ethnographie pädagogischer Ordnungen. In: Zeitschrift für Qualitative Forschung (ZQF) 12, H. 2, S. 199–216.

Breidenstein, Georg/Hirschauer, Stefan/Kalthoff, Herbert/Nieswand, Boris (2013): Ethnografie. Die Praxis der Feldforschung. Konstanz: UVK.

Dausien, Bettina/Kelle, Helga (2005): Biographie und kulturelle Praxis. Methodologische Überlegungen zur Verknüpfung von Ethnographie und Biographieforschung. In: Völter, Bettina/Dausien, Bettina/Lutz, Helma/Rosenthal, Gabriele (Hrsg.): Biographieforschung im Diskurs. Wiesbaden: VS Verlag für Sozialwissenschaften, S. 189–212.

Delcroix, Catherine (2013): Ombres et lumières de la famille Nour. Comment certains résistent face à la précarité. 3., überarbeitete und ergänzte Auflage. Paris: Payot & Rivages.

Delcroix, Catherine (2021): Licht und Schatten der Familie Nour. Wie manche der Prekarität trotzen – Biographische Rekonstruktionen. Opladen/Berlin/Toronto: Barbara Budrich.

Flick, Uwe (2004): Triangulation. Eine Einführung. Wiesbaden: VS Verlag für Sozialwissenschaften.

Goffman, Alice (2015): On the Run. Fugitive Life in an American City. New York: Picador.

Goffman, Erving (1967/2008): Interaktionsrituale. Über Verhalten in direkter Kommunikation. 8. Auflage. Frankfurt am Main: Suhrkamp.

Hillebrandt, Frank (2014): Soziologische Praxistheorien. Eine Einführung. Wiesbaden: Springer VS.

Jurczyk, Karin (2014): Doing Family – der Practical Turn der Familienwissenschaften. In: Steinbach, Anja/Hennig, Marina/Arránz Becker, Oliver (Hrsg.): Familie im Fokus der Wissenschaft. Wiesbaden: Springer VS, S. 117–138.

Katz, Jack (1999): How Emotions Work. Chicago/London: University of Chicago Press.

Kelle, Helga (2001): Ethnographische Methodologie und Probleme der Triangulation. Am Beispiel der Peer Culture Forschung bei Kindern. In: Zeitschrift für Soziologie der Erziehung und Sozialisation (ZSE) 21, H. 2, S. 192–208.

Knoblauch, Hubert (2001): Fokussierte Ethnographie: Soziologie, Ethnologie und die neue Welle der Ethnographie. In: Sozialer Sinn 2, H. 1, S. 123–141.

Lareau, Annette (2011): Unequal Childhoods. Class, Race, and Family Life. 2. Auflage. Berkeley/Los Angeles/London: University of California Press.

Machold, Claudia (2017): Datenbasierte Porträts als Instrumentarium einer ethnografischen Ungleichheitsforschung. In: Diehm, Isabell/Kuhn, Melanie/Machold, Claudia (Hrsg.): Differenz – Ungleichheit – Erziehungswissenschaft. Verhältnisbestimmungen im (Inter-)Disziplinären. Wiesbaden: Springer VS, S. 157–176.

Machold, Claudia/Wienand, Carmen (2018): Rekonstruktive Ungleichheitsforschung. In: Zeitschrift für Qualitative Forschung (ZQF) 19, H. 1–2, S. 131–146.

Machold, Claudia/Wienand, Carmen (2021): Die Herstellung von Differenz in der Grundschule. Eine Langzeitethnographie. Weinheim/Basel: Beltz Juventa.

Marcus, George (1995): Ethnography in/of the World System: The Emergence of Multi-Sited Ethnography. In: Annual Review of Anthropology 24, S. 95–117.

Meier, Michael (2020): Ethnographie und Längsschnittdesign. In: Thiersch, Sven (Hrsg.): Qualitative Längsschnittforschung. Bestimmungen, Forschungspraxis und Reflexionen. Opladen/Berlin/Toronto: Barbara Budrich, S. 163–180.

Morgan, David H. J. (2011): Rethinking Family Practices. Basingstoke: Palgrave Macmillan.

Mörgen, Rebecca (2020): In Beziehung treten: Etablierungsprozesse von Beratungs- und Arbeitsbeziehungen im Feld der aufsuchenden Sozialen Arbeit. Eine Ethnographie im Kontext der Prostitution. Weinheim/Basel: Beltz Juventa.

Mörgen, Rebecca/Höhne, Ellen/Rieker, Peter (2024): Die Aufnahme minderjähriger unbegleiteter Geflüchteter in der Schweiz zwischen Fürsorge und Zwang. In: Knüsel, René/Grob, Alexander/Mottier, Veronique (Hrsg.): Schicksale der Fremdplatzierung. Behördenentscheidungen und Auswirkungen auf den Lebenslauf. Basel: Schwabe, S. 179–192.

Mörgen, Rebecca/Rieker, Peter (2021): Vulnerabilitätserfahrungen und die Erarbeitung von Agency: Ankommensprozesse junger Geflüchteter. In: Gesellschaft – Individuum – Sozialisation. Zeitschrift für Sozialisationsforschung (GISo) 2, H. 1.

Mörgen, Rebecca/Rieker, Peter (2024): Marginalisierung und Exklusion junger Geflüchteter. In: Röhner, Charlotte/Schwittek, Jessica/Potsi, Antoanneta (Hrsg.): Transmigration und Place-Making Junger Geflüchteter. Opladen/Berlin/Toronto: Barbara Budrich, S. 145–161.

Neale, Bren (2021): The Craft of Qualitative Longitudinal Research. Los Angeles: Sage.

Otto, Laura K. (2020): Junge Geflüchtete an der Grenze. Eine Ethnografie zu Altersaushandlungen. Frankfurt am Main/New York: Campus.

Reckwitz, Andreas (2003): Grundelemente einer Theorie sozialer Praktiken. Eine sozialtheoretische Perspektive. In: Zeitschrift für Soziologie 32, H. 4, S. 282–301.

Rieker, Peter (2005): Delinquenz aus Sicht von Eltern und Kindern – Herausforderungen und Chancen der Triangulation subjektiver Perspektiven. In: Psychotherapie & Sozialwissenschaft 7, H. 2, S. 95–129.

Rieker, Peter/Humm, Jakob/Zahradnik, Franz (2024): Qualitative Interview-Längsschnittforschung – forschungspraktische Chancen und Herausforderungen. In: Forum Qualitative Sozialforschung (FQS) 25, H. 2.

Rieker, Peter/Mörgen, Rebecca (2023): Integration Between Excessive Demands and the Desire to Belong – Young Refugees' Biographical Accounts of Integration. In: Pohn-Lauggas, Maria/Tonah, Steve/Worm, Arne (Hrsg.): Exile – Flight – Persecution: Perspectives from Everyday Life-Based Sociology. Göttingen: Universitätsverlag Göttingen, S. 123–143.

Rosenthal, Gabriele (2005/2011): Interpretative Sozialforschung. Eine Einführung. 3., aktualisierte und ergänzte Auflage. Weinheim/München: Juventa.

Schnitzer, Anna (2018): Praktiken des Sprechens und das Sprechen über Praktiken. Erkenntnispotenziale einer ethnographisch-biographischen Perspektive für die Ungleichheitsforschung. In: Zeitschrift für Qualitative Forschung (ZQF) 19, H. 1–2, S. 163–180.

Schnitzer, Anna (2020): Methodische und methodologische Grenzüberschreitungen in der Migrationsforschung. Die Erforschung familiärer Erinnerungspraktiken. In: Gesellschaft – Individuum – Sozialisation. Zeitschrift für Sozialisationsforschung (GISo) 1, H. 2.

Schnitzer, Anna (2023): Negotiations of language(s) and inequalities in transnational family biographies. In: European Educational Research Journal 22, H. 4, S. 496–516.

Schnitzer, Anna (i. E.): Telling family stories: transgenerational memory practices in the context of migration. In: Ethnography and Education.

Schnitzer, Anna/Rieker, Peter (2022): Von Fotos, Förmchen und (F)Akten: Artefakte in ihrer Bedeutung für Erinnerungspraktiken. In: Hünersdorf, Bettina/Breidenstein, Georg/Dinkelaker, Jörg/Schnoor, Oliver/Tyagunova, Tanya/Wrana, Daniel (Hrsg.): Going Public? Erziehungswissenschaftliche Ethnographien und ihre Öffentlichkeiten. Wiesbaden: Springer VS, S. 201–214.

Strauss, Anselm L. (1998): Grundlagen qualitativer Sozialforschung. Datenanalyse und Theoriebildung in der empirischen soziologischen Forschung. 2. Auflage. München: Fink.

Thiersch, Sven (2020): Qualitative Längsschnittforschung. Eine Einleitung. In: Thiersch, Sven (Hrsg.): Qualitative Längsschnittforschung. Bestimmungen, Forschungspraxis und Reflexionen. Opladen/Berlin/Toronto: Barbara Budrich, S. 9–27.

Zaborowski, Katrin Ulrike/Meier, Michael/Breidenstein, Georg (2011): Leistungsbewertung und Unterricht. Ethnographische Studien zur Bewertungspraxis in Gymnasium und Sekundarschule. Wiesbaden: VS Verlag für Sozialwissenschaften.

Zur Dynamik von Nähe und Distanz im Verlauf qualitativer Panelstudien

Natalie Grimm und Ina Kaufhold

1. Einleitung

In einer Zeit tiefgreifender gesellschaftlicher Transformationen und multipler Krisen – vom Klimawandel über globale Gesundheits- und Wirtschaftskrisen bis hin zu einer deutlichen Zunahme des Rechtsextremismus – können qualitative Panelstudien einen bedeutenden Beitrag für die soziologische Forschung leisten, da sie es ermöglichen, soziale Prozesse und individuelle Lebensverläufe in ihrer Dynamik und Wandelbarkeit zu erfassen. Im Gegensatz zu einmaligen Momentaufnahmen bieten qualitative Panelstudien die Möglichkeit, Entwicklungsprozesse und Veränderungen im Kontext struktureller und individueller Bedingungen nachzuvollziehen. Dadurch eröffnen sie tiefere Einblicke in die Wechselwirkungen zwischen sozialen Strukturen, kulturellen Deutungsmustern und individuellen Handlungsstrategien. Sie erlauben es, nicht nur stabile Muster und Kontinuitäten, sondern auch Brüche, Neuorientierungen und Anpassungsprozesse sichtbar zu machen. Da wir es aktuell gesellschaftlich mit vermehrten Unsicherheiten, Polarisierungen und einem beschleunigten Wandel zu tun haben, bieten qualitative Panelstudien einzigartige Vorteile. Sie gelten als ideal für die Analyse von Prozessen, da diese nur durch den Vergleich empirischer Beobachtungen zu verschiedenen Zeitpunkten nachvollzogen werden können (vgl. Strehmel 2000, S. 98; Vogl 2022, S. 935). Aufgrund der Panelstruktur können Veränderungen über die Zeit erforscht werden – zum einen als Erwartungen und Planungen in die Zukunft, zum anderen als Reaktionen auf und Anpassungen an gesellschaftliche Transformationsprozesse.

Allerdings sind qualitative Längsschnittstudien methodisch anspruchsvolle Projekte, die spezifische forschungsethische und -praktische Herausforderungen mit sich bringen. Einige dieser Herausforderungen diskutieren wir im Folgenden unter dem Blickwinkel der Dynamik von Nähe und Distanz zwischen Befragten und Forschenden anhand der Erfahrungen aus zwei vergleichsweise groß angelegten Panelstudien, die wir durchgeführt haben bzw. derzeit bearbeiten. Dieser Beitrag versteht sich daher als Reflexion auf der Grundlage konkreter Forschungserfahrungen.

Unsere Erfahrungen basieren auf der Durchführung der qualitativen Panelstudie „Armutsdynamik und Arbeitsmarkt“.[1] Im Rahmen dieser Studie wurden

1 Es handelte sich hier um eine im Rahmen der vom BMAS finanzierten Wirkungsforschung zur Grundsicherung für Arbeitssuchende nach § 55 SGB II.

zwischen 2007 und 2012 in vier Erhebungswellen narrative Interviews mit 152 Personen geführt, die nach der Einführung des SGB II Erfahrungen mit der staatlichen Grundsicherung gemacht hatten. Dieses umfangreiche Panelprojekt bot die Gelegenheit, einen relativ großen und heterogenen Personenkreis über fünf Jahre hinweg zu begleiten und dessen Lebens- und Erwerbsverläufe zu beobachten. Die Leitfragen der Interviews bezogen sich auf biographische Erfahrungen, subjektive Handlungsmuster, den Umgang mit der Arbeitsverwaltung und die aktuellen Lebensumstände. Ziel war es, das subjektive Erleben prekärer Arbeits- und Lebensbedingungen im zeitlichen Verlauf zu erfassen. Die Erhebungsmethode variierte dabei zwischen biographisch-narrativen Interviews (vgl. Schütze 1984; Rosenthal 2015) in Welle 1 und problemzentrierten Interviews (vgl. Witzel 1985) in den Wellen 2 bis 4, wobei Veränderungen und Entwicklungen seit dem jeweils letzten Interview im Mittelpunkt standen (vgl. Hirseland/Ramos Lobato 2010, S. 10). Durch die Kombination biographie- und inhaltsanalytischer Verfahren konnten kritische Wendepunkte sowie Kontinuitäten in den Lebensläufen erfasst werden (vgl. Grimm/Hirseland/Ritter 2010, S. 75).

Die zweite qualitative Längsschnittstudie, auf der unsere praktischen Erfahrungen und die Überlegungen für diesen Beitrag basieren, ist das „Qualitative Panel" des Forschungsinstituts Gesellschaftlicher Zusammenhalt (FGZ).[2] Diese Untersuchung konzentriert sich auf milieuspezifische Praktiken der Gefährdung und Wahrung gesellschaftlichen Zusammenhalts (vgl. Koevel/Schmidt/Hense 2023; Holubek-Schaum/Grimm/Sachweh 2024). Das Sample umfasst 91 Personen und ist hinsichtlich Alter, Geschlecht, sozialer Herkunft, Haushaltskonstellation, Wohnort und beruflich-sozialer Statusgruppen heterogen zusammengesetzt. Im Zentrum der ersten Erhebungswelle im Jahr 2021 standen ausführliche biographisch-narrative Interviews. Diese Interviews enthalten ausführliche biographische Erzählungen der Befragten, Passagen zu alltäglicher Lebensführung, Erzählungen zur (Herkunfts-)Familie, Arbeitssituation, zu sozialen Netzwerken, Freizeitaktivitäten sowie gesellschaftlicher Selbstverortung und politischen Einschätzungen. In der zweiten Welle haben wir neben den Ankerpersonen der ersten Welle möglichst viele Haushaltsmitglieder der Befragten in problemzentrierte (Gemeinschafts-)Interviews einbezogen. Diese Interviews fokussierten auf die familiale Lebensführung in Zeiten von Krieg, Klimawandel, Inflation und steigenden Lebenshaltungskosten im ersten Halbjahr 2023 sowie Konflikte bzw. Übereinstimmungen innerhalb der Haushalte. Die Auswertung der Daten erfolgte durch eine Kombination aus fallrekonstruktiven und kategoriengeleiteten Analysen. Zwei weitere Erhebungswellen sind für die Jahre 2025 und 2027 geplant. Durch die wiederholten Befragungen sehen wir, wie mit

2 Das vom Bundesministerium für Bildung und Forschung geförderte (Förderkennzeichen 01 UG2050 EY) Kooperationsprojekt des FGZ wird am Soziologischen Forschungsinstitut Göttingen (SOFI) sowie an der Universität Bremen bearbeitet.

sozialen, politischen und ökonomischen – teilweise krisenbehafteten – Transformationen umgegangen wird, ob und wie sich Haltungen ändern und wie stabil oder fragil Orientierungen und Praktiken sind.

In der Anlage der beiden qualitativen Paneluntersuchungen sind wir methodisch ähnlich vorgegangen: Die Rekrutierung der Teilnehmenden erfolgte über eine Vielzahl von Kanälen, darunter verschiedenste Gatekeeper:innen in Verbänden, Kommunen und sozialen Einrichtungen, sowie über Zeitungsannoncen, Kleinanzeigen und Aushänge. Zunächst suchten wir nach Personen, die bereit waren, an einem Interview teilzunehmen, ohne dass sie dabei schon im Vorfeld eine langfristige Verpflichtung eingehen mussten. Nach Abschluss des biographisch-narrativen Erstinterviews sowie nach jedem weiteren Interview baten wir die Teilnehmenden dann um ihre Zustimmung zu einem Folgeinterview. Diese Vorgehensweise hat sich als effektiv erwiesen, da uns alle Befragten ihre Zustimmung zu weiteren Gesprächen erteilt haben. Dadurch konnten die Befragten bei jedem Interview neu entscheiden, ob sie weiterhin an der Studie teilnehmen möchten, ohne sich gleich zu Beginn für mehrere Jahre festlegen zu müssen. In beiden Untersuchungen haben wir in allen Befragungswellen finanzielle Incentives eingesetzt. Vor allem für Teilnehmende mit niedrigem Einkommen spielte dieser Faktor eine wichtige Rolle bei der Entscheidung, an der Befragung teilzunehmen. Im Laufe der Paneluntersuchungen verlor der finanzielle Anreiz jedoch auch für diese Befragten an Bedeutung, da sich die Beziehung zwischen ihnen und den Interviewer:innen zunehmend intensivierte und sie sich auf den Besuch der Forscher:innen freuten. Einige Befragte empfanden es sogar als unangenehm, das Geld weiterhin anzunehmen, was auf eine stärkere Bindung und gegenseitiges Vertrauen hinweist. In der Regel haben wir die Interviews bei den Befragten zu Hause geführt, wobei wir in unserer aktuellen Panelstudie pandemiebedingt teilweise auch auf Online-Interviews ausweichen mussten. In beiden Untersuchungen haben wir großen Wert auf die Kontinuität der Interviewer:innen über die Befragungswellen hinweg gelegt und Wechsel sorgfältig abgewogen.

Im Folgenden gehen wir auf zentrale forschungsethische und -praktische Herausforderungen qualitativer Panelstudien ein und zeigen anhand von Beispielen aus unserer Forschung, wie wir damit umgegangen sind. Erstens wird die Interviewsituation als soziale Situation und die damit einhergehende Beziehung zwischen den Interviewenden und den Befragten beleuchtet, die in Paneluntersuchungen eine besondere Rolle spielt. Zweitens gehen wir auf die zeitlichen Abstände zwischen den Erhebungswellen ein, die sich stark auf den Aufwand und die Art der Panelpflege auswirken. Eine dritte Herausforderung bezüglich der Teilnahmebereitschaft an langfristigen Studien entsteht, wenn sukzessive weitere Personen (z. B. aus der Familie der Befragten) mit in die Untersuchung einbezogen werden. In Bezug auf die soziale Situation des Interviews und der damit einhergehenden Beziehung zwischen Befragten und Forschenden steigt viertens die Komplexität, wenn im Panelverlauf (aufgrund äußerer oder forschungspragmatischer Bedingungen) zwischen Online-Interviews und Präsenzgesprächen gewechselt wird, da sich dies auf die Vertrauensbeziehung und das Antwortverhalten der Beteiligten auswirken kann.

2. Das Interview als soziale Situation im Spannungsfeld zwischen Nähe und Distanz

Die Interviewsituation in qualitativen Längsschnittstudien stellt eine komplexe und dynamische soziale Gegebenheit dar, die von den Interaktionen zwischen Forschenden und Befragten lebt. Dies führt zu einer kumulativen Aufschichtung gemeinsamer Erfahrungen und unterschiedlicher Beziehungsebenen, die das Forschungssetting maßgeblich prägen. Insbesondere lange Untersuchungszeiträume und regelmäßige Wiederbefragungen durch dieselben Interviewer:innen führen häufig zu intensiven und vertrauensbasierten Beziehungen und emotionalen Dynamiken (vgl. auch Edwards/Holland 2013, S. 85ff.) zwischen den Interviewten und den Forschenden. Diese Nähe bzw. „relational bridges" (Hemmerman 2010, S. 8) sind nicht nur entscheidend, um eine vertrauensvolle Gesprächsatmosphäre zu schaffen, sondern auch, um die Panelmortalität gering zu halten. Unsere empirischen Erfahrungen zeigen, dass Vertrauen eine Schlüsselrolle dabei spielt, die langfristige Teilnahmebereitschaft der Befragten zu sichern. Befragte, die sich respektiert und gehört fühlen, nehmen eher an weiteren Erhebungswellen teil. Mehrfach äußerten Teilnehmende nach den Erstinterviews, dass sie die offene und wertschätzende Kommunikation schätzen und sich auf ein erneutes Interview freuen.

Unsere Erfahrungen in beiden qualitativen Paneluntersuchungen basieren auf heterogenen Samples hinsichtlich Bildungsgrad, sozialer Herkunft und Lebenserfahrungen. Diese Vielfalt bringt unterschiedliche Erzählstile, Reflexionsvermögen und Erzählbereitschaften mit sich (vgl. Schütze 1983; Rosenthal 1995, 2015) und erfordert von den Interviewer:innen ständige Anpassung, um eine vertrauensvolle Gesprächsatmosphäre zu schaffen und Nähe zu den Befragten aufzubauen. In ihrer Rolle müssen sie zugleich wissenschaftliche Neutralität wahren, um die Befragten in ihrem Antwortverhalten nicht zu beeinflussen. Es gilt daher, ein sensibles Gleichgewicht zwischen Nähe und professioneller Distanz zu wahren, um wissenschaftlichen als auch ethischen Kriterien gerecht zu werden (vgl. Lau Clayton 2012; Neale 2013). Das Spannungsverhältnis zwischen Nähe und Vertrauen einerseits sowie Distanz und Objektivität andererseits spielt selbstverständlich in allen qualitativen Untersuchungen eine zentrale Rolle. In qualitativen Panelstudien stellt es jedoch eine besondere Herausforderung dar, da es notwendig ist, eine gemeinsame und dauerhafte Basis zu schaffen und die Bindung der Befragten an die Studie über die gesamte Laufzeit hinweg zu erhalten und zu stärken.

Diese Basis kann insbesondere durch divergierende und konfligierende Einstellungen zwischen Forschenden und Interviewten auf die Probe gestellt werden. Hier ist die Fähigkeit der Interviewer:innen gefragt, mit unterschiedlichen Einstellungen und Persönlichkeiten souverän umzugehen – selbst dann, wenn extreme oder unerwartete Positionen geäußert werden. Ein anschauliches Beispiel hierfür liefert eine Interviewsituation aus unserem aktuellen qualitativen FGZ-Panel. Ein Befragter, der zu Beginn des Gesprächs freundlich und zugänglich wirkte, tätigte im weiteren Verlauf zunehmend verstörende, rechtsextreme und menschenfeindliche Aussagen. Die Atmosphäre des Interviews kippte spürbar: Während vorher eine höfliche und respektvolle Gesprächsdynamik herrschte, spitzte sich die Situation im letzten Fragenblock zur aktuellen gesellschaftlichen Lage zu. Der Befragte äußerte offen menschenfeindliche Parolen und gab dabei selbst an, „schon auf dieses Thema gewartet" zu haben, was den Eindruck erweckte, dass er diese Konfrontation aktiv herbeiführen wollte. Die Interviewerin wurde herausgefordert: Sie war einerseits sichtlich schockiert und irritiert von den geäußerten Ansichten, musste jedoch gleichzeitig professionell bleiben und ihre Emotionen zurückhalten. Ziel war es, den offenen Kommunikationsstil aufrechtzuerhalten, um auch solche in der Gesellschaft existierenden Einstellungen einzufangen, da die Analyse der Soziogenese und Entwicklung zusammenhaltsgefährdender Einstellungen und Praktiken eines der Projektziele darstellt. Es ging darum, weitere Einblicke in die Haltung und Denkweise des Befragten zu gewinnen, ohne dabei selbst in die Diskussion einzusteigen oder das Gespräch abzubrechen. Nach Abschluss des Interviews stellte der Befragte fest, dass die Interviewerin wahrscheinlich nicht mit seinen Aussagen gerechnet habe, und fragte, ob sie ihn noch mögen würde, da sie politisch sicher an zwei entgegengesetzten Enden stünden. Diese Äußerung kann einerseits als Versuch gelesen werden, auch im Anschluss des Interviews noch einmal auf Konfrontation zu gehen und sich Feedback zu den geäußerten Einstellungen einzuholen, so wie er es aufgrund seiner regelmäßigen Posts auf diversen Social-Media-Kanälen gewohnt ist. Noch mehr wirkte es aber wie ein Versuch, wieder eine gemeinsame Basis zu schaffen und auf diese Weise ein Annäherungsangebot zu unterbreiten. Die Reaktion der Interviewerin in dieser Situation war entscheidend, um das Gespräch konstruktiv abzuschließen und die Teilnahmebereitschaft des Befragten für zukünftige Erhebungswellen nicht zu gefährden. Sie betonte, dass sie die Offenheit des Interviewten über seine Biographie und Einstellungen sehr schätze. Gleichzeitig sah sie sich gedrängt, auf seine Frage in Bezug auf die politischen Divergenzen zu reagieren. Um eine Brücke zu bauen, führte sie positive Alltagserfahrungen an, die der Interviewte während des Gesprächs in Bezug auf Menschen mit Migrationshintergrund geschildert hatte, und fügte hinzu, dass sie diese sehr eindrücklich fand. Genutzt wurde in dieser Ausnahmesituation damit ein Mittel der Annäherung, was sicherlich diskussionswürdig ist. Es verhalf, das Interview zu einem „guten" Abschluss zu bringen, das Einverständnis des Befragten für ein

Folgeinterview einzuholen und gleichzeitig von den konfligierenden Einstellungen abzurücken.

Wir raten dazu, solche Interviewsituationen und den Umgang damit im Projektteam ausführlich zu besprechen und zu reflektieren, welche Priorität eine langfristige Teilnahmebereitschaft der Befragten hat. In unserem Fall hatte dies zur Folge, dass das Zweitinterview von einem neuen Interviewer:innen-Duo geführt wurde, um sich gegenseitig zu unterstützen. Ein gezielter Wechsel der Interviewer:innen kann in solchen Fällen hilfreich sein, muss jedoch im Vorfeld transparent und behutsam mit den Befragten besprochen werden, um Missverständnissen vorzubeugen. So sind wir auch in diesem Fall vorgegangen: Ein Kollege rief den Befragten an, überbrachte Grüße von der Erstinterviewerin und erklärte, dass wir im Rahmen der Studie aufgrund organisatorischer Abläufe die Interviewer:innen manchmal wechseln müssen. Er fragte, ob es für den Befragten in Ordnung sei, sich von ihm und einem weiteren Kollegen interviewen zu lassen, da die beiden demnächst vor Ort seien. Durch diese Erklärung konnten wir den Wechsel als regulären Teil des Projektablaufs darstellen und die Teilnahmebereitschaft des Befragten positiv beeinflussen. Der Befragte stimmte direkt zu und das Zweitinterview konnte erfolgreich geführt werden.

Der Einsatz der Interviewer:innen in Panelstudien bringt sowohl methodische als auch forschungspraktische Herausforderungen mit sich und muss ebenfalls im Spannungsverhältnis von Nähe und Distanz ausgehandelt werden. Zu Beginn beider Studien wurde angestrebt, die Erstinterviews mit zwei Interviewer:innen zu führen, um den Befragten zu ermöglichen, zwei Personen kennenzulernen, und in den Folgeinterviews flexibler wechseln zu können. Aufgrund der Größe der Panelstudien sowie forschungsökonomischer, logistischer und zeitlicher Einschränkungen war dies jedoch oft nicht umsetzbar. Zudem zeigte sich, dass 1:1-Situationen häufig zu besonders intensiven Gesprächen beigetragen haben. Eine Interviewsituation mit zwei Interviewer:innen kann insbesondere Befragte überfordern, die es in ihrem Alltag nicht gewöhnt sind, ausführlich vor anderen (über sich) zu sprechen. Daher wurden die meisten Befragten im Verlauf des Panels letztlich konstant von einer Person interviewt, was allerdings enge Bindungen zwischen den Befragten und den jeweiligen Interviewer:innen förderte. Dies birgt Risiken, etwa bei Personalwechseln oder in Bezug auf Überidentifikation, notwendiger Objektivität und Abgrenzung. Im Projektteam sollte daher abgewogen werden, ob ein Interviewer:innenwechsel sinnvoll oder notwendig erscheint. Um zu starke Bindungen an einzelne Personen zu vermeiden, ohne die Vertrauensbasis zu gefährden, arbeiten wir von Zeit zu Zeit mit Tandems aus „alten und neuen" Interviewer:innen. Es ist stets wichtig, Wechsel klar zu kommunizieren und die Zustimmung der Befragten einzuholen. Eine bewährte Praxis war, in Folgeinterviews an konkrete Inhalte des vorherigen Gesprächs anzuknüpfen. Dies erleichterte, insbesondere bei einem Interviewer:innenwechsel, den Einstieg, da die Befragten so bereits vertraute Themen fortsetzen konnten. Die neue interviewende Person sollte sich gründlich mit den vorangegangenen Interviews vertraut machen, um gezielt auf die darin genannten persönlichen Themen und Situationen eingehen zu können.

Bei einem konstanten Einsatz der interviewenden Person konnten wir im Verlauf unserer Panelstudien beobachten, dass einige Befragte den formellen Charakter der Interviews zunehmend in Frage stellten. Was als distanziertes Vorgespräch begann, entwickelte sich häufig zu einem vertrauten Verhältnis, bei dem die Interviewer:innen schließlich als Bekannte, Vertraute oder gar Freund:innen wahrgenommen wurden (vgl. Grimm/Schütt 2020). Die Beziehung ähnelt der zu einer Person, die man selten sieht, mit der man jedoch immer wieder nahtlos zu tiefgründigen Gesprächen zurückkehrt. So entfiel in den späteren Erhebungswellen des Panels „Armutsdynamik und Arbeitsmarkt" oft die Notwendigkeit eines Erzählstimulus, da die Befragten die Interviewer:innen wie alte Bekannte empfingen. Einige Befragte neigten zudem dazu, das Interview in eine informelle Richtung zu lenken, indem sie beispielsweise persönliche Einschätzungen der Interviewenden erfragten. Häufig wollten sie Meinungen zu Themen wie Sport, Politik oder regionalen Unterschieden hören oder Informationen über das Privatleben der Interviewer:innen erfahren. Diese Entwicklung stellte die Forschenden vor eine Herausforderung: Sie wollten einerseits das Vertrauen der Befragten erhalten und den Erzählfluss nicht stören, andererseits aber ihre eigene Privatsphäre wahren. In qualitativen Paneluntersuchungen stellt sich daher häufig die Frage, wie viel persönliche Information die Interviewenden preisgeben sollten, um die einseitige Gesprächsdynamik aufzulösen und die Bindung zu den Befragten zu stärken, wenn die Befragten selbst die Rolle der Fragenden einnehmen. Unser Forschungsteam machte gute Erfahrungen damit, unverfängliche, persönliche Details zu teilen – etwa zu dem eigenen Leben auf dem Land oder in der Stadt, dem Lieblingssportverein oder Musikpräferenzen –, um Gemeinsamkeiten hervorzuheben, ohne tiefe Einblicke in das private Leben oder politische Einstellungen zu geben. Dies förderte eine vertrauensvolle Gesprächsatmosphäre, während die professionelle Distanz gewahrt blieb.

Besonders Befragte mit wenigen sozialen Kontakten gestalteten die Gespräche häufig länger und regten die Interviewer:innen dazu an, nach dem Interview noch zu bleiben (vgl. auch Grimm/Schütt 2020). Wir sind deshalb im Laufe der Studien dazu übergegangen, in der Planung der Feldphasen zunehmend mehr Zeit nach dem eigentlichen Interview einzuplanen, um verantwortungsvoll mit der spezifischen Situation umzugehen. Unsere Erfahrung zeigt, dass es in Langzeituntersuchungen wichtig ist, Raum zu schaffen, um über den professionellen Charakter des Interviews hinaus eine soziale Situation zu kreieren, die den Umständen gerecht wird und den formalen Charakter des Interviews bis zu einem gewissen Grad im Anschluss auflösen kann. Es ist ein Balanceakt, den Befragten einerseits über die Interviewsituation hinaus Zeit und Nähe zu geben, dabei jedoch gleichzeitig die professionellen Anforderungen im Auge zu behalten. Dieser

Balanceakt wird im Zeitverlauf anspruchsvoller, da sich das Interviewsetting durch die zunehmende Vertrautheit immer mehr verändern kann.

3. Panelpflege praktisch: richtiges Timing und notwendiger Ressourceneinsatz

Eine besondere Herausforderung von Paneluntersuchungen über einen längeren Zeitraum ist es, die Ausfallquote möglichst gering zu halten (vgl. Watson/Wooden 2009). Die Panelpflege nimmt daher auch zwischen den Erhebungswellen einen hohen Stellenwert ein: zum einen durch die Pflege des persönlichen Kontakts zu den Befragten, zum anderen über eine regelmäßige Aktualisierung der Kontaktdaten (Adresse, Telefonnummern, E-Mail-Adresse). Dieser Arbeits- und Zeitaufwand sollte nicht unterschätzt werden (vgl. Grimm/Schütt 2020).

In unseren beiden Paneluntersuchungen lag der Abstand zwischen den Erhebungswellen zwischen ein und zwei Jahren. Der Kontakt zu den Interviewpartner:innen wurde zwischen den Erhebungsphasen u. a. durch jährlich versendete, personalisierte Neujahrskarten gehalten, in denen auch der Zeitraum der nächsten Befragungswelle mitangekündigt wurde. Um die Bindung an das Panel zu stärken und die Befragten in den weiteren Prozess zu integrieren, haben wir in unserem aktuellen qualitativen FGZ-Panel zudem alle Interviewpartner:innen von Beginn an darauf verwiesen, dass wir sie informieren können, sobald Ergebnisse aus dem Projekt vorliegen. Das Angebot stieß auf große Zustimmung. Wir haben es bewusst so formuliert, um den Befragten die Sinnhaftigkeit unserer Forschung, zu der sie mit ihrer Teilnahme beitragen, in Form von Output greifbarer und transparenter zu machen und sie dadurch anzuregen, weiterhin an der Untersuchung mitzuwirken. Gleichwohl erfordert dies wohlüberlegte Entscheidungen darüber, welche Informationen wir aus dem Projekt streuen möchten und welche Gefahren damit verbunden sein können. Nach Abschluss der zweiten Erhebungswelle haben wir eine informative und für alle Panelteilnehmer:innen einheitliche Broschüre gestaltet und mit individuellen Ansprachen versendet. Die Broschüre bietet eine Übersicht der wichtigsten Rahmendaten unseres Projekts und präsentiert einige interessante, leicht verständliche Schlaglichter. Auch haben wir Verlinkungen zu niedrigschwelligen Veranstaltungen, Videoformaten und Veröffentlichungen aufgeführt, die angeschaut und nachgelesen werden können. Die Inhalte der Broschüre wurden sorgfältig ausgewählt, um das Interesse an unseren Ergebnissen zu stillen, ohne dass sich Teilnehmende in zu wissenschaftliche bzw. spezifische Literatur hineinlesen müssen oder sich in Fallbeschreibungen wiedererkennen und dadurch möglicherweise verunsichert oder gar abgeschreckt werden. Diese sensiblen Abwägungen waren entscheidend, um das aufgebaute Vertrauen zu erhalten. Der Versand der jeweiligen Informationen wurde außerdem nicht nur zeitlich strategisch geplant, sondern auch in seiner

Form – per Post, Mail oder Handy – auf die Präferenzen der Empfänger:innen abgestimmt. All das förderte eine persönliche Verbindung und half, die Teilnehmenden für weitere Befragungen zu motivieren. Dies spiegelt sich in zahlreichen zugewandten Rückmeldungen wider, in denen die Befragten betonten, die Informationen gerne gelesen zu haben. Viele äußerten zudem ihre Freude über die Mitwirkung an der in ihren Augen gesellschaftlich relevanten Studie und blickten dem nächsten Interview mit Interesse entgegen.

Bereits angesprochen wurde die Rolle von Einsamkeitserfahrungen, die die Aushandlung von Nähe und Distanz beeinflusst und auch in den Zeiträumen zwischen den Befragungswellen sichtbar werden kann. Einige Teilnehmende zeigten ein verstärktes Bedürfnis nach Kontakt über die Interviewsituation hinaus. Solche Situationen erfordern einen empathischen Umgang, was bis zu einer bestimmten Grenze bedeutet, dass wir freundlich auf Kontaktversuche zwischen den Befragungswellen reagieren und auf das Wiedersehen in der nächsten Interviewwelle in der Zukunft verweisen. Aufgrund sehr häufiger Kontaktversuche einer alleinstehenden älteren Frau wurde die Option gewählt, sehr explizit darauf zu verweisen, dass im Folgejahr ein erneutes Interview stattfindet würde, die Vorfreude darauf sehr groß sei und „es immer ganz schön ist, zwischendurch etwas Zeit ins Land gehen zu lassen", um beim nächsten Mal wieder ausgiebig sprechen zu können. Insbesondere in solchen Fällen ist es wichtig, ausreichend Zeit für den nächsten Interviewtermin einzuplanen, um dem Bedürfnis nach Kontakt Raum zu geben und Zuverlässigkeit zu vermitteln.

Teil der Panelpflege ist auch das Suchen von Personen, deren Kontaktdaten sich geändert haben. Trotz der angestrebten Vollständigkeit der Kontaktdaten, also Telefonnummer, E-Mail- und postalische Adresse, kommt es ab und an vor, dass Personen für uns nicht mehr erreichbar sind. Aus forschungsethischer Sicht stellen die Suche nach „verlorenen" Befragten und erfolglose Kontaktversuche besondere Herausforderungen dar. In beiden Paneluntersuchungen stellte sich mehrfach die Frage, welche Suchstrategien und wie viele Kontaktversuche vertretbar sind, um die Ausfallquote im Panel gering zu halten. Grundlage der Recherchen schwer erreichbarer Teilnehmenden ist eine von ihnen unterzeichnete Einwilligungserklärung, die die Speicherung der Kontaktdaten und die Erlaubnis zur weiteren Kontaktaufnahme für Folgebefragungen umfasst.

Im Falle der Nicht-Erreichbarkeit über Telefon, E-Mail oder Post recherchieren wir auf verschiedenen Wegen – stets abhängig vom Einzelfall und mit Rücksicht auf die Privatsphäre der Befragten. Dazu zählen beispielsweise Nachfragen bei sozialen Einrichtungen, die uns bei der Suche nach den Interviewpartner:innen unterstützt haben, Nachbar:innen, Anfragen beim Einwohnermeldeamt oder Recherchen in sozialen Medien wie Facebook und Instagram. Entscheidend ist das faktische und qualitative Commitment der Befragten zur erneuten Teilnahme. Wir waren nicht immer sicher, wie die Befragten z. B. auf eine Kontaktaufnahme via Facebook reagieren. Niemand der „gefundenen" Befragten hat sich jedoch negativ geäußert, im Gegenteil: Die Befragten haben sich stets über die erneute Kontaktaufnahme und den Rechercheerfolg gefreut.

Für die Forschenden besteht eine Gratwanderung zwischen dem Interesse, die Panelmortalität gering zu halten, und der Frage, ab wann Kontaktversuche nicht mehr dem erklärten Willen der Befragten entsprechen. Eine fallbezogene Abwägung ist aus unserer Sicht notwendig, um die Grenze des Zumutbaren nicht zu überschreiten und die Privatsphäre zu wahren. Ein Beispiel aus unserer Forschung zeigt, dass ein Befragter trotz Unwohlseins zu einer erneuten Befragung zugestimmt hatte, jedoch bei einem zweiten Termin nicht anzutreffen war. Es schien, als könne er gegenüber den Interviewenden nicht „nein" sagen. In solchen Fällen stellten wir die Kontaktversuche schnell ein. Willenserklärungen sollten stets mit den faktischen Handlungen der Befragten übereinstimmen. Der Erhalt des Panels rechtfertigt nicht jede Suchstrategie und erfordert Sensibilität im Umgang mit den Teilnehmenden. Dies betrifft auch die Frequenz der Kontaktversuche, die stark variieren kann und stets ein individuelles Abwägen erfordert. In einigen Fällen reagieren Teilnehmende nach einer längeren Phase der Stille doch noch positiv auf Interviewanfragen. Eine Person mit Depression gab beispielsweise auf einen ersten Kontaktversuch in der zweiten Erhebungswelle die kurze Antwort, dass es ihr momentan nicht gut ginge und sie aktuell für ein Folgeinterview nicht bereitstünde. Hier wurde erst nach einigen Monaten versucht, erneut Kontakt aufzunehmen. Zu dieser Zeit ging es der Person besser, das Folgeinterview kam zustande und die Befragte betonte, dass sie sehr erfreut über unsere erneute Kontaktaufnahme war. Der Umgang mit solchen Situationen erfordert eine sensible Vorgehensweise, um die persönlichen Grenzen der Befragten zu respektieren und gleichzeitig die Panelsterblichkeit möglichst gering zu halten. Insgesamt sollte der Aufwand in Bezug auf die Panelpflege und die Terminanbahnung für Folgeinterviews nicht unterschätzt werden und in die Projektplanung miteinkalkuliert werden. In unseren beiden Längsschnittstudien lohnte sich die aufwändige Panelpflege: Im Projekt „Armutsdynamik und Arbeitsmarkt" waren von insgesamt 152 Personen, die im gesamten Panelverlauf befragt wurden, nur 29 Personen mit Abschluss der Erhebungsarbeiten nicht mehr im Sample. Dies entspricht über den gesamten Untersuchungszeitraum von fünf Jahren (2007–2011) einer Wiederteilnahmequote von 81 Prozent. Unser aktuelles qualitatives FGZ-Panel verzeichnet nach der zweiten Interviewwelle eine Wiederteilnahmequote von 90 Prozent.

4. Der Einbezug von Haushaltsmitgliedern: Potenzial und Herausforderung zugleich

In der zweiten Welle unseres FGZ-Panels haben wir, im Gegensatz zu den Einzelgesprächen in der ersten Welle, die Teilnahme möglichst vieler weiterer

Haushaltsmitglieder angestrebt. Dadurch erhalten wir Einblicke in die sozialen Dynamiken und Perspektiven des Haushalts und somit ein vollständigeres Bild des Miteinanders und der Interaktionen, wobei Konflikte und Aushandlungsprozesse offengelegt werden. Diese Mehrdimensionalität hilft uns, tiefergehende Haltungen der Ankerpersonen und langfristige Veränderungen im Haushalt genauer nachzuvollziehen.

Zur Bereitschaft, an Haushaltsinterviews teilzunehmen, haben wir sehr unterschiedliche Erfahrungen sammeln können: In Mehrpersonenhaushalten kamen bei ungefähr der Hälfte Haushaltsgespräche zustande, bei der anderen Hälfte wurden weiterhin Einzelgespräche mit den Ankerpersonen geführt. Die fehlende zeitliche Verfügbarkeit von Partner:innen oder Kindern, mangelndes Interesse oder die Einschätzung, dass diese für derartige Gespräche ungeeignet seien, wurden als Argumente gegen Haushaltsgespräche genannt. Einige Interviewpersonen äußerten schon im Erstinterview, dass ihre Partner:innen an solcher Art von Interviews nicht teilnehmen würden, und stellten sich teilweise in Abgrenzung zu ihnen als Menschen dar, die gern an „Studien" mitwirken, da sie die Teilnahme als gesellschaftlich relevant erachten und sich gern mit unterschiedlichen, auch ihnen fremden Menschen unterhalten. Wir vermuten, dass die fehlende Teilnahmebereitschaft der Partner:innen in manchen Fällen auch darauf zurückzuführen sein könnte, dass die Ankerperson den Einbezug nicht wünschte und daher Informationen möglicherweise nicht weitergab.

In einigen Fällen war es durch sachliche Argumente und Überzeugungsarbeit jedoch möglich, nach anfänglicher Ablehnung das Einverständnis für ein Haushaltsinterview zu erlangen. Bei expliziter Ablehnung ist es gleichwohl wichtig, die Entscheidung zu akzeptieren und respektvoll damit umzugehen, um die weitere Teilnahme der Ankerpersonen nicht zu gefährden. In anderen Fällen waren wir wiederum überrascht darüber, wie einfach sich der Zugang zum gesamten Haushalt gestaltete, was auf eine sehr offene Kommunikationskultur hindeuten kann.

Wenn Haushaltsgespräche stattfinden, ist ein sensibler Umgang mit den bereits gesammelten Informationen aus den Erstinterviews geboten. Eine zentrale Herausforderung besteht darin, keine vertraulichen Details aus dem Erstinterview preiszugeben, während gleichzeitig eine natürliche Anbindung an das Erstinterview und damit zu den zuvor besprochenen Themen besteht. Um dies zu meistern, ist es notwendig, dass sich die Interviewer:innen intensiv mit dem vorherigen Interview auseinandersetzen. Sie sollten wissen, welche Themen als „rote Karten" im Haushalt gelten könnten und nicht angesprochen werden sollten. Zudem haben wir den Interviewleitfaden für Haushaltsgespräche so gestaltet, dass der Fokus auf gemeinsamen Geschichten und Erfahrungen liegt. Anzustreben ist ein gleichberechtigtes Gespräch auf Augenhöhe und somit eine Art „Angleichung" zwischen dem Stand der Person, die bereits intensiv in das Panel eingebunden ist, und anderen Haushaltsmitgliedern, die weniger vertraut mit dem Forschungsprozess sind. Um diese Differenz auszugleichen, haben wir das Haushaltsinterview mit der Bitte begonnen, dass sich die Beteiligten kurz vorstellen, und anschließend eine Erzählung über das Zustandekommen des Haushalts angeregt. Dem Paar, der Familie oder der Wohngemeinschaft wurde so der Raum gegeben, gemeinsam eine Geschichte zu erzählen, was die aktive Teilnahme aller Beteiligten gestärkt hat und für unser Forschungsinteresse besonders fruchtbar war.

Zusätzlich besteht in Haushaltsinterviews die Möglichkeit von Spannungen zwischen den Haushaltsmitgliedern. Die Interviewenden stehen dann vor der Herausforderung, trotz der Notwendigkeit zur Neutralität, nicht unbeabsichtigt in eine vermittelnde Rolle gedrängt zu werden. Dies erfordert ein hohes Maß an Sensibilität, um professionell zu agieren und nicht in die Konfliktdynamiken eingebunden zu werden. Solche Spannungen können die weitere Teilnahmebereitschaft gefährden, insbesondere wenn Haushaltsmitglieder, vor allem die Ankerperson, durch unangenehme Situationen das Gefühl bekommen, unter Druck gesetzt zu werden, sich bloßgestellt oder negativ dargestellt fühlen. Andere Haushaltsmitglieder könnten zudem kritisch auf die Offenheit des Gesprächs reagieren und vermuten, dass durch die Ankerperson haushaltsinterne Informationen nach außen dringen. Dies könnte nachträglich zu Konflikten im Haushalt führen und die Teilnahmebereitschaft an der Untersuchung beeinträchtigen.

Daher ist es von zentraler Bedeutung, die Interviewkonstellationen bewusst zu reflektieren und mit Feingefühl zu agieren. In einem Fall wurde das Interview beispielsweise mit einer weiblichen Ankerperson sowie ihren erwachsenen und jugendlichen Kindern durchgeführt, während der im Haushalt lebende Vater der Kinder nicht anwesend war. Es zeigte sich, dass die Ankerperson eine zentrale und dominierende Rolle im Haushalt einnahm, indem sie ihre Kinder aktiv in das Gespräch einbezog und sie aufforderte, sich zu bestimmten Themen zu äußern. Obwohl theoretisch ein Termin mit allen Haushaltsmitgliedern, einschließlich des Partners, möglich gewesen wäre, schien dessen Ausschluss eine bewusste Entscheidung der Ankerperson gewesen zu sein. Dies könnte auf Rollenbilder oder persönliche Präferenzen zurückzuführen sein. Die Interviewkonstellation wurde respektiert und das Gespräch wurde mit den anwesenden Familienmitgliedern geführt, ohne darauf zu insistieren, dass auch der Vater am Gespräch teilnehmen soll.

5. Präsenz oder online? Auswirkungen auf die Bindung in qualitativen Paneluntersuchungen

Die Wahl des Intervieworts ist eng mit der Aushandlung von Nähe und Distanz verknüpft. Im FGZ-Panel haben wir dies besonders eindrücklich erlebt, da unsere Erhebungswellen unmittelbar mit der Corona-Pandemie zusammengefallen sind. Diese gesellschaftliche Ausnahmesituation führte zu einem deutlichen

Schub in der technischen Entwicklung, insbesondere im Bereich der digitalen Kommunikation. Viele Menschen wurden während dieser Zeit vermehrt mit Videokonferenzen und anderen digitalen Tools vertraut, was die Nutzung dieser Technologien in verschiedensten Bereichen des Alltags und der Arbeit beschleunigte. Insbesondere die erste Befragungswelle 2021 konnten wir trotz der wiederkehrenden pandemiebedingten Kontaktbeschränkungen dank der Möglichkeit von Online-Interviews vollständig umsetzen. Insofern hat uns die zwangsläufig beschleunigte Digitalisierung geholfen, unser Projekt ohne große zeitliche Verzögerungen umzusetzen.

Insgesamt waren wir positiv überrascht, wie gut das Ausweichen in den virtuellen Raum für die Durchführung unserer Interviews funktionierte und selbst die anspruchsvollen biographisch-narrativen Erstinterviews sehr ertragreich verliefen (vgl. auch Falter et al. 2022; Nicklich et al. 2023). Nach anfänglichen Bedenken zeigte sich, dass auch tiefgehende Gespräche über digitale Plattformen möglich sind. Eine These könnte sein, dass der virtuelle Raum von einigen, sonst eher distanzierten und professionell agierenden Menschen auch als „geschützter Raum" mit einer gewissen Grunddistanz wahrgenommen wurde, der das offene Ansprechen von persönlichen Themen erleichterte. Diese Grunddistanz hatte auf der anderen Seite jedoch auch zur Folge, dass wir eine vergleichsweise höhere Ausfallquote in Bezug auf die weitere Teilnahme am Panel bei denjenigen Personen verzeichneten, die wir im Erstinterview nur online interviewen konnten.

Das Zustandekommen von Online-Interviews war stark von den individuellen Voraussetzungen der Teilnehmenden abhängig. Menschen mit höherem Einkommen, ausreichendem Technik-Know-how, verfügbarer technischer Ausstattung, guten Deutschkenntnissen und ohne zusätzliche Barrieren wie Sehbeeinträchtigungen, eingeschränkten Schriftsprachkompetenzen oder Wohnungslosigkeit verfügten über günstigere Bedingungen, um an Online-Gesprächen teilzunehmen. Diese Faktoren führten dazu, dass sozial privilegierte Personen tendenziell häufiger an Online-Interviews partizipierten als sozial benachteiligte Gruppen, was strukturelle Ungleichheiten im Zugang zu diesen Interviewformaten verdeutlicht. Zeiten, in denen Kontaktbeschränkungen aufgrund niedriger Infektionszahlen gelockert wurden, nutzten wir insbesondere für Präsenzinterviews mit Menschen, die aus bereits genannten Gründen nicht gut für Online-Interviews gewonnen werden konnten.

Unser Eindruck ist, dass ausschließlich online geführte Interviews ohne den persönlichen Austausch davor und danach auf Dauer nicht die gleiche Qualität und Tiefe erreichen können wie Präsenzgespräche. Daher war es uns besonders wichtig, insbesondere bei Erstinterviews im virtuellen Raum in den Zweitinterviews Präsenzgespräche anzustreben. Dieser Wechsel von Online- zu Präsenzinterviews funktionierte in der Regel sehr gut. Da die Befragten uns aus den biographisch-narrativen Online-Interviews schon kannten und das

Folgeinterview einschätzen konnten, wurden wir herzlich empfangen und konnten nahtlos an den Austausch und die Vertrautheit aus den Erstinterviews anknüpfen. Die Vorfreude auf die Präsenzgespräche wurde uns häufig schon im Vorfeld mitgeteilt und es gab meist keine Barrieren, die mit den Wechseln verbunden waren. Einige wenige Teilnehmende haben allerdings ausdrücklich nochmalige Online-Interviews in der zweiten Welle bevorzugt, was einen flexiblen Umgang seitens der Forschenden erforderte und perspektivisch die Schwierigkeit andeutet, diese Personen irgendwann für ein Präsenzinterview gewinnen zu können. Auffällig und interessant ist, dass der explizite Wunsch zweier aufeinanderfolgender Online-Gespräche eher bei Personen geäußert und schlussendlich umgesetzt wurde, die einen höheren beruflichen Status (z. B. Betriebsleiter:in, Ingenieur:in) haben und viel Wert auf Professionalität legen. Onlinegespräche gestalten sich bei Einzelpersonen generell einfacher als Haushaltsgespräche, bei denen mindestens zwei und zum Teil auch mehr Personen vor dem Bildschirm Platz finden. Haushaltsgespräche konnten wir mehrheitlich in Präsenz umsetzen, lediglich wenige mussten wir in den virtuellen Raum verlagern, was erhöhte Anforderungen mit sich brachte.

Generell können wir zusammenfassen, dass es immer wünschenswert ist, Interviewpersonen in ihrem privaten Umfeld, idealerweise in ihrem Zuhause, zu treffen. Dies ermöglicht den Forschenden nicht nur, die Teilnehmenden in ihrer vertrauten Umgebung kennenzulernen, sondern liefert auch wertvolle Informationen über ihre Lebenswelt. Diese Art der Begegnung kann sich positiv auf die Bindung zwischen Interviewer:innen und Teilnehmenden auswirken und die Bereitschaft zur weiteren Teilnahme am Panel erhöhen. Dennoch waren wir überrascht, wie stark auch durch Online-Interviews eine Bindung aufgebaut werden konnte, was zeigt, dass digitale Formate trotz ihrer Einschränkungen erfolgreich in der Panelforschung eingesetzt werden können.

6. Schlussfolgerungen und Ausblick

Unsere Erfahrungen im Rahmen der zwei dargestellten qualitativen Paneluntersuchungen verdeutlichen die Herausforderungen, die mit solch umfangreichen Langzeitforschungen verbunden sind. Insbesondere eine sorgfältige Panelpflege, die Balance von Nähe und Distanz sowie der flexible Umgang mit den Bedürfnissen der Befragten spielen eine zentrale Rolle. Die Entwicklung vertrauensvoller Beziehungen zwischen Forschenden und Befragten, die Louise Hemmerman (2010, S. 8) als *relational bridges* bezeichnet, erweist sich dabei als Schlüsselfaktor, um die Panelmortalität gering zu halten und die Qualität der Daten über den Untersuchungszeitraum hinweg zu sichern. Hierfür ist es von Vorteil, die Fluktuation der Forschenden im Projekt möglichst gering zu halten. Allerdings sind qualitative Panelstudien mit einem sehr hohen Kosten- und Arbeitsaufwand verbunden, sodass sie in der deutschen Forschungslandschaft oft nicht von Beginn an langfristig finanziert werden. Meist sind Folgeanträge nötig, was die personelle Stabilität erschwert. Insofern schlagen wir vor, im Panelverlauf ein Tandemverfahren anzuwenden, bei dem sich zwei Forschende bei der Interviewführung abwechseln, um den Interviewer:innen-Pool für die einzelnen Befragten zu erweitern (vgl. Grimm/ Schütt 2020). Ausführliche, fortlaufende Feldprotokolle erleichtern neuen Interviewer:innen zudem die Einarbeitung in Gewohnheiten, das Wohnumfeld und andere Besonderheiten der Befragten, wodurch eine vertrauensvolle Beziehung gefördert wird.

Während die Vertrauensbildung essenziell für die Offenheit und Teilnahmebereitschaft der Befragten ist, bleibt die Wahrung professioneller Distanz eine anspruchsvolle Aufgabe. Dies zeigt sich insbesondere in der Handhabung schwieriger Interviewsituationen, in denen Forschende mit extremen oder unerwarteten Positionen konfrontiert werden. Die Fähigkeit, solche Situationen sensibel und professionell zu meistern, ist entscheidend für den Erfolg langfristiger Panelstudien. Projekttreffen nach den Erhebungswellen sollten genutzt werden, um Erlebnisse im Feld zu reflektieren und bei kritischen Fragen gemeinsame Entscheidungen zu treffen. Coaching und Fallsupervision können insbesondere bei Grenzfragen der Neutralität unterstützen.

Forschungsethische und datenschutzrechtliche Fragestellungen, die verantwortungsvolles Handeln erfordern, das Wiederfinden „verlorener“ Interviewpartner:innen, den Einbezug weiterer Personen aus dem sozialen Umfeld der Befragten, aber auch die Erhebung zusätzlicher Daten, wie der Nutzung von Social-Media-Accounts, betreffen die Panelpflege. Deren Erhebung planen wir beispielsweise für die nächste Erhebungswelle unserer laufenden Panelstudie, wofür besondere Datenschutzvereinbarungen zur Wahrung der Anonymität der Befragten erarbeitet werden müssen.

Die Planung und Durchführung von qualitativen Paneluntersuchungen verlangen insgesamt ein hohes Maß an kontinuierlicher Anpassung und Feinabstimmung. Dieser Aufwand sollte bereits in der Projektplanung berücksichtigt werden, da er entscheidend für die Qualität und Nachhaltigkeit solcher Studien ist. Die Bereitschaft, kontinuierlich abzuwägen und kontextsensibel zu handeln, macht vor allem umfangreiche qualitative Paneluntersuchungen mit hohen Fallzahlen und heterogen zusammengesetzten Befragtengruppen anspruchsvoll, unterstreicht jedoch gleichzeitig ihren besonderen wissenschaftlichen Wert, der in Zeiten rasanter gesellschaftlicher Veränderungen umso wichtiger erscheint. Denn sie tragen dazu bei, die langfristigen Auswirkungen von Krisen und Transformationen auf unterschiedliche soziale Gruppen zu verstehen und beinhalten die Möglichkeit, nicht nur stabile Muster und Kontinuitäten sichtbar zu machen, sondern auch die Dynamik von Unsicherheiten, Polarisierungen und Krisenbewältigungen detailliert nachzuvollziehen.

Literatur

Edwards, Rosalind/Holland, Janet (2013): What are the power and emotional dynamics of qualitative interviews? In: Edwards, Rosalind/Holland, Janet (Hrsg.): What is Qualitative Interviewing? London: Bloomsbury Academic, S. 77–88. doi.org/10.5040/9781472545244

Falter, Michelle M./Arenas, Aaron A./Maples, Gordon W./Smith, Chelsea T./Lamb, Lisa J./Anderson, Michael G./Uzzell, Elizabeth M./Jacobs, Laura E./Cason, Xavier L./Griffis, Tiara A. N./Polzin, Megan/Wafa, Nada Z. (2022): Making room for Zoom in focus group methods: Opportunities and challenges for novice researchers (during and beyond Covid-19). In: Forum Qualitative Sozialforschung (FQS) 23, H. 1, Art. 21. doi.org/10.17169/fqs-23.1.3768

Grimm, Natalie/Hirseland, Andreas/Ritter, Tobias (2010): Aktivierung zur Arbeit? Zum Gegenstandsbezug qualitativer Forschungsansätze in der Arbeitslosenforschung in Zeiten des SGB II. In: Arbeits- und Industriesoziologische Studien 3, H. 1, S. 71–85.

Grimm, Natalie/Schütt, Petra (2020): Forschungsethische und -praktische Fragen qualitativer Längsschnittforschung – Perspektiven und Herausforderungen. In: Thiersch, Sven (Hrsg.): Qualitative Längsschnittforschung. Bestimmungen, Forschungspraxis und Reflexionen. Opladen: Barbara Budrich, S. 407–426.

Hemmerman, Louise (2010): Researching the Hard to Reach and the Hard to Keep: Notes from the Field on Longitudinal Sample Maintenance. In: Shirani, Fiona/Weller, Susie (Hrsg.): Conducting Qualitative Longitudinal Research: Fieldwork Experiences. Timescapes Working Paper Series No. 2, S. 7–20. timescapes-archive.leeds.ac.uk/wp-content/uploads/sites/47/2020/07/WP2-final-Jan-2010.pdf (15.12.2024).

Hirseland, Andreas/Ramos Lobato, Philipp (2010): Armutsdynamik und Arbeitsmarkt. Entstehung, Verfestigung und Überwindung von Hilfebedürftigkeit bei Erwerbsfähigen. IAB-Forschungsbericht 3. Nürnberg: Institut für Arbeitsmarkt- und Berufsforschung. doku.iab.de/forschungsbericht/2010/fb0310.pdf (15.12.2024).

Holubek-Schaum, Stefan/Grimm, Natalie/Sachweh, Patrick (2024): Die Zurückgelassenen. Subjektive Deutungsmuster von Statustrajektorien der Abwertung. In: Berliner Journal für Soziologe 34, S. 197–226. doi.org/10.1007/s11609-024-00524-5

Koevel, Arne/Schmidt, Andreas David/Hense, Andrea (2023): Die Erfahrung von Zusammenhalt im Rahmen ungleicher Lebensführungen. Einblicke in die erste Welle des FGZ Quali Panels. In: Villa, Paula-Irene (Hrsg.): Polarisierte Welten. Verhandlungen des 41. Kongresses der Deutschen Gesellschaft für Soziologie in Bielefeld 2022, S. 1–9. publikationen.soziologie.de/index.php/kongressband_2022/article/view/1669/1930 (15.12.2024).

Lau Clayton, Carmen (2012): „You're not a stranger but you are a stranger“: Reflections on the participant-researcher relationship in the Following Fathers Study. Entry for the Timescapes Website Ethics Knowledge Bank. followingfathers.leeds.ac.uk/wp-content/uploads/sites/79/2015/10/Carmen-ethics-piece-Youre-a-stranger-but-youre-not-a-stranger.pdf (15.12.2024).

Neale, Bren (2013): Adding Time into the Mix: Stakeholder Ethics in Qualitative Longitudinal Research. In: Methodological Innovations Online 8, H. 2, S. 6–20. doi.org/10.4256/mio.2013.010

Nicklich, Manuel/Röbenack, Silke/Sauer, Stefan/Schreyer, Jasmin/Tihlarik, Amelie (2023): Qualitative Sozialforschung auf Distanz. Das Interview im Zeitalter seiner virtuellen Durchführbarkeit. In: Forum Qualitative Sozialforschung (FQS) 24, H. 1, Art. 15. doi.org/10.17169/fqs-24.1.4010

Rosenthal, Gabriele (1995): Erlebte und erzählte Lebensgeschichte. Gestalt und Struktur biographischer Selbstbeschreibungen. Frankfurt am Main/New York: Campus.

Rosenthal, Gabriele (2015): Interpretative Sozialforschung: Eine Einführung. 5. Auflage. Weinheim/München: Juventa.

Schütze, Fritz (1983): Biographieforschung und narratives Interview. In: Neue Praxis 13, H. 3, S. 283–293. nbnresolving.org/urn:nbn:de:0168-ssoar-53147 (15.12.2024).

Schütze, Fritz (1984): Kognitive Figuren des autobiographischen Stegreiferzählens. In: Kohli, Martin/Robert, Günther (Hrsg.): Biographie und soziale Wirklichkeit: Neue Beiträge und Forschungsperspektiven. Stuttgart: J. B. Metzler, S. 78–117. nbn-resolving.org/urn:nbn:de:0168-ssoar-53097 (15.12.2024).

Strehmel, Petra (2000): Workshop Methoden: Qualitative Längsschnittanalyse. In: Zeitschrift für Soziologie der Erziehung und Sozialisation 20, H. 1, S. 98–100.

Vogl, Susanne (2022): Qualitative Panelbefragungen. In: Baur, Nina/Blasius, Jörg (Hrsg.): Handbuch Methoden der empirischen Sozialforschung. Wiesbaden. Springer VS, S. 935–946. doi.org/10.1007/978-3-658-37985-8_61
Watson, Nicole/Wooden, Mark (2009): Identifying and reducing the impact of response errors in panel surveys. In: Longitudinal and Life Course Studies 1, H. 1, S. 4–36.
Witzel, Andreas (1985): Das problemzentrierte Interview. In: Jüttemann, Gerd (Hrsg.): Qualitative Forschung in der Psychologie. Grundfragen, Verfahrensweisen, Anwendungsfelder. Heidelberg: Asanger, S. 227–256.

Ausstiege aus einer qualitativen Längsschnittuntersuchung zu Reintegrationsprozessen strafrechtlich verurteilter Männer

Franz Zahradnik

1. Einleitung

Als Panel organisierte qualitative Längsschnittuntersuchungen sind immer mit der forschungspraktischen Frage konfrontiert, wie sich möglichst hohe Wiederteilnahmequoten erreichen lassen bzw. wie Ausstiege aus der Untersuchung vermieden werden können (Miller 2015; Köhler 2018; Grimm/Schütt 2020; Košinár/Laros 2021; Neale 2021; Rieker/Humm/Zahradnik 2024). Hierbei sind das jeweilige Forschungsinteresse und die daraus abgeleitete Fallauswahl von großer Bedeutung. Je nach Forschungsthema bzw. -feld ergeben sich unterschiedliche Unsicherheiten in Hinblick auf die Erreichbarkeit und Teilnahmebereitschaft der adressierten Personen sowohl in der ersten Erhebungswelle als auch im weiteren Studienverlauf (Vogl 2022). Die Forschung zeigt beispielsweise, dass vor allem bestimmte Übergangserfahrungen einen Einfluss auf die Bereitschaft zur weiteren Teilnahme an einer Panelstudie haben können. So wurde etwa bei Jugendlichen, die aus ihrer subjektiven Sicht am Übergang von der Schule in den Beruf gescheitert waren, eine geringere Wiederteilnahmebereitschaft im Studienverlauf festgestellt, weil sie über dieses belastende Thema nicht sprechen wollten (Vogl/Zartler 2021). Übergänge sind oft auch mit räumlichen Veränderungen verbunden, die das Wiederfinden und -erreichen der Studienteilnehmenden erschweren. Es bedarf deshalb bestimmter Strategien zur Förderung der Teilnahmemotivation, die auf die jeweilige Untersuchungspopulation und ihre Lebensumstände abgestimmt sind. Das Sammeln möglichst vieler Kontaktdaten beim ersten Interview, auch von Bezugspersonen, kann hier eine gute Ausgangsposition schaffen. Zudem gilt es, eine Beziehung zu den Forschungspartner:innen aufzubauen, in der Nähe und Distanz zwischen den Beteiligten möglichst ausbalanciert sind (Witzel 2020; Vogl 2022; Mörgen/Schnitzer i. d. B.). Schließlich wird es als hilfreich für den Erhalt der Teilnahmemotivation angesehen, den Teilnehmenden zwischenzeitlich Informationen über das Forschungsprojekt zukommen zu lassen oder ihnen Grußkarten zu besonderen Anlässen zu schicken (Grimm/Schütt 2020; Humm/Rieker/Zahradnik 2022; Rieker/Humm/Zahradnik 2024). Doch auch durch diese Maßnahmen kann nicht ausgeschlossen werden, dass Studienteilnehmende aus der Längsschnittuntersuchung ausscheiden. Über die dahinterliegenden Prozesse weiß man allerdings nur wenig, auch weil der Fokus aus forschungspraktischen Gründen meist auf die verbliebenen Teilnehmenden gerichtet wird.

In diesem Beitrag geht es deshalb darum, anhand von vorliegendem Datenmaterial aus einer qualitativen Längsschnittstudie zu den Reintegrationsprozessen strafrechtlich verurteilter Männer mittels einer interpretativen Herangehensweise Spuren zu identifizieren, die Aufschluss über Ausstiege aus der Paneluntersuchung geben. Welche Hinweise gibt es im Datenmaterial dazu, ob jemand nicht mehr teilnehmen wird? Solche Hinweise können etwa explizite Äußerungen über mögliche Gründe der zukünftigen (Nicht-)Teilnahme sein. Zumeist liegen solche Informationen aber nicht derart offen vor, sondern müssen erst analytisch herausgearbeitet werden. Hierzu muss der Blick notwendigerweise geweitet werden, um eine breitere Betrachtung von Ausstiegen aus qualitativen Längsschnittstudien zu ermöglichen. Es gilt dann etwa zu untersuchen, welche Prozesse Ausstiegen vorgelagert sind. Wie werden sie erlebt und kommuniziert? Welche Bedingungen solcher Ausstiege lassen sich aus dem Datenmaterial rekonstruieren? Und schließlich: Wie kann schon bei der Untersuchungsplanung und Datenerhebung eine Sensibilität für solche Fragen etabliert und umgesetzt werden? Eine solche Herangehensweise, die in Richtung einer „systematische[n] Drop-out-Analyse“ (Rieker/Humm/Zahradnik 2024, S. 41) weist, ist uns bisher nicht bekannt. Die hier vorgestellte Analyse ist ein erster Versuch, dieses Neuland zu erkunden.

Um die Besonderheiten des Forschungsfeldes von Reintegrationsprozessen nach einer strafrechtlichen Verurteilung zu berücksichtigen, werden zuerst zentrale Annahmen aus der Forschung zu Desistance skizziert, die als sensibilisierende Konzepte für die Analyse dienen. Im nächsten Schritt wird kurz das Forschungsprojekt und die Datenbasis vorgestellt. Im Ergebnisteil werden die gewonnenen Erkenntnisse zu Ausstiegsprozessen aus der qualitativen Längsschnittstudie präsentiert, wobei der Fokus auf den späteren Erhebungswellen liegt, wenn sich die Interviewpartner schon mehrfach für die Teilnahme an der Untersuchung bereiterklärt hatten und zu ihnen eine mehrjährige Forschungsbeziehung aufgebaut und gepflegt wurde. Es zeigen sich Anhaltspunkte, die auf bestimmte Fallkonstellationen hindeuten, die erwarten lassen, nicht weiter an einer Längsschnittuntersuchung teilzunehmen. Die gewonnenen Erkenntnisse können dahingehend genutzt werden, dass man schon während der Erhebung sensibel gegenüber potenziellen Ausstiegen ist und diesen entgegensteuern kann.

2. Desistance als sensibilisierendes Rahmenkonzept

Die Desistance-Forschung beschäftigt sich mit Prozessen des Abstandnehmens von strafbarem Verhalten und interessiert sich dabei vor allem für Veränderungen auf der Identitätsebene sowie soziale Kontextbedingungen (Rieker/Humm/Zahradnik 2016; Ghanem/Graebsch 2020). Selbsterzählungen in diesem Zusammenhang haben üblicherweise ein verändertes Selbstverständnis zum Gegenstand, das sich durch eine Distanzierung vom früheren kriminellen Ich auszeichnet und häufig mit dem Wunsch verbunden wird, Wiedergutmachung für die eigenen Verfehlungen zu leisten (Maruna 2001). In der frühen Phase des Desistance-Prozesses wird ein solcher neuer Selbstentwurf häufig schon sichtbar, erscheint allerdings meist noch mit Unsicherheiten belastet. Er ist quasi noch in einer Suchbewegung begriffen, die zwischen den spannungsreichen Polen von Normalität und Abweichung prozessiert (Healy 2010). Wichtig ist, inwiefern sich in der sozialen Umwelt Möglichkeiten bieten, um sich mit dem neuen Selbstentwurf einzuhaken und diesen umzusetzen (Giordano/Cernkovich/Rudolph 2002). Insbesondere Stigmatisierungs- und Scheiternserfahrungen können Veränderungsprozesse aber herausfordern und nachhaltig beeinträchtigen (Zahradnik 2021). Die Unterstützung durch Professionelle und informelle Bezugspersonen wie Familie, Freunde oder andere frühere Straffällige hingegen kann Desistance-Prozesse potenziell stabilisieren (King 2013; Rieker 2017; Buck 2020; Villeneuve/F.-Dufour/Farrall 2021; Humm/Rieker/Zahradnik 2022).

Desistance-Theorien helfen also dabei, Prozesse des Abstandnehmens von Kriminalität sowie der sozialen (Re-)Integration besser zu verstehen. Vor diesem Hintergrund lassen sich auch Erklärungsansätze dazu entwerfen, warum Studienteilnehmende aus einer Längsschnittuntersuchung ausscheiden. So macht es z. B. einen Unterschied, welche Bedeutung der eigenen Forschungsbeteiligung beigemessen wird, man sich also als wertvolle Informationsquelle begreift, die durch die Teilnahme Einfluss auf zukünftige Bedingungen in diesem Feld nehmen kann. Fühlt man sich in der Forschungsbeziehung vom Gegenüber verstanden und anerkannt? Hat die ganze Thematik rund um Kriminalität und Reintegration so an Relevanz verloren, dass einfach kein Sinn mehr in der weiteren Teilnahme gesehen wird? Es geht also darum, Entwicklungsverläufe zu rekonstruieren und dabei zu prüfen, inwiefern dort schon Hinweise auf eine zukünftige Nicht-Teilnahme zu finden sind.

3. Forschungsprojekt und Datenbasis

Die Datengrundlage der Untersuchung bilden zum einen problemzentrierte Interviews (Witzel 2000) mit strafrechtlich verurteilten Männern in der Schweiz, die im Rahmen eines neunjährigen qualitativen Längsschnittprojekts erhoben wurden.[1] Zum anderen kann auf Protokolle zurückgegriffen werden, die von den

1 Das Forschungsprojekt „Wege aus der Straffälligkeit – Reintegration verurteilter Straftäter“ wurde zwischen 2013 und 2022 unter der Leitung von Peter Rieker und mit finanzieller

Projektmitarbeitenden während des Forschungsprozesses angefertigt wurden (Humm/Rieker/Zahradnik 2022).

Das Ausgangssample bestand aus 50 Männern im Alter von 17 bis 61 Jahren, die sich u. a. in Hinblick auf ihren sozialen Hintergrund deutlich unterscheiden und aufgrund ganz unterschiedlicher Delikte zu einer Haftstrafe bzw. der Teilnahme an einer stationären Maßnahme verurteilt wurden. Die Erstinterviews sollten möglichst in der Endphase der geschlossenen Unterbringung stattfinden, um Einblicke in das subjektive Erleben der institutionellen Interventionen sowie die daran anschließenden Lebensentwürfe der Untersuchungsteilnehmer zu gewinnen. Die Initialkontakte zu den Männern mussten in diesem hochreglementierten Feld über die Gatekeeper:innen in den unterschiedlichen Einrichtungen hergestellt werden, sodass die Fallauswahl nicht gänzlich frei gesteuert werden konnte. In den Folgeinterviews, die im Abstand von etwa anderthalb Jahren stattfanden, wurde jeweils dazu angeregt, über die Zeit seit dem letzten Interview, die aktuelle Lebenssituation sowie Wünsche und Erwartungen für die weitere Entwicklung zu erzählen.

Von den anfänglich 50 Interviewpartnern konnten in der zweiten Erhebungswelle 40 Männer für die Teilnahme an einem weiteren Interview gewonnen werden. Ein drittes Interview konnte mit 36 Männern realisiert werden, ein viertes mit 30 und ein fünftes schließlich mit 20. Dieser deutliche Schwund am Ende der Untersuchung ist zeitlich mit der Corona-Pandemie zusammengefallen. Es lässt sich vermuten, dass manche Teilnehmer hier in Hinblick auf ihre Reintegrationsbestrebungen noch einmal anders herausgefordert wurden und die Teilnahme an der Studie für sie an Relevanz eingebüßt hat.

Nach dem fünften Interview wurden die Teilnehmer gefragt, ob es eine wichtige Bezugsperson gebe, die ihnen in den letzten Jahren zur Seite stand und mit der ggf. auch ein Interview geführt werden könnte. Hierdurch sollten ergänzende Perspektiven auf Reintegrationsprozesse gewonnen werden, um zu erfahren, wie unterschiedliche Bezugspersonen diese Zeit erlebt haben und wie sie die Entwicklung des Studienteilnehmers sowie die zur Verfügung stehenden Unterstützungsstrukturen einschätzen. Hier konnten insgesamt zehn Interviews mit Drittpersonen geführt werden, wobei in fünf Fällen professionelle Fachkräfte als bedeutsame Bezugspersonen angegeben wurden und in fünf Fällen Personen aus dem näheren sozialen Umfeld.

Im Laufe der Untersuchung wurde ein breit gefächertes Kategoriensystem erarbeitet, das verschiedene Aspekte des Reintegrationsprozesses wie etwa die Bedeutung von sozialen Beziehungen, Arbeit, Drogenkonsum usw. berücksichtigt. Auf dieser Grundlage wurden verschiedene Verlaufsmuster herausgearbeitet,

---

Unterstützung des Schweizerischen Nationalfonds (SNF) am Institut für Erziehungswissenschaft der Universität Zürich unter Mitarbeit von Jakob Humm und Franz Zahradnik umgesetzt.

die stabilisierende, stagnierende oder diskontinuierliche Entwicklungen sichtbar machen. Vor dem Hintergrund der kategorisierenden Auswertung wurden zu einzelnen Themenbereichen detaillierte Fallanalysen erarbeitet, um bestimmte Aspekte tiefergehend zu verfolgen (Humm/Rieker/Zahradnik 2022).

4. Ergebnisse

Im nächsten Schritt werden nun Ausstiegsprozesse in verschiedenen Phasen der Untersuchung betrachtet, wobei das Hauptaugenmerk auf spätere Erhebungswellen gerichtet wird. Es wird davon ausgegangen, dass solche späten Ausstiege in besonderer Weise erklärungsbedürftig sind, da schon eine Beziehungsbasis entstanden ist, die einen gewissen Verpflichtungs- und Verbindlichkeitscharakter in sich trägt (Grimm/Schütt 2020; Grimm/Kaufhold i. d. B.). Bei der Betrachtung der folgenden Fälle ist allerdings immer auch zu bedenken, dass die Kontaktierungsversuche möglicherweise die Teilnehmer tatsächlich nicht erreicht haben, weil sich etwa die Kontaktdaten geändert haben. Grundsätzlich muss man bei der Untersuchung von Ausstiegen aus qualitativen Längsschnittstudien also dahingehend unterscheiden, ob man eindeutige Hinweise auf das Aussteigen hat oder nicht. Wurde von den Interviewten etwa deutlich und unmissverständlich geäußert, dass eine weitere Teilnahme nicht gewünscht wird? Erlangt man aus ihrem Umfeld zumindest recht eindeutige Hinweise darauf, dass sie nicht mehr weiter an der Studie teilnehmen wollen bzw. können? Oder müssen Hinweise erst durch genauere Analysen aus dem Datenmaterial herausgearbeitet und interpretiert werden?

4.1 Offensichtliche Ausstiege

Das wohl klarste Anzeichen eines Ausstiegs aus der Studie ist die explizite Äußerung, dass eine weitere Teilnahme nicht mehr gewünscht ist. Ein Teilnehmer z. B. hat wohl auf Bitte seiner Betreuungsperson in einer Wohneinrichtung für Haftentlassene eher widerwillig am ersten Interview teilgenommen und schon im Vorfeld klargestellt, dass eine weitere Teilnahme nicht gewünscht ist. Den zaghaften Versuch des Forschers, am Ende des Interviews vielleicht doch noch eine Türe für ein zweites Treffen zu öffnen, wehrt der Interviewte entschieden ab:

> I: Und das zweite Interview ist nicht mehr …
> B: Das möchte ich nicht mehr. Das war heute mein Schluss (I 19/1/11).[2]

2 Ein „I“ steht für die Datenquelle „Interview“, ein „P“ für „Protokoll“. Die erste Zahl ist die projektinterne Fallnummer, die zweite gibt die Erhebungswelle und die dritte die Seitenzahl des Dokuments an.

Im Interview wird an mehreren Stellen deutlich, dass der Befragte die vielen Jahre der Auseinandersetzung mit seiner Vergangenheit als anstrengend empfindet und daher den Wunsch äußert, einen Schlusspunkt hinter dieses Kapitel zu setzen. Es scheint, als möchte er sich zu diesem Zeitpunkt keine weiteren Verpflichtungen auferlegen, die das Thema virulent halten würden. In solchen Konstellationen zeigt sich das Risiko, das mit der Kontaktvermittlung über institutionelle Gatekeeper:innen einhergeht, sich aber in hochreglementierten Forschungsfeldern nicht immer vermeiden lässt.

Es kommt natürlich auch dann zu einem Ausscheiden, wenn man Kenntnis darüber erlangt, dass ein Studienteilnehmer zwischenzeitlich verstorben ist. Im gesamten Projektverlauf haben wir vom Tod von vier Teilnehmern erfahren. In drei Fällen handelte es sich um Personen, die eine längere Zeit des intensiven Heroinkonsums unter widrigen Lebensbedingungen durchlebt hatten und teils schon mit einschneidenden gesundheitlichen Problemen konfrontiert waren. Alle vier befanden sich während der Teilnahme an der Studie entweder noch in therapeutischer Behandlung oder standen mit Personen aus früheren betreuenden Einrichtungen in Kontakt. Von diesen Todesfällen haben die Projektmitarbeiter dann wiederrum über diese Feldkontakte erfahren.

Ein weiterer recht deutlicher Hinweis auf das Ausscheiden eines Teilnehmers aus der Studie sind aufziehende justizielle Interventionen. Ein junger Mann berichtet im dritten Interview von einem Ereignis, das ihn nachhaltig verunsichert habe. Aufgrund seiner strafrechtlichen Verurteilung drohe ihm in der Folge aufgrund der fehlenden Schweizer Staatsbürgerschaft die Ausweisung in ein anderes Land:

> [Er kommt] gleich zu Beginn des Gesprächs darauf zu sprechen […], dass er vor einiger Zeit den Ausschaffungsbescheid bekommen hat, sein Fall sich nun im Rekurs beim Bundesgericht befindet und er auf die schlussendliche Entscheidung wartet. Bei einem negativen Bescheid muss er die Schweiz in Richtung [Balkanstaat] verlassen. Alle seine Gedanken drehen sich gerade darum, weshalb das Ansprechen der sonst relevanten Themenbereiche weitgehend ins Leere läuft.
>
> Situation nach Interview: Nach Ausschalten des Diktiergeräts wünsche ich ihm noch viel Glück für den Ausgang des Verfahrens und er verspricht, dass er sich noch einmal melden wird, wenn die Entscheidung gefallen ist. Schon während des Interviews habe ich ihm ein Kärtchen von mir gegeben, das er abfotografiert und auch eingesteckt hat (P 14/3/1).

Eine Meldung seitens des Befragten bleibt in der Folge aus und auch die Kontaktversuche des Forschers sind erfolglos. Die weitere Entwicklung in Hinblick auf die Ausweisung blieb unaufgeklärt.

In einem anderen Fall äußert der Teilnehmer im Interview, dass er mit einer zeitnahen Verhaftung rechne und deshalb wohl nicht mehr an der Studie teilnehmen könne: „[Er] machte mir klar, dass er seiner Frau nicht alles erzähle, insbesondere sage er ihr nichts über seine bevorstehende Verhaftung. Er rechnet mit maximal sechs Jahren, und bei guter Führung sei er nach vier Jahren draußen" (P 40/4/1).

Solchen recht eindeutigen Ausstiegen stehen dann vor allem solche gegenüber, bei denen nicht so eindeutig darauf geschlossen werden kann, warum eine weitere Teilnahme nicht zustande gekommen ist.

4.2 Relevanzverschiebungen

Ein Ausstiegsmuster, das auf Relevanzverschiebungen hindeutet, zeigt sich bei einigen der Jugendlichen und jungen Erwachsenen, mit denen das erste Interview in einem Jugendheim oder einem Maßnahmezentrum geführt wurde. Die Kontaktaufnahme erfolgte dabei über die jeweilige Institution und ihre Vertreter:innen, wobei sich hier und da Anzeichen einer geringen Eigenmotivation oder andere lebensphasenspezifische Dynamiken zeigten (Humm/Rieker/Zahradnik 2022, S. 28). In dieser Gruppe könnte zudem die Aufwandsentschädigung, die in der ersten Erhebungswelle 40,- CHF betrug, durchaus einen entscheidenden Effekt auf die Teilnahmebereitschaft gehabt haben,[3] war der Aufwand doch recht überschaubar. Diese jungen Männer haben in den Interviews nur wenig über sich und ihr Leben preisgegeben und schienen eher mit der Verarbeitung und Bewältigung ihrer aktuellen Situation beschäftigt. Sie konnten in der Folge nicht mehr erreicht werden.

In den Fällen mit einem vergleichsweise stabilen Reintegrationsverlauf finden sich im Datenmaterial vor allem Hinweise auf eine zunehmende soziale Etablierung, die wohl mit einem biographischen Verblassen der Bedeutung der früheren Delinquenz einhergeht. So umschreibt ein Interviewpartner, wie die Untersuchungshaft einen Reflexionsprozess in Gang gesetzt habe, der vor allem durch den erzwungenen Abstand zu den früheren sozialen Kreisen ermöglicht worden sei:

> Genau, also nicht dass ich extrem nachdenklich gewesen wäre, aber es war halt die Distanz zu den Drogen damals und zu den anderen Leuten und zur Delinquenz. [...] Und ich habe dort schon Danke gesagt, weil ich wollte aussteigen, aber ich konnte nicht alleine. Deswegen habe ich auch dem Polizisten Danke gesagt, der mich damals verhaftet hat. [...] Jetzt kann ich wirklich mit einem Lächeln zurück denken und im Grunde genommen auch Danke sagen, dass es so war (I 26/3/4).

3 Finanzielle Aufwandsentschädigungen („monetary incentives") können die Beziehung zwischen Forscher:innen und Beforschten in unterschiedlicher Weise beeinflussen, also eher das Gefühl von Solidarität erzeugen und dazu beitragen, die Kooperationsbereitschaft zu erhöhen, oder aber sozioökonomische Hierarchien verstärken, wodurch die Teilnahmemotivation belastet wird (Masoumi 2024).

Es zeigt sich hier eine Distanzierung von den als problematisch beschriebenen Verhaltens- bzw. Lebensweisen sowie eine Integration der erfahrenen institutionellen Interventionen in einen insgesamt optimistischen Zukunftsentwurf (Maruna/Roy 2007). Bemerkenswert ist die Dankbarkeit gegenüber den Strafverfolgungs- und Vollzugsbehörden, denen in der Selbstpräsentation eine entscheidende Rolle für den positiven Verlauf des persönlichen Werdegangs zugerechnet wird. Im Zuge dieser Auslegung der Geschehnisse schließt der Interviewte gleichsam das Kapitel seiner Delinquenzgeschichte, die in dem ohnehin kurzen Interview nur am Rande thematisiert wurde. Im Vordergrund standen vielmehr die Themenbereiche Arbeit, Hobbys, Familie und Partnerschaft. Die Kürze des Interviews sowie die Möglichkeit, die ab der dritten Erhebungswelle erhöhte Aufwandsentschädigung von 80,- CHF zuzüglich Fahrtkostenerstattung zu erhalten, schienen mit ein Grund für die weitere Teilnahme gewesen zu sein. Zumindest unterstützen die weiteren Umstände des Interviews eine solche Interpretation: Der Interviewpartner berichtet von einem vergleichsweise niedrigen Arbeitslohn; das Interview hat Anfang August an einem Feiertag stattgefunden und seine Partnerin hat ihn begleitet, wartete allerdings während des Interviews bei hochsommerlichen Temperaturen vor dem Institut im Auto, wodurch ein gewisser Zeitdruck auf dem Interview lastete; er sagte gleich zu Beginn, dass sie im Anschluss noch an den See fahren und baden gehen wollten. Diese Kombination des Interviewtermins mit Freizeitaktivitäten fand ähnlich schon beim zweiten Interview statt. Dort reiste er mit einem Rollkoffer an, in dem er eine Drohne transportierte, die er im Anschluss noch fliegen lassen wollte. Auch dieses Gespräch fiel mit 24 Minuten schon äußerst knapp aus, was wohl auch mit seiner Arbeitssituation in Verbindung stand: „Er sagt, dass er bald mal ins Bett müsse, da er am Abend noch zur Nachtschicht muss" (P 26/2/1).

Eine ähnliche Relevanzverschiebung zeigt sich bei einem anderen Studienteilnehmer, im Unterschied zum vorherigen Fall ist aber eine besondere Dynamik im Nähe-Distanz-Verhältnis zum Forscher erkennbar. Auch hier hatte sich das Verblassen der Delinquenzgeschichte schon im dritten Interview angedeutet, allerdings gab es noch genug Gesprächsstoff für ein längeres Interview:

> Ich war mir im Vorfeld des Interviews nicht sicher, ob es ein „gutes" Interview werden wird – irgendwie hatte ich das Gefühl, dass es sich bei [ihm] wie ausgeredet hat, was die ganze Resoz[ialisierungs]-Geschichte angeht. Familie, eigenes Geschäft, funktionierende Wohnung usw. Dennoch haben sich aber Veränderungen ergeben, und aus den Befürchtungen im Vorfeld des Interviews wurde dann doch der Eindruck, dass im Gespräch relevante Aspekte […] genannt worden sind (P 12/3/1).

Der Forscher merkt im Protokoll aber auch an, dass die bemerkenswerte Nähe, die sich aus den ersten beiden Interviews ergeben hatte, spürbar geschwunden war: „Die Atmosphäre war nicht freundschaftlich so wie bei anderen Interviews – es war eher ein Gespräch zwischen zwei Männern, welche sich zwar kennen, letztlich aber nur aufgrund des Forschungsanlasses zusammen reden" (P 12/3/1).

Der Teilnahme am vierten Interview wurde wohl vor allem aufgrund eines persönlichen Verpflichtungsgefühls gegenüber dem Forscher zugestimmt. Die eigene Delinquenzgeschichte sowie das Thema Reintegration nach einer geschlossenen Unterbringung haben thematisch nun vollends an Bedeutung verloren. Bei der Planung des vierten Treffens zeigte sich das geringe Interesse auch daran, dass er eine Dreiviertelstunde zu spät kam und einem am Abend stattfindenden Fußballspiel eine so große Wichtigkeit zurechnete, dass für das Interview nur wenig Zeit blieb:

> Um viertel vor sieben kam er dann in seinem [Geländewagen], in Vollmontur des [Berufsbezeichnung] und meinte zur Begrüßung, er müsse dann heute noch den Match sich ansehen, Spanien gegen Portugal. Wir müssen dann halt das Gespräch etwas kürzen. [...] Nach etwa einer halben Stunde merkte er an, dass er jetzt eben noch duschen müsse und sich dann bereit machen will für den Match. [...] Ein relativ wenig ergiebiges Gespräch (P 12/4/1).

Auch hier ist deutlich erkennbar, dass das Interview gegenüber anderen Aktivitäten an Relevanz verloren hat. Das es dennoch stattfand, scheint vor allem dem Nachklingen eines Gefühls der Verbundenheit mit dem Forscher geschuldet zu sein und weniger der Einschätzung, dass man noch etwas Gehaltvolles zur Untersuchung beitragen könnte.

Bei einem anderen Fall entwickelt der Interviewpartner über die Jahre hinweg zunehmend das Gefühl, eigentlich nicht in den Kreis der Studienteilnehmer hineinzupassen:

> Ebenfalls interessant war die Tatsache, dass [er] es quasi kategorisch ablehnte, zum Sample gezählt zu werden. Auf meine Erwiderung, dass das erste Gespräch ja im Bewährungszentrum des Kantons [XY] stattgefunden habe, meinte er sich zu erinnern, für diese Studie zugesagt zu haben – aber eigentlich gehöre er nicht dazu (P 25/4/1).

Im Gespräch haben sie sich dann aber darüber verständigen können, warum er denn nun Teil der Untersuchung geworden ist. Er erkundigt sich beim Interviewer dann auch danach, wer denn sonst noch an der Untersuchung teilnehme, und scheint sich aufgrund seines Delikts, das er als sehr gering einschätzt, dann doch nicht als wirklich passend zu begreifen. Damals sei er auch eher davon ausgegangen, dass er durch seine Teilnahme andere Straffällige direkt unterstützen könnte: „Ich habe gedacht gehabt, ich kann irgendjemand etwas helfen. Das ist mein Ding gewesen" (I 25/4/48).

Am Ende des Interviews gibt er zwar die Zusage für ein weiteres Gespräch, äußert aber die Einschätzung, für das Forschungsprojekt zukünftig wahrscheinlich

„nicht mehr relevant zu sein“ (P 25/4/2). Dem widerspricht der Forscher deutlich, woraufhin der Interviewpartner auf die Einladung zu einem weiteren Interview „nochmals bestärkt mit ‚Ja‘ antwortete“ (P 25/4/2). Es könnte aber dennoch sein, dass sich bei ihm das Gefühl, nicht mehr von Bedeutung für die Studie zu sein, verfestigt, zumindest aber in Teilen gehalten hat. Ein weiteres Interview kam nicht mehr zustande.

4.3 Schamangst und Rückzug

Übergangsphasen, die mit Unsicherheiten und subjektiven Scheiternserfahrungen verbunden sind, können sich nachteilig auf die Teilnahmemotivation von Teilnehmenden einer Längsschnittuntersuchung auswirken (Vogl/Zartler 2021). Auch in der zugrundeliegenden Studie gibt es in einigen Fällen Hinweise darauf, dass die Angst vor potenziell beschämenden Situationen einen Rückzug von der Teilnahme befördern kann. Dies scheint vor allem mit Zukunftsentwürfen verbunden zu sein, die von einem ausgeprägten Optimismus zeugen, deren Realisierung allerdings vor dem Hintergrund des Wissens über die gesellschaftlichen Hürden bei der sozialen Wiedereingliederung als schwierig einzuschätzen sind (Zahradnik 2021). Die Fälle, die diesem Muster zugerechnet werden, zeichnen sich vor allem durch die dargebotenen Erzählmuster sowie das persönliche Verhältnis zu den Forschern aus. Die vorgebrachten Narrative folgen in ihrer Grundstruktur einer wiederholten oder fortgesetzten Erfolgsgeschichte, wie sie in Desistance-Erzählungen häufig zu finden ist (Maruna 2001). Die Forscher-Beforschten-Beziehung ist geprägt durch ein offenes und freundliches, von Teilnehmerseite manchmal fast freundschaftlich markiertes Verhältnis. Insgesamt lässt sich erkennen, dass die Interviewsituation vor allem als Ort einer positiven Selbstpräsentation sowie der anerkennenden Bestätigung durch den Forscher wertgeschätzt wird. Die Anbahnung der Interviews ist in diesen Fällen meist selbstläufig, teils fragen die Interviewpartner zwischenzeitlich von sich aus nach, wann denn wieder ein Interview stattfinden könnte. Diese Eigeninitiative ist aber damit verbunden, dass die Entwicklungen sich in einem aus eigener Sicht positiven, zumindest aber akzeptablen Bereich befinden. Hinweise auf dieses Ausstiegsmuster finden sich nicht nur bei späten Ausstiegen, also wenn sich die Forscher-Beforschten-Beziehung schon gefestigt hat, sondern in Einzelfällen auch schon in frühen Phasen der Längsschnittstudie.

Ein Interviewteilnehmer der ersten Erhebungswelle z. B. erzählt, als er sich noch aufgrund eines Betrugsdelikts etwa in der Mitte einer einjährigen Haftstrafe befindet, sehr ausführlich und engagiert über die an sich selbst beobachteten positiven Veränderungen, die er maßgeblich auf die Wirkung der Verurteilung und Inhaftierung zurückführt. Aber auch die Probleme, die mit der Inhaftierung für ihn und seine Familie einhergehen, nehmen breiten Raum im Interview ein. Er sei sehr aktiv bei der Arbeitssuche, habe bisher jedoch nur Absagen erhalten, erscheint aber weiterhin motiviert und hoffnungsvoll. Des Weiteren sei er mit hohen Schulden aufgrund früheren intensiven Glückspiels belastet, wobei er sich auch hier optimistisch zeigt. Insgesamt orientiert sich sein Zukunftsentwurf an der früheren bürgerlichen Normalität, die ihm und seiner Familie aufgrund seines strafbaren Verhaltens und der justiziellen Maßnahmen abhandengekommen sei:

> Ein geregeltes Einkommen, ein unbeschwertes Leben, klingt jetzt vielleicht etwas überheblich, aber einfach so weit wie möglich sorgenlos, dass die Kinder eine gute Ausbildung genießen, dass ich den Kindern das ermöglichen kann, dass meine Frau und ich immer noch zusammen sind, dass wir unsere Schulden abbezahlt haben, einfach dass das Rundumpaket einer glücklichen kleinen Familie stimmt. Das ist mein Traum, den ich schon vorher hatte und dann zerstört habe und jetzt wieder neu aufbauen muss. Denn zerstört ist er schneller als wieder aufgebaut. Zerstört ist er sehr schnell, aber mein Ziel ist, den Traum wieder aufzubauen und zurück zu kommen, wo ich mal war, und das schaffe ich auch und ich will es auch (I 1/1/25).

Am Ende des Interviews stellt er schon ohne Nachfrage in Aussicht, dass ein zweites Interview stattfinden sollte, um mehr darüber erzählen zu können, wie alles kam:

> Ich denke, dass ich ihnen in einem halben Jahr oder in einem Jahr viel mehr erzählen kann wenn ich die Erfahrungen gemacht habe mit den Bewährungshelfern. [...] Da kann ich ihnen dann vielleicht mehr dazu sagen, für mich ist das auch Neuland, ich muss schauen wie die Zusammenarbeit sein wird (I 1/1/25).

Auf die explizite Frage, ob man sich in einigen Monaten wieder bei ihm melden dürfe, antwortet er:

> Auf jeden Fall. Ich fand das Gespräch sehr interessant und hoffe, ich konnte ihnen etwas weiterhelfen. Als ich angefragt wurde, habe ich sofort spontan zugesagt. Ich finde das gut und man sollte viel mehr solche Sachen machen und Leute befragen, die direkt mit dem konfrontiert sind, damit man das auch für später weiß und Dinge besser machen kann, damit andere später davon profitieren können. Melden sie sich in einem halben Jahr oder Jahr ungeniert wieder bei mir (I 1/1/27).

Vor dem Hintergrund des ersten Interviews kam es für die Projektmitarbeiter unerwartet, dass keine Kontaktaufnahme mehr gelang. Trotz mehrerer Versuche über verschiedene Kommunikationskanäle konnte der Interviewpartner nicht mehr erreicht werden und auch sonst gab es keine Informationen über seinen Verbleib. Dass alle Kommunikationskanäle nach so kurzer Zeit versagen, erscheint eher ungewöhnlich. Möglich wäre etwa, dass der Interviewpartner erneut inhaftiert wurde oder aus gesundheitlichen Gründen nicht mehr erreichbar war.

Oder die Partnerin stand einer weiteren Interviewteilnahme skeptisch gegenüber, etwa um die Kinder zu schützen. Es könnte aber auch sein, dass sich die umschriebenen Hoffnungen nach der Entlassung nicht realisieren ließen und eine weitere Teilnahme deswegen nicht gewünscht wurde. Hinweise auf dieses Muster zeigten sich sonst vor allem bei jüngeren Teilnehmern, die sehr optimistische Zukunftsentwürfe präsentierten.

Ein noch sehr junger Interviewpartner etwa präsentierte sich im vierten Interview hochmotiviert in Hinblick auf das eigene Engagement im Kontext der Betreuung von jungen strafrechtlich verurteilten Männern:

> Gegen Ende des Interviews kam dann noch ein neuer Aspekt hinzu – über ihn ist eine Vertiefungsarbeit verfasst worden, und dies habe ihn darin bestärkt, seine Geschichte publik zu machen mit der Absicht, andere Jungs auch auf den richtigen Weg zu bringen. […] Zum Abschluss bedankte er sich ausführlich bei mir für das „Hammergespräch" und er bezeichnete mich als wichtige Figur in seinem Leben. Wir haben vereinbart, dass ich ihn gerne noch zu einem weiteren Gespräch einladen dürfe. Ich bekräftigte mein Interesse (P 45/4/1).

In diesem Interview wird die eigene Generativität, also der Wunsch danach, anderen jugendlichen Delinquenten zu helfen und ihnen alternative Wege aufzuzeigen, besonders betont (Zahradnik 2019). Zudem sticht die überschwängliche Würdigung des Gesprächs und die hohe Bedeutungszuschreibung gegenüber dem Forscher hervor. Auch in diesem Fall erscheint es denkbar, dass die hochgesteckten Ziele der eigenen Reintegration nicht umstandslos erreicht werden konnten und deshalb eine weitere Teilnahme aus Schamgefühlen gegenüber dem Forscher nicht mehr weiter verfolgt wurde. Diese Einschätzung wird noch dadurch unterstrichen, dass auch in den vorherigen Interviews die präsentierten Erzählungen über erreichte Erfolge immer auch durch prekäre Entwicklungen in einigen Lebensbereichen begleitet wurden, die erst auf Nachfrage thematisiert wurden:

> Das Interview war primär geprägt durch ausführliche Erzählungen darüber, wie erfolgreich er seinen Weg in beruflicher Hinsicht macht. Er erzählte sehr ausführlich über seine neue Arbeit, legte seinen Weg dahin als eigentliche Erfolgsgeschichte dar und machte auch deutlich, wie sehr ihm der Beruf gefällt. […] Nur durch gezieltes nachfragen konnte er dazu bewegt werden, auch schwierigere Momente seines Werdegangs zu deklarieren. So hatte er Mühe mit dem Strafregisterauszug, seine Vergangenheit holt ihn immer wieder ein (P 45/3/1).

Ein anderer junger Mann hat das vierte Interview auf eigenen Wunsch hin initiiert, bevor der Forscher versucht hatte, ihn zu erreichen: „Er hat mich am Sonntagabend per Messenger kontaktiert. Er fragte mich, wie es mir gehe und ob ich mal wieder Zeit hätte. Ich konnte daraufhin mit ihm sofort einen Termin vereinbaren" (P 37/4/1). Gleich zu Beginn des Interviews erzählt er davon, dass er im Bereich der Erwerbsintegration gute Fortschritte gemacht habe, worauf er stolz sei, und sich auch privat Entscheidendes verändert habe: „Ist dann das Kind, mein Sohn auf die Welt gekommen. Ist alles schön und gut, schöne Erlebnisse gehabt, ja. Und jetzt bin ich Vater seit einem Jahr, ja und habe viel erlebt" (I 37/4/1).

In seinen weiteren Ausführungen wird aber deutlich, dass sein beruflicher Zukunftsentwurf noch recht diffus und an vielen Stellen sehr unspezifisch ist. Des Weiteren zeigen sich einige Herausforderungen, wie eine zwischenzeitliche Verhaftung aufgrund eines Eigentumsdelikts, psychische Belastungen seiner Frau, das angespannte Verhältnis zu den Schwiegereltern sowie die ungeklärte Wohnsituation, die noch virulent sind:

> Ja es gibt eine Zeit, in der ich belastet bin, aber damit muss ich leben. Und ich verlasse meine Frau jetzt nicht wegen dem, ich stehe zu ihr und auch wenn sie sich etwas einbilden tut und da sage ich: „Hey, das stimmt doch gar nicht, komm ein wenig runter", und ähm ja. Schon schwierig (I 37/4/5).

Der Forscher hat am Ende des Interviews auf den weiteren Fortgang der Studie hingewiesen und schon eine Zusage für ein weiteres Gespräch erhalten. Er hat aber auch darum gebeten, dass er seine Frau fragen solle, ob sie für ein ergänzendes Interview bereit wäre.[4] Es ist also möglich, dass trotz der Aufklärung über das wissenschaftliche Interesse an einer multiperspektivischen Erweiterung der Untersuchung eine gewisse Befürchtung vor einem kontrollierenden Zugriff entstanden ist, also die Partnerin quasi als Korrektiv seiner Aussagen instrumentalisiert werden könnte.[5] Ein weiteres Interview konnte in der Folge nicht mehr realisiert werden.

4 Nach der fünften Erhebungswelle sollten, wie weiter oben schon erwähnt, nach Möglichkeit auch enge Bezugspersonen interviewt werden, um deren Perspektive auf den Reintegrationsprozess in den Blick zu bekommen (Humm/Zahradnik/Rieker 2022). In diesem Fall aber wurde die Anfrage schon direkt nach dem vierten Interview gestellt, um die Möglichkeiten für Interviews mit Drittpersonen zu erkunden.

5 Dieser Eindruck entstand auch in anderen Fällen, bei denen wie geplant erst nach dem fünften Interview die Frage nach einem Drittpersoneninterview gestellt wurde. Ein Interviewpartner hatte sich zuerst für diese Idee offen gezeigt, die Bereitschaft jedoch kurz darauf wieder revidiert: „Ich hatte das Gefühl, dass er für ein Drittgespräch die Hand reichen würde. Diese Hoffnung zerschlug sich dann allerdings am Ende des Interviews, indem er meinte, er habe sich das überlegt und er wolle dies nicht" (P 9/5/1). Leider finden sich weder im Protokoll noch im Transkript weitere Hinweise auf die Beweggründe für diese Entscheidung. Ähnlich verhielt es sich in einem weiteren Fall, als der Interviewer sein Anliegen bezüglich eines Interviews mit der Frau des Teilnehmers vorbrachte: „Das führte zu erheblichem Widerstand seitens [des Befragten] – sie sei noch zu jung und wisse nicht, was mit ihm passiert sei" (P 30/5/1).

5. Zusammenfassung und Ausblick

Das hier vorgestellte Vorgehen ist ein erster Versuch, Datenmaterial aus einer abgeschlossenen Längsschnittstudie systematisch zu explorieren, um Ausstiegsprozesse besser zu verstehen (Rieker/Humm/Zahradnik 2024). Die gewonnenen Einsichten lassen sich gebündelt als Thesen formulieren:

- *Offensichtliche Ausstiege:* Neben der expliziten Äußerung des Wunsches, nicht mehr an der Studie teilzunehmen, sind Kenntnisse über das Ableben sowie anstehende justizielle Interventionen deutliche bzw. sichere Anzeichen für einen Ausstieg.
- *Relevanzverschiebungen:* Bei einer tendenziellen Stabilisierung im Reintegrationsprozess verliert die eigene Delinquenz an Relevanz bzw. soll nicht mehr virulent gehalten werden. Entwicklungen in anderen Bereichen wie Arbeit, Partnerschaft und Familie bestimmen den Alltag – das Leben ist *normaler* geworden und man ist der Reintegrationsstudie quasi entwachsen.
- *Schamangst und Rückzug:* Wenn bestimmte Erwartungen an die eigene weitere Entwicklung enttäuscht werden, können Gefühle des Scheiterns und der Scham entstehen, weil Wunsch und Wirklichkeit in Hinblick auf den Reintegrationsprozess zunehmend auseinanderdriften und dadurch die Teilnahmemotivation sinkt. Eine erkennbare Nähe in der Forscher-Beforschten-Beziehung kann hier das Risiko in sich tragen, Rückzugsverhalten zu begünstigen, da Untersuchungsteilnehmer es in einer solchen Konstellation vermeiden wollen, Rückschritte zu thematisieren.

Die Ergebnisse deuten also daraufhin, dass Ausstiege aus unserer Längsschnittstudie – neben den offensichtlichen Ausstiegen – vor allem mit Entwicklungsverläufen verbunden sind, die entweder ein hohes Maß an sozialer Reintegration aufweisen oder aber durch Hindernisse und Rückschläge gekennzeichnet sind (Humm/Rieker/Zahradnik 2022). Im ersten Fall ist es die Distanzierung von delinquenten Verhaltens- und Denkweisen sowie die Zuwendung zu gesellschaftlichen Normalitätsvorstellungen und den damit verbundenen alltäglichen Herausforderungen, die einen dämpfenden Einfluss auf die Bereitschaft zur wiederholten Selbstpräsentation in einem Interview auszuüben scheint. Diesem Verblassen der eigenen Delinquenzgeschichte steht dann die Hartnäckigkeit unerwünschter Entwicklungen entgegen, die positive Selbstentwürfe angreifen und ein Abkoppeln von der belastenden Vergangenheit nicht erlauben. Ein solches konflikthaftes Verhältnis von Wunsch und Wirklichkeit kann dann ebenfalls der Bereitschaft zur wiederholten Selbstpräsentation in einem Interview im Wege stehen. Diese ersten Befunde müssen in nachfolgenden Untersuchungen überprüft und weiter ausgeleuchtet werden, vorerst sind sie aber nur auf das zugrundeliegende

Untersuchungsthema zu beziehen, denn die Gründe für den Ausstieg sind in weiten Teilen kontextabhängig.

Es soll an dieser Stelle auch noch auf die Begrenzungen der hier verwendeten Datengrundlage eingegangen werden, da hier viel Potenzial für spätere Längsschnittstudien vorhanden ist. Ein zentraler Punkt besteht darin, dass im Forschungsprozess nicht alle Kontaktierungsversuche systematisch protokolliert wurden. Für die vorgelegte Analyse wäre es gewinnbringend gewesen, wenn man für jeden Fall hätte rekonstruieren können, welche Kontaktdaten vorlagen, wie häufig und zu welchen Zeiten man versucht hat, Kontakt aufzunehmen, welche Informationen man von anderen Personen im Forschungsfeld erhalten hat usw. Hierüber sollte man sich schon bei der Planung einer Untersuchung ausreichend Gedanken machen und im Forschungsteam eine Strategie festlegen, wie man diese Daten in angemessenem Umfang sammelt und zweckmäßig verwaltet. Das Führen eines Forschungstagebuchs kann hierbei einen wichtigen Baustein darstellen (siehe Lüdemann i. d. B.). Der Blick sollte also nicht nur auf diejenigen gerichtet werden, die man wiedererreicht und für eine weitere Teilnahme gewinnen kann, sondern eben auch auf diejenigen erweitert werden, bei denen eine Kontaktaufnahme nicht mehr gelingt.

Eine weitere Frage, die in der vorgelegten Untersuchung nur am Rande deutlich wurde, ist die nach der angemessenen Dauer und Frequenz einer qualitativen Längsschnittuntersuchung (Köhler 2018; Neale 2021 Rieker/Humm/Zahradnik 2024; Wanat et al. 2024). Ist eine Untersuchung vor allem nach forschungspraktischen Kriterien zu organisieren, also sind die Befragungen als Erhebungswellen mit möglichst gleichem Abstand zu entwerfen?[6] Oder könnte es nicht sinnvoller sein, die Kontakt- und Interviewdichte stärker am Einzelfall zu entwickeln? In der zugrundeliegenden Untersuchung wurden unterschiedliche Bedarfe des Austauschs auf Seiten der Interviewten sichtbar. Manche Studienteilnehmer meldeten sich von sich aus, um wieder in Kontakt zu kommen. Andere wiederum schienen mit der Zeit etwas überforscht und verbanden dann wohl keine besondere Sinnhaftigkeit mehr mit ihrer weiteren Teilnahme an der Studie. Während sich bei ersteren eine engere Kontaktpflege mit mehr Interviewmöglichkeiten in Hinblick auf thematische Erkenntnisse, aber eben auch die Vermeidung von Ausstiegen wahrscheinlich ausgezahlt hätte, hätte sich bei letzteren eine gewisse Zurückhaltung vielleicht dahingehend gelohnt, dass zu einem späteren Zeitpunkt noch einmal ein Interview zustande gekommen wäre.

Insgesamt bleiben dennoch viele Fragezeichen, warum die Ausgeschiedenen tatsächlich nicht mehr erreicht werden konnten. Vereinzelt bieten aber vorliegende Untersuchungen gewinnbringende Hinweise auf Prozesse des Ausstiegs,

---

6 Hier nimmt die drittmittelbasierte Forschungsförderung natürlich eine gewichtige steuernde Rolle ein, wenn sie die Förderdauern auf einen bestimmten Zeitraum beschränkt und nach einer klaren Strukturierung des Forschungsplans verlangt.

die als Spuren aufgenommen und weiterverfolgt werden können. Besonders ertragreich für die Erforschung von Ausstiegsprozessen aus Längsschnittstudien in Kontexten sozialer Marginalisierung erscheint die weitere Analyse von Dynamiken des Scheiterns und der Scham (Vogl/Zartler 2021), aber auch der Relevanzverschiebung auf Seiten der Befragten. Hierfür sollte der Forschungsbeziehung auch dahingehend mehr Aufmerksamkeit geschenkt werden, dass man neben dem fallspezifischen Ausbalancieren von Nähe und Distanz in Hinblick auf die Erhebungssituation (Witzel 2020; Vogl 2022; siehe auch Mörgen/Schnitzer i. d. B.) stärker versucht zu antizipieren, wie und warum sich im Rahmen der Beziehungsgestaltung potenzielle Ausstiegsanlässe aufbauen.

Um schließlich zu belastbareren Ergebnisse zu gelangen, ist man aber darauf angewiesen, ausgestiegene Teilnehmer:innen irgendwann noch einmal zu erreichen, um ihre Motive weiter ergründen zu können. Damit man ggf. noch nach Auslaufen des Forschungsprojekts Versuche der Kontaktaufnahme und weitere Interviews unternehmen kann, bedarf es einer datenschutzrechtlichen Grundlegung zu Beginn der Untersuchung, indem man sich die informierte Einwilligung der Teilnehmer:innen hierfür sichert. Die Zustimmung sollte dabei möglichst auch die Kontaktaufnahme zu mehreren nahestehenden Personen einschließen, um nötigenfalls unterschiedliche Wege gehen zu können. Diese Informationen sollten zudem bei jedem Interview geprüft und ggf. aktualisiert werden. Zudem wäre noch wünschenswert, wenn speziell auf solche Vorhaben zugeschnittene Fördermöglichkeiten geschaffen würden, die einen flexiblen Einsatz von Mitteln erlauben.

Literatur

Buck, Gillian (2020): Peer Mentoring in Criminal Justice. London/New York: Routledge.

Ghanem, Christian/Graebsch, Christine (2020): ‚Desistance from Crime' – Theoretische Perspektiven auf den Ausstieg aus Straffälligkeit. In: Deimel, Daniel/Köhler, Thorsten (Hrsg.): Delinquenz und Soziale Arbeit: Prävention – Beratung – Resozialisierung. Lehrbuch für Studium und Praxis. Lengerich: Pabst, S. 61–76.

Giordano, Peggy C./Cernkovich, Stephen A./Rudolph, Jennifer L. (2002): Gender, Crime, and Desistance: Toward a Theory of Cognitive Transformation. In: American Journal of Sociology 107, H. 4, S. 990–1064.

Grimm, Natalie/Schütt, Petra (2020): Forschungsethische und -praktische Fragen qualitativer Längsschnittforschung – Perspektiven und Herausforderungen. In: Thiersch, Sven (Hrsg.): Qualitative Längsschnittforschung. Bestimmungen, Forschungspraxis und Reflexionen. Opladen: Barbara Budrich, S. 407–426.

Healy, Deirdre (2010): Betwixt and Between: The Role of Psychosocial Factors in the Early Stages of Desistance. In: Journal of Research in Crime and Delinquency 47, H. 4, S. 419–438. doi.org/10.1177/0022427810375574

Humm, Jakob/Rieker, Peter/Zahradnik, Franz (2022): Von Drinnen nach Draußen – und dann? Reintegration nach einer strafrechtlichen Verurteilung – Ergebnisse einer qualitativen Längsschnittuntersuchung. Weinheim/Basel: Beltz Juventa.

Humm, Jakob/Zahradnik, Franz/Rieker, Peter (2022): Eine multiperspektivische Analyse von Beziehungen zwischen strafrechtlich verurteilten Männern und professionellen Bezugspersonen im

Reintegrationsprozess. In: Kriminologie – Das Online-Journal 4, H. 3, S. 282–295. doi.org10.18716/ojs/krimoj/2022.3.5
King, Sam (2013): Early desistance narratives: A qualitative analysis of probationers' transitions towards desistance. In: Punishment & Society 15, H. 2, S. 147–165. doi.org/10.1177/1462474513477790
Köhler, Sina-Mareen (2018): Längsschnittanalyse. In: Bohnsack, Ralf/Geimer, Alexander/Meuser, Michael (Hrsg.): Hauptbegriffe Qualitativer Sozialforschung. Opladen: Barbara Budrich, S. 144–146.
Košinár, Julia/Laros, Anna (2021): Dokumentarische Längsschnitt-Typologien in der Lehrer*innenbildungsforschung – Umsetzungsvarianten und methodologische Herausforderungen. In: Geimer, Alexander/Klinge, Denise/Rundel, Stefan/Thomsen, Sarah (Hrsg.): Jahrbuch Dokumentarische Methode, Band 4. Berlin: centrum für qualitative evaluations- und sozialforschung e. V. (ces), S. 221–248. doi.org/10.21241/ssoar.78314
Maruna, Shadd (2001): Making Good: How Ex-Convicts Reform and Rebuild Their Lives. Washington, D. C.: American Psychological Association.
Maruna, Shadd/Roy, Kevin (2007): Amputation or Reconstruction? Notes on the Concept of „Knifing Off" and Desistance from Crime. In: Journal of Contemporary Criminal Justice 23, H. 1, S. 104–124. doi.org/10.1177/1043986206298951
Masoumi, Azar (2024): „You Didn't Have to Pay Me": The Meanings of Monetary Incentives in Interview Research. In: International Journal of Qualitative Methods 23, H. 1, S. 1–9. doi.org/10.1177/16094069241296210
Miller, Tina (2015): Going back: „Stalking", talking and researcher responsibilities in qualitative longitudinal research. In: International Journal of Social Research Methodology 18, H. 3, S. 293–305. doi.org/10.1080/13645579.2015.1017902
Neale, Bren (2021): The Craft of Qualitative Longitudinal Research. Los Angeles: Sage.
Rieker, Peter (2017): Die soziale Reintegration Straffälliger vor dem Hintergrund ihrer sozialen Beziehungen. In: Monatsschrift für Kriminologie und Strafrechtsreform 100, H. 6, S. 453–472.
Rieker, Peter/Humm, Jakob/Zahradnik, Franz (2016): Einleitung: Desistance als konzeptioneller Rahmen für die Untersuchung von Reintegrationsprozessen. In: Soziale Probleme 27, H. 2, S. 147–154. doi.org/10.1007/s41059-016-0020-5
Rieker, Peter/Humm, Jakob/Zahradnik, Franz (2024): Qualitative Interview-Längsschnittforschung – forschungspraktische Chancen und Herausforderungen [44 Absätze]. In: Forum Qualitative Sozialforschung (FQS) 25, H. 2, Art. 11. doi.org/10.17169/fqs-25.2.4164
Villeneuve, Marie-Pierre/F.-Dufour, Isabelle/Farrall, Stephen (2021): Assisted Desistance in Formal Settings: A Scoping Review. In: The Howard Journal of Crime and Justice 60, H. 1, S. 75–100. doi.org/10.1111/hojo.12396
Vogl, Susanne (2022): Qualitative Panelbefragungen. In: Baur, Nina/Blasius, Jörg (Hrsg.): Handbuch Methoden der empirischen Sozialforschung. Wiesbaden: Springer, S. 935–946. doi.org/10.1007/978-3-658-37985-8_6
Vogl, Susanne/Zartler, Ulrike (2021): Interviewing adolescents through time: balancing continuity and flexibility in a qualitative longitudinal study. In: Longitudinal and Life Course Studies 12, H. 1, S. 83–97. doi.org/10.1332/175795920X15986464938219
Wanat, Marta/Weller, Susie/Borek, Aleksandra J./Newhouse, Nikki/McNiven, Abi (2024): Crafting Tempo and Timeframes in Qualitative Longitudinal Research: Case Studies from Health Research. In: International Journal of Qualitative Methods 23. doi.org/10.1177/16094069241270399
Witzel, Andreas (2000): Das problemzentrierte Interview [25 Absätze]. In: Forum Qualitative Sozialforschung (FQS) 1, H. 1, Art. 22. doi.org/10.17169/fqs-1.1.1132
Witzel, Andreas (2020): Qualitative Längsschnittstudien. In: Mey, Günther/Mruck, Katja (Hrsg.): Handbuch Qualitative Forschung in der Psychologie. Band 2: Designs und Verfahren. 2., erweiterte und überarbeitete Auflage. Wiesbaden: Springer. doi.org/10.1007/978-3-658-26887-9_27
Zahradnik, Franz (2019): Generative Experiences and the Desire to Become Generative – A Biographical Approach to the Self-Conceptualizations of a Young Former Delinquent in Switzerland. In: Albrecht, Hans-Jörg/Walsh, Maria/Wienhausen-Knezevic, Elke (Hrsg.): Desistance-Processes among Young Offenders Following Judicial Interventions. Berlin: Duncker & Humblot, S. 103–114.
Zahradnik, Franz (2021): Stigmatisierungserfahrungen strafrechtlich verurteilter Männer im Reintegrationsprozess – Ergebnisse einer qualitativen Längsschnittstudie in der Schweiz. In: Soziale Probleme 32, H. 2, S. 193–218. doi.org/10.1007/s41059-021-00089

Autor:innen

Natalie Grimm, Dr. rer. pol., Dipl. Sozialwirtin, ist wissenschaftliche Mitarbeiterin am Soziologischen Forschungsinstitut (SOFI) Göttingen und leitet den Bereich „Sozioökonomische Status- und Verteilungsordnungen“ am Forschungsinstitut Gesellschaftlicher Zusammenhalt (FGZ). Ihre Arbeitsschwerpunkte liegen in den Bereichen gesellschaftlicher Zusammenhalt, soziale Ungleichheit, Wandel der Arbeitswelt und innovative Methoden qualitativer Sozialforschung.

Ina Kaufhold, M. A. Soziologie, ist wissenschaftliche Mitarbeiterin am Soziologischen Forschungsinstitut (SOFI) Göttingen und am Forschungsinstitut Gesellschaftlicher Zusammenhalt (FGZ). Ihre Arbeitsschwerpunkte liegen in den Bereichen soziale Ungleichheiten, gesellschaftlicher Zusammenhalt, Biographieforschung sowie innovative Methoden qualitativer Sozialforschung.

Julia Košinár, Dr. phil., ist Professorin und Leiterin des Forschungszentrums Lehrberufe und pädagogische Professionalität an der PH Zürich. Ihre Arbeitsschwerpunkte liegen in der rekonstruktiven und (berufs-)biographischen Professionalisierungsforschung sowie in der Konzeptentwicklung für die Lehrpersonenausbildung und Qualifizierung von Ausbilder:innen.

Sina-Mareen Köhler, PD Dr. phil., Dipl. Pädagogin, ist Professorin für Schulforschung mit dem Schwerpunkt Jugend an der Universität zu Köln. Ihre Arbeitsschwerpunkte liegen in den Bereichen (Peer-)Beziehungen von Kindern und Jugendlichen, Übergänge, Ex- und Inklusionsmechanismen im Bildungssystem, Zeitlichkeit und Vergewisserung im Jugendalter, Lehrendenhabitus, rekonstruktive Sozialforschung.

Anna Laros, Dr. phil., Dipl. Pädagogin, ist wissenschaftliche Mitarbeiterin im Forschungszentrum Lehrberufe und pädagogische Professionalität an der PH Zürich. Ihre Arbeitsschwerpunkte liegen in den Bereichen rekonstruktive Professionalisierungsforschung, berufsbiographische Verlaufsforschung und Lernprozesse Erwachsener.

Jasmin Lüdemann, Dr. phil., M. A. Erziehungswissenschaft, ist wissenschaftliche Mitarbeiterin an der Martin-Luther-Universität Halle-Wittenberg. Ihre Forschungsschwerpunkte umfassen Jugendforschung, Biographieforschung sowie qualitative Forschungsmethoden und -methodologien.

Rebecca Mörgen, Dr. phil., ist Dozentin und Forscherin am Departement Soziale Arbeit der Hochschule Luzern. Ihre Arbeitsschwerpunkte liegen in den

Bereichen transnationaler Migrations- und Ungleichheitsforschung im Kontext Sozialer Arbeit, gesellschaftliche Teilhabe und Partizipationsmöglichkeiten sowie Methoden und Methodologien qualitativer Sozialforschung unter besonderer Berücksichtigung der Ethnographie.

Peter Rieker, Dr. phil., Dipl. Soziologe, ist Professor für Außerschulische Bildung und Erziehung am Institut für Erziehungswissenschaft der Universität Zürich. Seine Arbeitsschwerpunkte liegen in den Bereichen Kindheit und Jugend, Migration, politische Sozialisation, abweichendes Verhalten sowie Methoden der empirischen Sozialforschung.

Anna Schnitzer, Dr. phil., M.A. Erziehungswissenschaft, ist wissenschaftliche Mitarbeiterin am Institut für Schulpädagogik und Grundschuldidaktik der Martin-Luther-Universität Halle-Wittenberg. Ihre Arbeitsschwerpunkte liegen in den Bereichen Bildungs-, Migrations- und Ungleichheitsforschung sowie Methoden und Methodologien qualitativer Sozialforschung.

Mirja Silkenbeumer, Dr. phil., Dipl. Pädagogin, ist Professorin für Erziehungswissenschaft mit dem Schwerpunkt Förderung der emotionalen und sozialen Entwicklung/des Lernens an der Goethe-Universität Frankfurt. Ihre Arbeitsschwerpunkte liegen in den Bereichen Jugend- und Familienforschung, Bildungsbiographien und -verläufe von Schüler:innen, Sozialisation und Politisierung sowie psychosoziale Interventionen und pädagogische Professionalität.

Sven Thiersch, Dr. phil., Dipl. Pädagoge, ist Professor für Schulpädagogik mit dem Schwerpunkt schulischer Sozialisation an der Universität Osnabrück. Seine Arbeitsschwerpunkte liegen in den Bereichen Sozialisationstheorien, Schule und Unterricht, Bildungsverläufe, Jugendforschung, Methodologien und Methoden rekonstruktiver Sozialforschung.

Heide von Felden, Dr. phil. habil., Dipl. Pädagogin, war Universitätsprofessorin für Erwachsenenbildung/Weiterbildung an der Johannes-Gutenberg-Universität Mainz. Ihre Arbeitsschwerpunkte liegen in den Bereichen qualitative Bildungs- und Biographieforschung, Übergangsforschung, Genderforschung und lebenslanges Lernen.

Franz Zahradnik, Dr. phil., Dipl. Soziologe, ist Professor für Soziale Arbeit und soziale Ungleichheit an der FH Münster. Seine Arbeitsschwerpunkte liegen in den Bereichen soziale Probleme und soziale Kontrolle, Dynamiken gesellschaftlicher Ungleichheitsverhältnisse sowie Methoden und Methodologien qualitativer Sozialforschung.